比加尔克●鲍里斯教授医学博士 (Professor Boris Bigalke, MD)

长生不老的饮食 (Chángshēng bùlǎo de yǐnshí)

比加尔克•鲍里斯 (Boris Bigalke) 教授医学博士、工商管理硕士(英国牛津)、法学硕士 他是本杰明-富兰克林校区德国心脏中心 (DHZC) 心脏病学、血管学和重症监护医学诊所的主治医师兼 DGK心脏磁共振成像鉴定中心主任。此外，他还从事中医 、传统藏医 和瑜伽运动理论等辅助医疗工作。比加尔克教授是内科专家，拥有心脏病学、针灸学、营养医学 DAEM/DGEM® 和磁共振成像等专业和附加资格。

在柏林自由大学攻读医学专业后，他在图宾根埃伯哈德-卡尔斯大学继续他的科研和临床生涯。

随后，他在美国纽约阿尔伯特-爱因斯坦医学院 LIJ 医疗中心接受了外科培训，在中国北京世界卫生组织合作中心学习了中医，并在印度喜马偕尔邦达兰萨拉的曲萨西藏治疗中心学习了中医。

在长期研究逗留期间，他还曾在伦敦国王学院 (King's College London) 影像科学与生物医学工程系担任助理教授/荣誉讲师。

他还在英国奥克斯福德的大宪章学院完成了工商管理硕士 (MBA) 医疗保健管理专业的学习，并在德累斯顿国际大学完成了法学硕士 (LL.M.) 专业的学习，主修医疗法。

他是《ESC心力衰竭》杂志的副主编、各种医学期刊的审稿人，发表了130多篇经同行评审的科学论文。比加尔克教授当选为 2021 年 FOCUS-Gesundheit 心脏运动医学类德国顶级医生，2023 年和 2024 年高血压和营养医学类德国顶级医生。

封面照片和设计：©比加尔克•鲍里斯教授医学博士 (Professor Boris Bigalke, MD)

作者照片：©比加尔克•鲍里斯教授医学博士 (Professor Boris Bigalke, MD)

图 1-10：©比加尔克•鲍里斯教授医学博士 (Professor Boris Bigalke, MD)

比加尔克●鲍里斯教授医学博士 (Professor Boris Bigalke, MD)

长生不老的饮食：

关于永葆青春、爆发力和全速生活的突破性见解！

(Chángshēng bùlǎo de yǐnshí:
Guānyú yǒng bǎo qīngchūn, bàofālì hé quánsù shēnghuó dì túpò
xìng jiànjiě!)

通讯地址：

Professor Boris Bigalke, MD, MBA (Oxford, UK), LL.M.
Klinik für Kardiologie, DHZC – Charité Campus Benjamin Franklin
Hindenburgdamm 30, D-12203 Berlin, Germany 德国

德国国家图书馆的书目信息：

德国国家图书馆将该出版物在德国国家书目中；详细的书目数据可在互联网上获取
可通过 http://dnb.dnb.de 访问

对作品进行自动分析，以获取 特别是有关模式、趋势和相关性的信息
根据 UrhG 第 44b 条（《文本和数据挖掘》），禁止对作品进行自动分析，以获取有关模式、趋势和相关性的信息。禁止使用。

为了乌拉，也为了每一个希望健康长寿的人！

为了乌拉，也为了每一个希望健康长寿的人！

目 录

第 4 章：长寿的生活方式补充剂和超级食品 79

导言

生物年龄与计时年龄：考虑年龄与健康之间的区别

年龄的概念是复杂和多层面的。[1] 区分生物年龄和纪年年龄对于全面了解老龄化及其对健康和福祉的影响至关重要。纪年年龄是确定一个人年龄最常用的方法。它是一个基于日历的简单数字，表示一个人出生以来的时间。不可否认，纪年年龄在生活中发挥着重要作用，因为它影响着法律地位、社会规范和个人期望。然而，计时年龄往往忽视了个体在身体状况和健康方面的差异。

相比之下，生理年龄指的是身体及其器官系统的实际状况。它考虑到器官的功能、疾病的存在、遗传因素、生活方式以及影响健康的环境因素。

一方面，一个人在时间上可能是 50 岁，但由于健康的生活方式和良好的遗传倾向，其生理年龄为 40 岁。另一方面，由于疾病、营养不良和其他风险因素，一个人的生理年龄可能比他的实际年龄大。

生理年龄和实际年龄之间的差异对健康和老龄化有着深远的影响。生理年龄较小的人通常身体机能较好，抗病能力较强，预期寿命较长。他们还能保持较高的活动能力和独立性。然而，生理年龄高于实际年龄的人则更容易患病，身体机能受到限制，寿命也会缩短。

区分生理年龄和实足年龄对于医疗保健、公共卫生政策和个人生活方式的选择都很重要。它强调了预防措施的重要性，这些措施的目的是延缓生物衰老和保持终生健康。通过采取健康的生活方式、定期锻炼、均衡饮食、避免吸烟和适当控制压力，人们可以帮助降低生理年龄，提高生活质量。

当然，年龄的增长不应以牺牲生活质量为代价。对生活质量的评估因人而异，包括身体健康、心理健康、社会关系、物质财富、教育、环境质量和人身安全。总之，生物年龄和计时年龄之间的区别凸显了老龄化过程的复杂性以及影响我们健康和预期寿命的多重因素。加深对这些概念的理解有助于为个人选择提供依据，从而促进福祉，并制定干预措施，改善整个生命过程中的健康状况和生活质量。

目标

本书旨在启发有兴趣的人，通过对自己的身体、思想和灵魂进行彻底的年轻化治疗，使生理年龄的增长速度减慢，从而战胜生理年龄。

下文各章将详细介绍如何实现这一目标；因此，这涉及到体育锻炼、睡眠和休息阶段、营养、生活方式补充剂、避免有害影响（有毒物质）和烹饪食谱建议等方面的整体概念。

第 1 章：体育锻炼

体育锻炼是健康生活方式的重要组成部分，在保持健康和降低罹患各种疾病和健康问题的风险方面发挥着关键作用。将定期锻炼融入日常生活并保持积极的生活方式对于促进长期健康和幸福非常重要。

什么是适量运动？

每天步行 10,000 步的目标是广为接受的体育锻炼和健康建议。这个数字并不是随意选择的，而是基于研究成果和各种健康组织的指导方针。现在有越来越多的研究甚至认为每天 8 000 步就足够了。[2] 一项荟萃分析（即对多项研究的研究）显示，每天步行 8 000 步以上已不再对生存有明显益处。[3] 另一项荟萃分析对 8 项超过 20,000 名参与者的前瞻性观察研究进行了分析，结果发现，与每天步行 2000 步的同龄人相比，每天步行 6000-9000 步的老年人（年龄大于 60 岁）的心血管风险降低了 40-50%。[4]

除心血管疾病外，体育锻炼显然还有助于预防各种癌症的发生，尽管其确切的生物作用机理尚不十分明确。[5]

不过，对于那些久坐不动的人来说，伦敦经济学院琼-科斯塔-冯特教授的工作小组在英国进行的一项为期十年的观察研究（2024 年活力习惯指数）却带来了一个好消息：每天只需走 5,000 步，就能显著延长预期寿命。

然而，必须注意的是，步数并不是衡量身体活动的唯一标准。[6] 但必须注意的是，步数并不是衡量体育活动的唯一标准，活动的强度、持续时间和多样性也很重要。因此，建议不要只关注步数，还应将力量训练、伸展运动和有氧运动等其他形式的锻炼融入日常活动中。健康的中老年人以及癌症或心血管疾病患者，如果经常锻炼，无论以前的体力活动如何，都能延长预期寿命。[7]

美国运动医学学院（ACSM）建议每周三至五天进行 150 分钟左右的适度《有氧》体育活动，每周进行两至三次《肌肉强化活动》。[8]

耐力运动还是负重训练？

耐力运动好还是负重训练好，取决于个人的目标、喜好和健康状况。这两种形式的训练都有不同的好处。

耐力运动

改善心血管健康：跑步、骑自行车或游泳等耐力运动可促进心脏健康，降低罹患心血管疾病的风险。

增强耐力：定期进行耐力训练能提高人的体力，这意味着人可以保持更长时间的运动而不会感到疲倦。

促进脂肪燃烧：耐力锻炼有助于减少体内多余脂肪，控制体重。

众所周知，快速的饱腹感和卡路里限制有助于减轻体重。一项研究发现，耐力运动尤其能产生更快的饱腹感，这是因为 N-乳酰基苯丙氨酸（一种由乳酸和氨基酸苯丙氨酸组成的分子）的形成增加了。[9]

负重训练

增强肌肉力量和质量：以阻力为基础的力量训练有助于增强肌肉力量和质量，从而提高体能。改善身体结构：通过锻炼肌肉，力量训练有助于减少体脂，改善身体结构。强化骨骼：力量训练可以增加骨密度，降低骨质疏松症和骨折的风险。

耐力训练和力量训练相结合通常是最好的，因为两者都是综合健身计划的重要组成部分。 不过，有氧运动和肌肉强化活动应至少间隔三个小时进行，因为在同一节课上进行力量训练会削弱力量的增长。[10] 训练的类型和强度应根据个人的目标和需求进行调整，同时考虑到健康状况和可能存在的限制。

《周末战士》

对于所谓的《周末战士》，即工作非常繁忙而只能在周末锻炼的人，促进其健康的作 用存在很多争议。[11] 一项来自英国生物数据库的回顾性分析也表明，与一周内均匀分布的训练相比，集中在一到两天进行的体育运动具有相当好的预后效果，因为这两组人的心血管疾病风险都明显降低。[12]

为了避免以天气条件不好、费用高昂、不方便购买力量器械和举重器械或定期去健身房锻炼等为借口，下文将介绍一些运动项目，这些运动可以让人们在花费很少的时间和费用的情况下，为身心健康和长寿做些事情。

健身操

健身操一词来自希腊语，字面意思是《美丽的力量》。它是一种体能训练，旨在利用自身体重发展力量、耐力、柔韧性、协调性和身体控制能力，即这项体育活动不需要健身房、游泳池、举重机或举重器械。练习项目包括引体向上、俯卧撑、下蹲（在平行杠之间放下和抬起）、深蹲和长腿。干预研究强调了健身操训练的益处，因为它对时间、成本和设备的要求不高，几乎可以在任何地方将其纳入未受过训练的人的日常活动中，从而达到促进健康和预防疾病的目的。[13]

引体向上

引体向上是一种能增强上背部、二头肌、肩部和核心肌肉的运动。引体向上可用于锻炼肌肉、提高功能性力量和体重训练。引体向上有不同的手部姿势。手部位置的选择会影响练习中使用较多的肌肉。

变体

宽握（握手比肩宽）：手掌朝外。这种姿势主要锻炼背阔肌的外侧，同时也会给肩部和上背部带来更大的压力。然而，宽握把会给肩部（肩袖）带来过大的压力。因此，肩部有问题的人应采取更谨慎的方法，或考虑其他握持姿势。

窄握法（上手握把与肩同宽或更近）：与宽握一样，手掌朝外。窄握姿势更注重背部中部（背阔肌）和肱二头肌。斜方肌和菱形肌参与拉拢肩胛骨。

反握（暗握或梳状握）：在这种姿势下，手掌朝内。反握法强调肱二头肌和背阔肌下部。位于肱二头肌下方的肱肌也会得到更多的锻炼。

平行握力（锤式握力）：这是在平行杠上做引体向上，手掌相对。这种姿势也能锻炼二头肌和背部中部肌肉。肩部肌肉，尤其是三角肌也会被激活，以支撑动作。

肌肉群

背阔肌（背阔肌）：背阔肌是引体向上中使用的主要肌肉。这项练习对锻炼背阔肌外侧尤为有效。

肱二头肌 位于上臂前部的肱二头肌在弯曲肘部和向上拉动身体时被强烈激活。

背部肌肉 除背阔肌外，上背部的其他肌肉，如斜方肌和菱形肌也会被激活，以将肩胛骨拉到一起并稳定背部肌肉。

肱肌 这块肌肉位于肱二头肌下方，也支持肘部的弯曲。

斜方肌下部 斜方肌下部：覆盖上背部的斜方肌下部在向下运动时被激活，以稳定肩胛骨。

肱肌 肱肌是前臂的肌肉，在引体向上时也会活跃。

腹肌 腹肌用于在身体向上拉时稳定躯干。

俯卧撑

俯卧撑是一种多功能运动，可增强肱三头肌、胸肌、肩部、背部和核心肌群的力量。

肌肉、肩部、背部和核心肌群。俯卧撑通常是健身、军事训练和一般训练计划的一部分。

变体

宽俯卧撑：双手分开的距离比肩宽，以更多地锻炼胸部肌肉。

近距离俯卧撑：双手靠拢，以更多地激活三头肌。

菱形俯卧撑：双手摆放的位置使手指和拇指形成一个三角形，从而将重点放在肱三头肌上。

单臂俯卧撑：一只手放在背部，以增加强度。

肌肉群

胸肌（胸大肌）：通过使用不同的手部姿势，例如更宽或更窄的握法，可以在不同程度上锻炼胸肌。

三角肌前部（三角肌前部）：俯卧撑时肩部肌肉会被激活，尤其是三角肌的前部。

肱三头肌 上臂后部的肱三头肌在伸肘时被激活。

前锯肌：这块肌肉覆盖胸部外侧和肋骨上部，用于稳定肩胛骨和支撑动作。

腹肌（腹直肌和腹斜肌）：在做俯卧撑时，为了保持身体稳定，腹部肌肉也会被激活。

背部肌肉：上背部的肌肉也用于稳定肩带。

臀肌（臀大肌）：臀部肌肉用于保持臀部稳定和身体成一条直线。

下蹲

下蹲（单杠支撑）是一种锻炼上半身和手臂多个肌肉群的体重练习。这项练习通常是在双杠上进行。学校课程中的双杠是一种更大、更复杂的体操器材。

肌肉群

肱三头肌：下蹲时的主要工作由肱三头肌完成。这块位于上臂后部的肌肉负责伸展肘关节。

胸肌（胸大肌）：下蹲也能锻炼胸肌，尤其是当上身前倾时。如果在做下蹲动作时握把较宽，效果会更好。

三角肌前部（三角肌前部）：肩前肌被激活以支持手臂向前运动。

斜方肌（斜方肌）：位于肩胛骨之间的斜方肌在下蹲时被激活，以确保肩部的稳定。

臀肌（臀大肌）：臀大肌用于保持臀部稳定和身体直立。

斜方肌下部：覆盖上背部的斜方肌下部也会受到影响。

腹肌（腹直肌和腹斜肌）：腹部肌肉被激活，以保持躯干稳定。

深蹲

深蹲是健美操中的一项出色运动，健美操是一种无需额外器械、以体重为基础的训练方式。深蹲能增强腿部肌肉，尤其是大腿（股四头肌）、臀部（臀肌）和臀部肌肉。

变式

基本深蹲技巧：卡路里训练中深蹲的基本技巧是直立，双脚分开与肩同宽，弯曲膝盖，同时臀部向后用力。背部应保持挺直，身体放低，就像坐在一张无形的椅子上。在做这个动作时，还应确保呼吸均匀。一个常见的错误是屏住呼吸。下蹲时吸气，上蹲时呼气。

深蹲：这包括在保持正确姿势的前提下尽量深蹲。这有助于通过更大的运动范围激活肌肉，并促进灵活性。

手枪式深蹲：这是深蹲的一种高级变体，整个身体的重量平衡在一条腿上，而另一条腿伸直。因此，这种形式更推荐给训练有素的运动员。

爆发性深蹲：这是深蹲的一种高级形式，也称为跳跃深蹲或负重深蹲。当从深蹲起身时，人会跳到空中。这种练习集力量、速度和协调性于一体，是增强腿部肌肉和提高跳跃能力的有效方法。这种练习在篮球、排球和短跑等运动中尤为流行。

肌肉群

股四头肌（大腿前肌）：用于伸展膝盖。

腘绳肌（大腿后侧肌肉）：用于屈髋和伸膝。

臀肌（臀大肌）：用于伸展髋关节。

内收肌和外展肌 用于稳定腿部。

躯干肌肉 用于在运动中稳定躯干。

长腿

绑腿跑是一种锻炼腿部、臀部和核心肌肉的运动。它是一种促进下肢力量和稳定性的功能性锻炼。

练习方式

固定式腾越：经典的变式，后腿在跨出后不动。

后退一步的腾越：这里是向后而不是向前迈出一步。

奔跑式腾越：这是一种连续的动态动作。

肌肉群

股四头肌（大腿前肌）：在前膝关节屈曲时激活。

臀肌（臀大肌）：从低位站起时激活。

等长肌（大腿后侧肌肉）：在大腿后侧屈曲时激活：有助于稳定和屈曲后膝关节。

内收肌和外展肌 共同稳定腿部。

核心肌群 在外侧运动时激活，以稳定上半身。

跳绳

虽然跳绳不是直接的健身运动，但仍可作为健身锻炼的补充。它是一种有效的消耗热量、促进心血管健康和提高速度的方法。跳绳需要眼、手、脚之间的配合和协调，可以提高运动技能。

这项运动在室内和室外都可以进行，只需要一根跳绳，除了简单的麻绳外，现在还有带塑料涂层金属线和手柄配重的跳绳系统，以加快运动速度。跳绳时会激活不同的肌肉群，包括腿部、躯干、手臂和肩膀。因此，这是一种全身锻炼。

心血管训练

跳绳是增强心血管系统的绝佳方式。它能提高心率，增强耐力，促进整体心脏健康。根据哈佛阶梯测试，在心血管耐力方面，跳绳约 10 分钟相当于慢跑 30 分钟。[14]

燃烧卡路里

跳绳是燃烧卡路里的有效方法，因此可以将其纳入减肥健身计划中。[15] 除了体育活动的持续时间和强度外，卡路里消耗量还取决于年龄、性别、体型和身体状况。即使研究确定了明显精确的卡路里消耗量，以下卡路里数据也只是一个粗略的估计。[16,17]

轻度跳绳：每半小时约消耗 200-300 卡路里。这一估算基于体重约 70 公斤。

中度跳绳：每半小时约 300-400 卡路里。这是一项强度稍大的锻炼，速度较快，技巧也可能有所变化。

高强度跳绳或高强度间歇训练（HIIT）：每半小时最多可消耗 500 卡路里或更多。高强度跳绳，尤其是间歇训练形式的跳绳，可进一步增加热量消耗。

变体

基本跳绳：跳绳的基本形式，即当绳子在地板上连续摆动时，简单地跳过绳子。跳绳时可以向前运动，也可以原地不动，每圈跳一或两下。单腿跳绳：单腿跳绳：单腿跳绳可提高平衡能力，增强一侧肌肉力量。

十字交叉跳绳：十字交叉跳绳是指双臂在身体前方交叉移动，同时绳子在头顶和脚下摆动。

向后跳绳：动作是向后的，这增加了对协调性和向后视力的要求。

间隔跳绳：剧烈跳绳和适度跳绳交替进行，以增加锻炼强度。

高膝跳绳：跳绳时，双膝交替抬起，以激活腹部肌肉。

双下跳绳：在这一高级变式中，每次跳绳时绳子要从脚下穿过两次。这需要更快的速度、更高的起跳高度和更高的精度。

肌肉群

小腿肌肉（腓肠肌和比目鱼肌）：小腿肌肉在每次跳跃中都用于推动双脚离地。

股四头肌（大腿前肌）：股四头肌帮助膝盖弯曲，使其离开地面。

腘绳肌（大腿后侧肌肉）：腘绳肌与股四头肌共同作用，弯曲和伸展膝盖。

臀肌（臀大肌）：臀大肌在推离地面时发挥作用。

腹肌（腹直肌和腹斜肌）：在跳绳时，腹肌的参与可保持躯干稳定并支撑直立姿势。

肩部肌肉（三角肌）：肩部肌肉用于摆动手臂和转动绳索。

背部肌肉：背部肌肉有助于保持直立姿势，并在手臂运动时支撑肩部。

手臂肌肉（肱二头肌和肱三头肌）：手臂肌肉参与摆动绳子和协调手臂动作。

臀部肌肉：髋关节部位的肌肉，如髂腰肌和腓肠肌，在跳跃时也会被激活以抬起双腿。

瑜伽

瑜伽是一种传统的运动理论，起源于佛教-印度文化领域。瑜伽一词源于梵文योग，意为 《结合》或《融合》。

瑜伽与阿育吠陀医学原理密切相关。瑜伽旨在使身体、思想和灵魂达到和谐。

瑜伽有多种形式和风格，但大多数都包括体位法（体位法）、呼吸控制法（呼吸法）和冥想。主要重点是培养身体意识、灵活性、力量和内心的平静。[18,19,20,21,22,23]

事实证明，瑜伽有助于管理压力、缓解焦虑、降低高血压、提高睡眠质量和认知能力，以及减轻抑郁。[24]

瑜伽旨在通过改善体内能量流动、增强整体平衡和灵活性来促进身心健康。它由一系列动作和姿势组成，可适应不同的健身水平，通常用于锻炼身体和治疗目的。值得注意的是，瑜伽并不局限于任何特定的宗教信仰，尽管它通常与印度教、佛教或哲学传统有关。在许多文化中，瑜伽被视为一种促进身心健康和自我发展的整体练习。

这里根据已有的参考资料，改编了瑜伽中十种可以在站立时进行的简单动作和保持姿势。[25,26,27] 所有练习都应以吸气和呼气为主。每个动作和保持姿势应重复三至五次，因此每天只需在这十个练习中投入 10 分钟。

1.　　　云手
2.　　　低手式（象征性的手部动作/姿势）
3.　　　高手式（象征性的手部动作/姿势）
4.　　　左右侧身动作
5.　　　前屈和后弯
6.　　　左右单脚站立
7.　　　顺时针旋转顶
8.　　　深髋跳与解放双臂上拉
9.　　　站立平衡
10.　　　风车

云手时，双手置于下腹部，掌心朝上。就像汲水一样，双手上移至太阳神经丛（胸骨位置），伸展双臂，掌心朝外，就像把云朵推到一边，烦恼、压力和问题也随之被推到一边。重要的是，伸展双臂时要呼气。

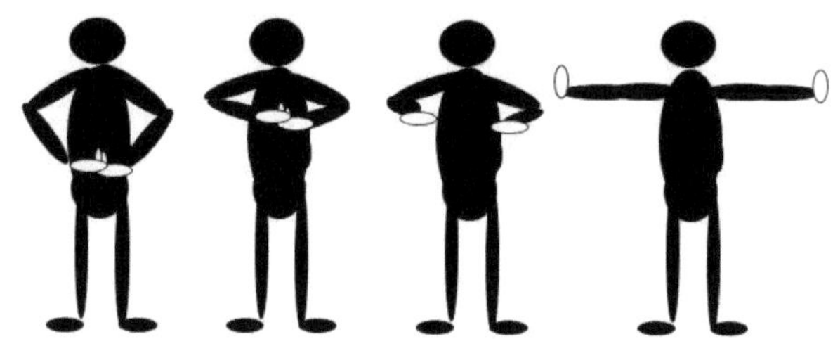

图 1：云手

低位式用于骶轮。交错的手掌向下指向太阳神经丛（胸骨前方）并向下移动。然后手掌向上翻转，回到太阳穴区域的起始位置。

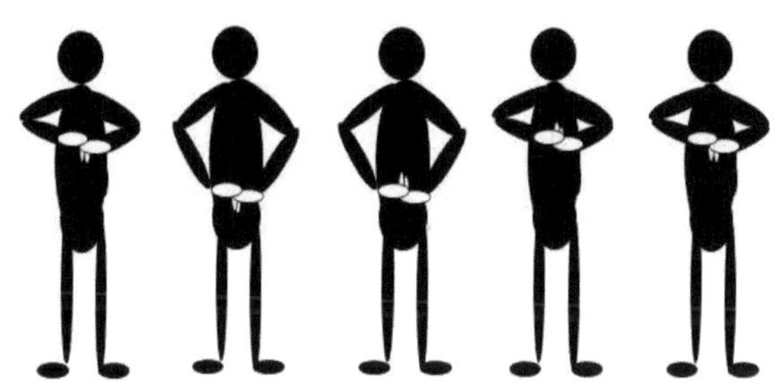

图 2: 低手式（象征性的手部动作/姿势）

高位印式的重点是喉轮和冠轮。双手在颈前紧握成拳，在头顶上方呈半圆形。拳头打开，手掌从内侧转向外侧，从下方吸取能量，然后将能量带回身体。除了云手之外，这个练习也非常适合缓解压力。

图 3: 高手式（象征性的手部动作/姿势）

在左右侧运动中，手臂首先向上伸展，然后与相应的上半身侧运动平行对齐。这些都是简单的动作，在久坐后特别有用。

图 4: 左右侧身动作

在前屈和后屈时，双手首先支撑在前方的大腿上，就像在磕头或祈祷，然后上身挺直，手臂向上伸展，然后向后过度伸展，几乎就像在做太阳崇拜。

图 5: 前屈和后弯

左右单腿站立是指一条腿站立约 10 秒钟，另一条腿弯曲站立。 这项练习对协调和内在平衡非常重要。如果不确定自己的稳定性和重心，可以张开双臂支撑。

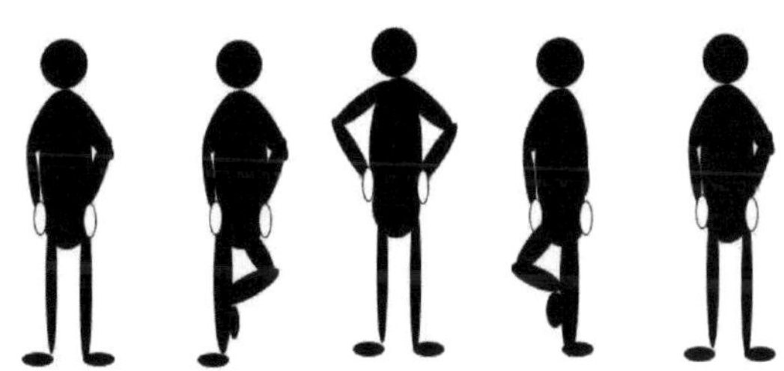

图 6: 左右单脚站立

在顺时针旋转陀螺中，双臂张开，手掌朝外，然后以顺时针方向绕自身轴线旋转。与单腿站立一样，这个练习也可用于保持内心平衡。为了更好地

集中注意力，在高级阶段也可以闭着眼睛做这个练习。与所有练习一样，
应注意吸气和呼气。

图 7: 顺时针旋转顶

在进行深髋跳和双臂解放式上拉时，应从髋部而不是膝盖开始做深蹲起跳动作。
有助于释放紧张。

图 8: 深髋跳与解放双臂上拉

站立平衡包括单腿站立，另一条腿向后伸展，保持水平姿势。躯干相应地向前倾斜，两臂平行向前伸展。然后换另一条腿。同样，目的是达到内在平衡。

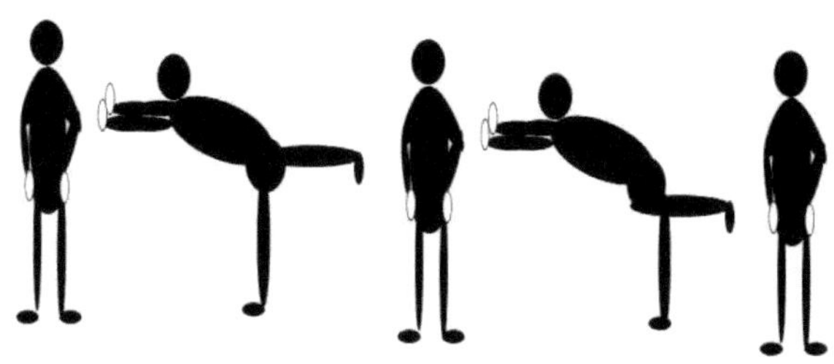

图 9: 站立平衡

风车锻炼手臂、肩膀、颈部和背部的多个肌肉群，缓解紧张。双臂在中立位置侧向伸展，然后左臂向上抬起，右臂斜向下。在整个练习过程中，腿部和下半身保持不变。左臂向后伸展，上身转向左侧，右臂保持水平姿势，上身转向左侧。然后右臂向上伸展，左臂斜向下。上身转回开始时的零位。然后左臂再次向上抬起，此时引导上半身向右扭转。右臂再次斜向下，然后与左臂一起进入水平位置，同时上半身向右后方旋转。右臂现在开始向上伸展，左臂斜向下。右臂引导上半身回到开始时的零点位置。开始时，风车动作应缓慢并有停顿。一旦内化了动作顺序，也可以做快速的舀水动作。

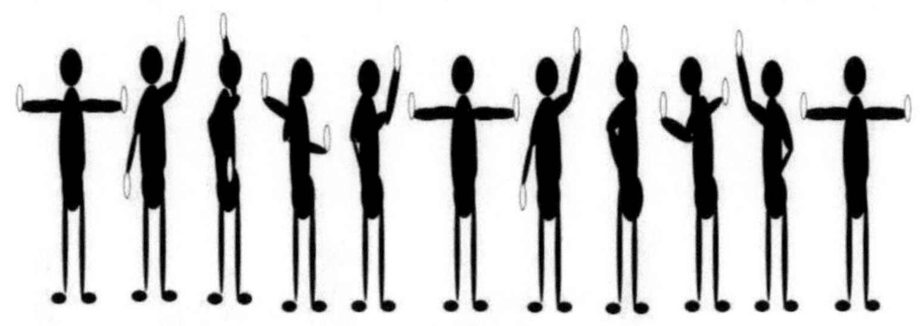

图 10: 风车

结论

- 小剂量的运动是有效的《药丸》。

  做就对了！

- 每天 10 分钟的运动有助于预防健康问题

  问题、控制压力和提高生活质量

- 无论天气如何，都能节省金钱和时间：

  健身操、跳绳和瑜伽都可以随时随地进行

  无需健身房、器械或重量，随时随地都可以进行

第 2 章：睡眠、放松、音乐：被低估的健康支柱

在快速发展的现代社会中，人们总是忙忙碌碌，过度追求工作效率，许多人往往低估了充足睡眠、放松和舒缓音乐的重要性。然而，睡眠、放松和音乐不仅是日常生活中令人愉悦的方面，也是健康的基本支柱。

睡眠

作为一个生物过程，睡眠对身体的再生起着至关重要的作用。在睡眠过程中，不仅能量储备得到补充，修复机制也被激活。细胞再生，免疫系统增强，激素分泌得到调节。睡眠不足会导致各种健康问题，包括免疫系统减弱、心血管疾病、糖尿病和精神疾病的风险增加。此外，睡眠对认知功能和情绪稳定也有重大影响。睡眠充足的人注意力更集中，反应速度更快，解决问题的能力更强。睡眠不足与认知障碍之间的联系有据可查，这应该成为一个警示信号，提醒人们保持规律、充足的睡眠的重要性。睡眠的时间、质量和深度对健康起着至关重要的作用。

睡眠时间

睡眠时间减少三小时会扰乱 T 细胞的功能，而 T 细胞负责人体对感染的防御。[28] 一项针对 21 个国家超过 116,000 人的研究还考虑了地区和文化差异，结果表明，平均每天 6-8 小时的睡眠时间最能预防心血管事件和死亡等主要预后终点。[29] 睡眠时间过长或过短都是不健康的。一项研究发现，在最佳睡眠时间之外，睡眠不足一小时会导致高达11%的死亡、冠心病、中风和2型糖尿病风险，而睡眠过多一小时则会导致更高的中风、冠心病和2型糖尿病风险（高达17%）。[30]

睡眠剥夺疗法

在精神病学中，剥夺睡眠作为一种治疗抑郁症的措施备受争议。自 20 世纪 70 年代以来，已有一些研究表明，剥夺睡眠可产生短期抗抑郁效果，尤其是对抑郁症患者。[31] 这种短期改善的确切机制尚不完全清楚，但人们认为昼夜节律（《内部时钟》）和神经递质系统的变化可能在其中发挥了作用。剥夺睡眠的抗抑郁效果通常是暂时的，大多数人在恢复正常睡眠后抑郁症状又会卷土重来。最近的一项综述和荟萃分析发现，没有证据表明剥夺睡眠可以治疗抑郁症，因此也没有合理的适应症。[31]

强力午睡

如果使用得当，10 到 30 分钟的短时小睡可以为健康带来很多益处。[32] 小睡片刻有助于减轻压力，提高警觉性、注意力和认知能力，尤其是在剧烈运动或繁重工作之后。此外，午睡还有助于消除白天的疲劳，缩短反应时间。研究表明，中午小睡片刻可以提高记忆力和学习能力，改善对新信息的记忆，并增强长期记忆。[33] 理想情况下，午睡应在下午早些时候进行（一种《午休》），以利用白天能量水平的自然下降，同时又不影响夜间睡眠。如果午睡时间过晚（如傍晚）、白天午睡时间超过 30 分钟或前一晚已经睡了 6 小时以上，则会增加罹患心血管疾病和死亡的风险。[32,29]

睡眠质量

研究表明，大多数睡眠障碍患者都有入睡困难的问题，其次是整夜失眠或早醒。[34] 彻夜难眠会增加炎症细胞的释放，从而引发血管钙化（动脉粥样硬化），这与心脏病发作和中风的发生有关。[35] 根据一项研究，睡眠障碍会导致中风（高达 55%）、心血管死亡（高达 33%）、冠心病（高达 28%）、高血压（高达 27%）、痴呆（高达 50%）和甲状腺激素活跃器官癌症（高达 24%）的风险增加。[36]

睡眠深度

睡眠阶段通常分为五个阶段：四个非快速眼动睡眠（NREM）阶段和快速眼动睡眠（REM）阶段。[37] 快速眼动期是以眼球快速运动、神经元活动增加和涉及情绪处理的生动梦境为特征的睡眠阶段。记忆内容的记忆或巩固主要发生在 NREM 睡眠期间，尤其是在深度睡眠（N3）和中度睡眠（N2）期间。[38] 睡眠深度的评估可采用多种方法，包括多导睡眠图（一种测量脑电波、肌肉活动和其他参数的睡眠研究）、动图（测量睡眠时的动作）和睡眠质量的主观自我报告。[39] 充足的睡眠深度对再生、恢复和整体健康非常重要。

昼夜节律

昼夜节律（《内部时钟》）是一个以大约 24 小时为周期重复的生物过程，它控制着人体的许多生理和行为变化。这些节律性波动影响着我们生活的许多方面，包括睡眠-觉醒周期、体温、激素分泌、新陈代谢活动和记忆力。昼夜节律主要受光线影响。昼夜交替有助于同步昼夜节律，维持昼夜节律。洞穴实验的结果表明，即使在没有光照等外部计时器的情况下，人类的昼夜节律依然存在。[40] 这对轮班工人、矿工或商务旅客以及乘坐洲际航班的航空人员具有特别重要的意义，因为事实证明，昼夜节律受到外界干扰会影响身心健康。[41]

荷尔蒙

褪黑激素和皮质醇是两种重要的激素，在调节睡眠-觉醒周期中起着关键作用。这两种内源性激素相互作用，控制睡眠-觉醒周期并影响睡眠质量。[42]

褪黑激素通过发出《睡眠准备就绪》的信号来帮助启动和维持睡眠，而皮质醇则促进更活跃的状态并唤醒身体。褪黑激素和皮质醇在昼夜节律中的平衡释放对白天的健康睡眠和幸福感非常重要。[43] 打破这种平衡会导致睡眠障碍和其他健康问题。

服用人工制造的褪黑素已变得相当流行，尤其是在跨时区旅行（时差）或轮班工作时。然而，它并不适合每一个人，还可能引起头痛、头晕、恶心和嗜睡等副作用。

因此，褪黑素应在医生的指导下服用，尤其是儿童、孕妇或哺乳期妇女以及患有其他健康问题或正在服药的人。此外，褪黑素不应被视为健康睡眠卫生和生活方式改变的替代品，例如创造轻松的睡眠环境、限制睡前看屏幕的时间以及保持规律的睡眠-觉醒周期。

天然提取物

除褪黑素外，藏红花（Crocus sativus）或缬草（Valeriana officinalis）的天然提取物在治疗睡眠障碍方面也很受欢迎。两者都具有潜在的镇静和促进睡眠的特性。藏红花提取物的镇静作用被认为是由于它与血清素和 GABA（γ-氨基丁酸）等神经递质的相互作用。[42]缬草含有一种被称为缬草酸的化合物，它可以通过提高大脑中神经递质 GABA 的活性来起到镇静作用，同时还能对血清素受体产生刺激作用。[44]藏红花和缬草提取物在治疗睡眠障碍方面的效果差异很大。

苯二氮卓类药物

苯二氮卓类药物是一类用于治疗焦虑症和癫痫的药物，但也常用于治疗睡眠障碍。虽然它们能有效促进睡眠，但也并非没有风险，可能会产生各种副作用。虽然苯二氮卓类药物可以有效治疗焦虑症、睡眠障碍和其他疾病，但它们也有可能产生副作用，如宿醉和白天嗜睡、记忆力和注意力不集中、反应迟钝、呼吸困难、副毒性反应（激动、攻击性、幻觉）和依赖性，尤其是在长期使用或剂量较大的情况下。[45]

一般来说，有睡眠障碍的人在使用安眠药前应咨询医生。此外，还应考虑改变生活方式，以保持良好的睡眠卫生，下文将对此进行详细说明。[46]

睡眠卫生

有规律的睡眠-觉醒周期：每天应尽量在同一时间睡觉和起床，即使是周末也不例外。规律的睡醒周期有助于调节身体的内部时钟，改善睡眠。

睡眠环境：营造凉爽、安静、黑暗的舒适睡眠环境；必要时使用耳塞或睡眠面罩，尽量减少干扰噪音或光源。

避免咖啡因和兴奋剂：应限制摄入咖啡因（咖啡、茶）、可可碱（巧克力、可可）和其他刺激物，如尼古丁和酒精，尤其是在睡前数小时。这些都会扰乱睡眠，延长入睡时间。

放松技巧：放松技巧，如自生训练、瑜伽、冥想、渐进式肌肉放松或呼吸练习，有助于减轻压力，让身体为睡眠做好准备。

限制睡前使用屏幕的时间：应避免在睡前使用手机、平板电脑和电脑等电子设备，因为屏幕发出的蓝光会干扰人体分泌褪黑激素。

经常进行体育锻炼：经常锻炼有助于提高睡眠质量，但应避免在睡前进行剧烈运动，因为这会因肾上腺素的冲动而影响入睡。

进食时间：睡前应避免进食大餐和大量流质食物。

避免小睡：如果在白天小睡，应限制小睡时间，避免在深夜长时间小睡，因为这会影响夜间睡眠。

养成睡眠习惯：养成放松的睡眠习惯，帮助做好睡眠准备，如阅读、洗温水澡或听舒缓的音乐。

放松

在当今这个快速发展的世界里，人们面临着提高工作效率和随时待命的压

力，许多人往往认为休息是次要的，甚至是多余的。然而，事实恰恰相反：除了前面提到的睡眠，休息也是健康和幸福的重要支柱，不容忽视。

首先，休息对身体的再生起着至关重要的作用。在休息期间，身体有机会自我再生和修复。组织得到更新，肌肉得到修复，免疫系统得到加强。如果没有充足的休息，这些再生和修复过程就会减慢或中断，长期以往就会导致健康问题。

此外，恢复对心理健康也很重要。在这个经常充满压力、紧张和过度需求的世界里，放松为平静心灵和减轻压力提供了机会。冥想、瑜伽和呼吸练习等放松技巧有助于平复心情，促进精神放松。这反过来又有助于防止焦虑、抑郁和倦怠。休息对于保持工作表现和工作效率也很重要。定期休息可以提高认知功能和注意力。花时间休息可以提高工作表现和工作质量。

此外，休息在促进人际关系和社会纽带方面发挥着核心作用。共同的休闲活动可以增进友谊，加深家庭纽带，改善总体福祉。休闲活动提供了与他人互动、一起欢笑和分享积极经历的机会。

《永远在线》的生活方式：对健康的毒害

休息对于保持生活平衡非常重要。在这个以《永远在线》的生活方式为特

征的社会里，人们很容易迷失在工作中，而忽视了自己的身心需要。频繁使用屏幕（现在主要通过智能手机）对身心健康造成了负面影响。[47]

对健康的影响

压力和超负荷：经常接触数字设备和随时可用可能导致持续兴奋感和过度需求。总是随时待命和立即回复信息的压力会造成压力和焦虑。

睡眠障碍：睡前持续使用屏幕会影响睡眠质量。如上文有关睡眠的章节所述，屏幕发出的蓝色波长光会抑制睡眠激素褪黑激素的分泌，从而导致睡眠障碍和睡眠不足。

缺乏运动：过度使用数码设备会导致人们减少户外活动的时间和运动量。这可能导致久坐不动的生活方式，与肥胖、心脏病和其他健康问题的风险增加有关。

社会隔离：尽管数字技术可以促进交流，但也可能导致社会隔离。过度使用网络媒体会导致人们减少面对面社交互动的时间，从而导致孤独和隔离。

数字干扰：网上娱乐和信息的不断提供会导致人们将时间和注意力用于非生产性活动。这会影响工作效率，导致重要任务被忽视。

数码疲劳：持续使用数码设备会导致眼睛疲劳、头痛和其他数码疲劳症状。这会影响生活质量，增加出现长期眼疾和健康问题的风险。

恢复的重要步骤

恢复期为再生、反思和重新确定优先事项提供了机会。通过有意识地花时间休息和自我保健，人们可以过上平衡而充实的生活。

睡眠 睡眠是最重要的恢复方式之一。正如上文所述，在睡眠期间，身体有机会再生、修复组织、平衡荷尔蒙和巩固记忆。充足的睡眠时间和质量对健康和幸福至关重要。

放松技巧：冥想、呼吸练习、渐进式肌肉放松和瑜伽等放松技巧有助于缓解压力、减轻肌肉紧张和平静心态。[48]这些做法有助于身心放松和恢复。

休闲活动：有趣和放松的休闲活动是康复的重要组成部分。这些活动包括兴趣爱好、艺术活动、自然游览、阅读、听音乐以及与朋友和家人的社交活动。这些活动可以让人们从日常生活中解脱出来，有助于缓解精神压力。

锻炼和运动：体育锻炼是健康生活方式的重要组成部分，但也要留出足够的休息和放松时间。活动与休息交替进行，可使身体得到恢复和再生，最终提高工作效率并防止受伤。

健康饮食：均衡营养的饮食可为身体提供再生所需的营养和能量，从而有助于恢复。充足的液体摄入对于保持身体水分和支持新陈代谢也很重要。

自我保健：按摩、沐浴、桑拿和水疗等自我保健方法有助于缓解紧张、放松肌肉和改善整体健康。

正念和自我反省：安排时间进行正念练习和自我反思，有助于平静心态、减轻压力和促进积极的态度。可以通过冥想、写日记、观察大自然或其他有意识的活动来实现。[49]

限制使用数码设备的时间：减少屏幕使用时间，尤其是智能手机的使用时间，同时增加体育锻炼，可以高效、低成本地促进心理健康。[50]

总之，放松是健康的重要支柱，它包含了一种全面的幸福观。挤出时间放松身心，可以增强人的身心健康，提高人的工作效率，使生活更加充实。重要的是，要将休息作为优先事项，并将其作为健康生活方式的重要组成部分。

音乐的治愈力量：让音乐为保健服务

在现代文明社会中，人们经常面临压力、紧张的生活方式和大量的刺激，因此需要寻找保持健康和幸福的方法。音乐是一种经常被忽视但却极为有效的促进健康的方法。音乐对人的身心和精神一直有着深远的影响，大量研究表明，积极的音乐创作对健康的益处远远超出了单纯的审美愉悦。以下是为什么音乐创作是一项重要的预防性健康活动的一些原因。

缓解压力，陶冶情操：音乐有一种独特的能力，可以影响我们的情绪，让我们处于放松状态。[51] 制作音乐可以让我们专注于当下，释放日常压力，达到平静和安宁的状态。在制作音乐的过程中进行创造性的自我表达，也是一种情绪宣泄，有助于减少负面情绪，提高情绪健康水平。[52]

认知功能和大脑健康：制作音乐需要复杂的大脑功能，包括注意力、记忆力、协调能力和解决问题的能力。经常进行音乐创作可以提高和保持这些认知能力，对老年人尤其如此。[51,53] 此外，人们还发现音乐创作可以降低神经退行性疾病（如痴呆症和阿尔茨海默氏症）的风险。[54]

研究表明，音乐家通常在语言处理、记忆和空间思维等方面表现出更高的大脑性能。在聆听音乐（例如莫扎特的钢琴奏鸣曲）时，这些积极的影响也会被描述出来，通常被称为《莫扎特效应》。[55] 制作音乐在围产期（即出生前后）就能对儿童的心理健康产生积极影响。[56]

社会互动和社区：音乐是一种通用语言，它将来自不同文化和背景的人们联系在一起。[52] 在群体中进行音乐创作可促进社会互动、团队合作和归属感。通过分享音乐体验，可以加强人际关系，扩大社交网络，进而提高心理健康水平和生活质量。

身体健康：制作音乐可以训练各种身体技能，如精细动作技能、协调和呼吸控制。乐器演奏通常需要良好的姿势和肌肉控制，这有助于增强背部、脊柱和其他肌肉群的力量。此外，唱歌可以改善呼吸，增加肺活量，对整体体能有积极影响。[57]

心血管系统：除宗教和娱乐原因外，音乐似乎是改善健康预后（尤其是心血管疾病）的另一种非药物选择。[58] MANTRA 研究发现，心导管术后的心血管疾病患者在接受来自《意识扩展》措施（即舒缓音乐、治疗祈祷和生物场疗法，如灵气）的治疗后效果更好。[59] 然而，在美国九个不同中心进行的 MANTRA II 跟踪研究并没有发现任何生存益处，因为音乐、声音或接近治疗师的《振动》对个人的影响截然不同，而且显然无法测量。[60]

如果音乐被认为是愉悦的，那么它肯定会对血压和心率产生积极影响。[61] 心脏的跳动和血压的调节是无法自主控制的，因为它们是由自律神经系统（《植物神经系统》）提供的。因此，自律神经系统是受到刺激还是受到抑制，取决于音乐的风格（流派）和音量。[58] 积极练习放松音乐能有效改变冠心病患者的基因表达，因此是比《静静地看书》更好的健康措施。[62]

减压和免疫系统：研究发现，制作音乐能降低体内皮质醇的水平，而皮质醇是一种与压力有关的激素。[63] 低皮质醇水平可以增强免疫系统，提高人体对疾病的防御能力。然而，不仅是积极的音乐创作，即使只是听音乐也被证明有助于降低皮质醇水平和应对日常生活中的压力。[64] 此外，在音乐创作过程中释放的内啡肽可以带来幸福和放松的感觉，进而增强免疫系统。在《莫扎特效应》中注意到的一种免疫反应是《自然杀伤细胞、淋巴细胞和干扰素-γ的增加》，这可能对治疗癌症等疾病有帮助。[55]

总之，研究表明，音乐创作远不止是一种艺术活动，它还是一种有效的身、心、灵保健方式。通过定期参与音乐创作，我们不仅可以保持身心健康，还能更深入地与自己和他人建立联系。当人们越来越认识到预防和全面健康的重要性时，我们应该考虑将音乐的变革力量作为我们健康实践的重要支柱。

结论

- 药物和膳食补充剂有助于睡眠，但也但也有不容忽视的副作用
- 简单的措施有助于保持睡眠卫生
- 聆听和演奏音乐可促进健康

第 3 章：改变营养医学

随着时间的推移，营养医学已发展成为医疗保健的一个重要领域。从治疗营养不良到预防慢性疾病，营养对个人和社会健康的重要性与日俱增。然而，在科学发现、技术进步和社会变革的推动下，营养医学也在不断发展变化。营养医学的变化为改善全世界人民的健康和生活质量提供了新的机遇。

鸡蛋是健康的还是危险的？

过去，人们普遍认为应避免食用富含胆固醇的食物，如蛋黄（约 270 毫克胆固醇）、黄油和虾，以降低罹患心血管疾病的风险。特别是关于鸡蛋的摄入量，由于有时研究结果相互矛盾，营养医学界多年来一直在讨论这个问题，因此以前无可争议的学说现在也变得摇摆不定。不断有研究和荟萃分析表明，心血管风险增加与胆固醇摄入量有关。[67] 然而，现在有许多研究和荟萃分析发现，即使是在 50 个国家的比较中，膳食胆固醇与心血管疾病的发病和心血管死亡之间也没有联系。[68,69]

鸡蛋的重要成分：胆碱和叶黄素

鸡蛋中的卵磷脂所含的胆碱甚至可以起到保护心脏的作用，因为胆碱可以降低同型半胱氨酸的水平，而同型半胱氨酸这种氨基酸据说会增加罹患心血管疾病的风险。[70] 胆碱似乎能防止胆固醇从肝脏排出，还具有抗炎作用（减少促炎性白细胞介素-6）。[71,72] 除胆碱外，蛋黄还含有抗氧化剂叶黄素，吃鸡蛋比膳食补充剂更容易吸收叶黄素。[73] 这是另一个支持鸡蛋的论据！根据对《蓝区》（世界上百岁老人（即百岁老人）最多的五个地区）的研究，长寿的秘诀似乎不在于饮食或血清胆固醇，而在于饮食中含有具有抗炎作用的抗氧化剂。[74]

有争议的指南

然而，欧洲心脏病学会（ESC）的现行指南仍然教条地坚持每天膳食胆固醇不超过 300 毫克的建议。[75] 与此相反，美国心脏病学会（AHA/ACC）以及由美国农业部（USDA）和美国卫生与公众服务部（HHS）任命的科学家和专家组成的膳食指南咨询委员会（DGAC）不再认为胆固醇摄入风险与心血管疾病发生之间存在联系，因此放弃了最初提出的将膳食胆固醇限制在每天 300 毫克的建议。[76,69]

指南 ≠ 医学标准

根据 2013 年《患者权利法》（《德国民法典》第 630a 条），医生有义务遵守医疗标准。即使医生希望将专科协会的指南视为正确治疗患者的一种医疗法律，但显然，按照指南进行治疗并不一定能避免医疗责任。毕竟，应该遵循哪个专科学会的指南--美国的、欧洲的、德国的、心脏病专家的、糖尿病专家的、肾病专家的？他们的建议并不总是一致的，有时甚至相互矛盾，有时甚至在某些方面已经过时。因此，德国联邦司法法院（BGH）于2008年裁定，指南不能反映医疗标准，并于2014年裁定指南不得反映医疗标准。[77,78] 美国的膳食指南现在强调整体健康饮食和生活方式的重要性，而不是仅仅关注减少胆固醇的摄入量。这包括建议按照地中海饮食的方式多吃蔬菜、水果、全谷物以及鳄梨、坚果和橄榄油中的脂肪，同时限制饱和脂肪和反式脂肪的摄入。

地中海饮食

地中海饮食是受地中海周边地区人们传统饮食习惯启发而形成的一种饮食方式。这种饮食通常被认为是世界上最健康的饮食之一。在上述百岁老人比例最高的《蓝区》中，有两个位于地中海地区：意大利的撒丁岛和希腊的伊卡里亚岛。

主要特点

丰富的水果和蔬菜 地中海饮食强调食用新鲜水果和蔬菜。这些食物提供重要的维生素、矿物质、抗氧化剂和纤维。事实证明，每天食用 ½ 至 1 ½ 个鳄梨，可明显降低胆固醇水平。[79]

橄榄油是脂肪的主要来源：橄榄油是地中海饮食的主要脂肪来源。它富含单不饱和脂肪酸和抗氧化剂，可促进心脏健康。不过，这种效果只有每周食用 1 升橄榄油才能得到证实。[76]

适量食用鱼和海鲜：地中海饮食包括经常食用鱼和海鲜，它们富含欧米伽-3 脂肪酸，有助于降低患心脏病的风险。适量食用家禽、鸡蛋和乳制品：地中海饮食中也适量摄入这些蛋白质来源。

减少食用红肉：地中海饮食中较少食用牛肉、猪肉和羊肉等红肉，取而代之的是鱼、家禽、豆类和坚果等其他蛋白质来源。

经常食用豆类、坚果和种子：豆类（如豆子、扁豆和鹰嘴豆）以及坚果和种子是地中海饮食的重要组成部分，可提供蛋白质、纤维和脂肪。特别是，每天吃 30 克坚果可以大大降低心血管风险。[80]坚果的种类对降低胆固醇水平的作用小于食用量（每天食用 60 克坚果的效果尤为明显）。[81]尽管坚果的食用量增加了，但体重却显著下降。[82]

适量饮用葡萄酒：适量饮用红葡萄酒也被推荐为地中海饮食的一部分，因为红葡萄酒的抗氧化剂和多酚含量被认为对健康有益。红葡萄酒的积极作用因《法国悖论》而为人所知。《法国悖论》是指与阿尔萨斯白葡萄酒产区相反，尽管法国人传统上喜欢食用奶酪、黄油和其他食物，但心脏病发作和冠心病的发病率却较低。

红葡萄酒的积极作用因《法国悖论》而为人所知，这一现象与阿尔萨斯白葡萄酒产区相反，尽管法国人传统上喜欢食用奶酪、黄油和其他含饱和脂肪的食物，但心脏病和冠心病的发病率却较低。[83]

黄油好还是人造黄油好？

除了建议吃鸡蛋与不吃鸡蛋之外，营养医学中还存在另一种二元论，即黄油与人造黄油的二元论。富含胆固醇的黄油更健康，还是限制胆固醇的人造黄油更健康？目前的ESC指南和德国营养专家小组的声明仍然建议食用人造黄油而不是黄油。[75,84]

然而，正如关于鸡蛋的讨论一样，现在出现的问题是，适量使用黄油是否比人造黄油更可取。[85]例如，所谓的组合饮食侧重于严格避免鸡蛋和黄油，并建议增加植物固醇的摄入量，以长期预防心血管疾病。[86]

需要注意的是，人造奶油中含有植物固醇，这种物质实际上有助于降低胆固醇水平，但如果剂量较大，其本身就会产生致动脉粥样硬化的作用（导致血管钙化），而且还含有缩水甘油脂肪酸酯，这种物质甚至具有潜在的致癌作用，即可能致癌。[87,88]

因此，过量摄入包括人造黄油在内的加工食品似乎并不一定健康。人们通常认为，摄入富含天然、未加工食品的均衡饮食是更健康的选择。如果对人造黄油的成分有顾虑，则应考虑替代脂肪来源，如橄榄油、坚果或牛油果。

称脂肪为恶魔是否合理？

脂肪组织在调节体内血糖水平方面发挥着重要作用。它不仅是以脂肪形式被动储存多余能量的场所，还能产生各种激素和信号物质。此外，脂肪细胞还会产生细胞因子和脂肪酸等促炎物质，从而损害胰岛素的敏感性。

总之，脂肪组织是一个活跃的内分泌器官，它通过产生各种激素和信号物质来影响人体的血糖调节和新陈代谢。因此，这些激素的健康调节和脂肪组织的适当功能对于维持血糖水平稳定和预防糖尿病等代谢紊乱非常重要。例如，耶鲁大学的科学家将新的脂肪组织植入胰岛素抵抗的小鼠体内，这样小鼠就能储存多余的葡萄糖。[89]

早在 2008 年，一项干预研究就表明，与地中海饮食和低热量饮食相比，低脂饮食在 2 年后对体重的《溜溜球》效应最大，即几乎没有达到预期的体重减轻效果，因为又达到了最初的水平。[90]

2011 年，哈佛大学达柳什-莫扎法里安教授的工作小组对 12 万多名美国人进行了为期四年的研究，结果发现，食用高脂乳制品的人体重减轻了，而食用低脂乳制品的人体重增加了。[91]

以下几点可以作为可能的解释：

1.　　低脂乳制品的饱腹效果不如高脂乳制品。

2.   人们可能倾向于食用双倍量的半脂产品。

3.   半脂产品的糖/碳水化合物含量通常高于低脂产品。

4.   高脂产品含有更多的钙，钙通过甲状旁腺激素和钙三醇等激素对
        脂肪吸收过程中脂肪细胞的功能产生积极影响。

丹麦于 2011 年开始征收脂肪税，以提高高脂食品的价格，但仅 15 个月
后就被取消了。[92] 尽管在政治上鼓励该国公民食用所谓的更健康饮食的初
衷可能是好的，但事实证明，人们往往转而食用更不健康的东西，如含糖
量特别高的食品，或到附近国家购物。

一些研究发现，大量食用奶制品，尤其是全脂牛奶，与前列腺癌风险增加
有关联，而其他研究则表明，食用牛奶与乳腺癌、结肠癌、2 型糖尿病、
汽车-心血管疾病和骨质疏松症没有关联，甚至可以起到保护作用。[93,94]

脂肪的二元化和鸡蛋与无鸡蛋或黄油与人造黄油的二元论不应忽视爆炸性
的启示。

利益冲突的爆炸性披露

1967 年，哈佛大学科学家在《新英格兰医学杂志》上发表的以下声明奠
定了半个多世纪甚至更长时期内心血管研究方向的基础：[95]
《毫无疑问，血清胆固醇的水平可以通过控制饮食中的脂肪和胆固醇而得

到一定程度的改变》。

《……与膳食脂肪和胆固醇相比，膳食碳水化合物差异的实际意义微乎其微》。

2016 年，著名医学期刊《美国医学会杂志-内科学》上发表的一篇揭露文章显示，作者与制糖业存在利益冲突。[96]

此外，值得注意的是，ESC 于 2016 年发布了一张风险评分卡，这是一张对心脏死亡风险进行分类的卡片。[97]确定个人风险的因素如下：年龄、性别、吸烟/不吸烟、血压值、胆固醇值。

什么被遗忘了？

没错：**糖！**

指南委员会竟然忘记了糖尿病这样一个典型的心血管风险因素，这难道仅仅是巧合吗？

纵观目前的研究情况，并考虑到过去 60 年中对科学研究产生巨大影响的爆炸性利益冲突，似乎并不是所有事情都是一目了然的。研究结果也有可能被引向了一个理想的方向，因为谁会愿意提出与傲慢的主流意见相悖的研究结果呢？因此，我们仍然希望大多数科学研究都是公正地进行的。不过，原则上，关于所谓健康饮食的看似明确的知识应该更加有区别。

卡路里限制

除了地中海饮食外，限制热量也有助于达到理想的减肥效果。[98] 在不牺牲营养的情况下减少卡路里摄入量与延长寿命和减少老年相关疾病有关。卡路里限制被认为可以减缓新陈代谢，促进与长寿和健康有关的基因的激活。[99]

生酮饮食、低碳水化合物饮食和阿特金斯饮食是减少碳水化合物摄入量的三种不同方法，对运动员尤其有益：

1. 更有效地利用脂肪作为燃料，从而提高成绩燃料、

2. 血糖水平更稳定、

3. 由于减少了炎症倾向，缩短了训练后的恢复时间。

生酮饮食

生酮饮食的主要目的是使身体进入酮病状态，在这种状态下，脂肪被燃烧，肝脏中脂肪代谢的副产品酮体被用作能量来源。

生酮饮食中碳水化合物的比例非常低，通常只占每日热量摄入的 5-10%。这通常相当于每天摄入不到 50 克碳水化合物。

生酮饮食的主要能量来源是脂肪，约占每日摄入热量的 70-80%。

蛋白质占每日热量摄入的其余 20-25%。

然而，生酮饮食会导致尿酸水平升高，因为身体会分解更多的脂肪并产生酮体，这可能会增加痛风发作的风险。[100]

低碳水化合物饮食

在低碳水化合物饮食中，重点在于减少碳水化合物的摄入量，以保持血糖水平更加稳定，提高胰岛素的敏感性，而不一定要让身体进入生酮状态。低碳水化合物饮食中的碳水化合物含量一般高于生酮饮食，但仍明显低于典型的西方饮食。

碳水化合物的摄入量可因个人需求而异，但通常碳水化合物约占每日卡路里摄入量的 15-20%。

脂肪摄入量低于生酮饮食，约为 60%，但也可根据个人喜好和目标而有所不同。

蛋白质的摄入量约为 30%，处于中等水平，但每日热量摄入量高于生酮饮食。

尽管低碳水化合物饮食似乎总体上对健康有益，但仍应更详细地考虑这种饮食：低碳水化合物饮食的质量和营养来源对存活率有重大影响，因为低碳水化合物饮食与动物脂肪和蛋白质相结合的预后较差，而低碳水化合物饮食与植物脂肪和蛋白质相结合的预后较好。[101]

阿特金斯饮食

阿特金斯饮食法是低碳水化合物饮食法的一种变体，由美国心脏病学家罗伯特-阿特金斯博士发明，在 20 世纪 70 年代风靡全球。[102] 阿特金斯饮食法的主要原则是大幅减少碳水化合物的摄入量，同时增加蛋白质和脂肪的摄入量。

与低碳水化合物饮食一样，碳水化合物的摄入量约为 15-20%。

脂肪含量低于生酮或低碳水化合物饮食，约为 40-45%。

蛋白质含量相对较高，约为 40%，因此阿特金斯饮食法通常被称为高蛋白饮食法。

阿特金斯饮食强调富含蛋白质的食物，如肉、鱼、蛋和奶酪，因此细胞动物蛋白（不包括奶酪和乳制品）含量高会导致血液中尿酸水平升高。[103]此外，阿特金斯饮食法导致汽车-心血管疾病增加，这似乎是一个悖论，其原因可能是水果、蔬菜和全谷物产品的消费量减少，以及通过工业化加工的肉类产品容易获得蛋白质。[104]

mTOR 信号通路--长寿的关键

mTOR（雷帕霉素机械靶标）信号通路在调节细胞生长、蛋白质生物合成和葡萄糖代谢方面发挥着关键作用。[105] 抑制 mTOR 信号传导途径的免疫抑制剂雷帕霉素最初是从复活节岛（波利尼西亚语《拉帕努伊》）的细菌土壤样本中获得的，并以复活节岛命名。mTOR 信号通路对营养物质、生长因子、细胞能量状态和压力等各种环境和细胞信号做出反应。mTOR 信号通路紊乱可导致多种疾病，如癌症、代谢紊乱和神经退行性疾病。[106] 因此，研究这一信号通路是医学界开发长寿新疗法的新方法。除了限制热量、姜黄素、白藜芦醇等膳食补充剂以及糖尿病药物二甲双胍等都会干扰 mTOR 信号通路。

注意：

酮症酸中毒是糖尿病患者可能出现的一种严重并发症。当人体无法产生足够的胰岛素来调节血糖水平，转而燃烧脂肪来获取能量，导致血液中的酮体增加时，就会发生酮症酸中毒。酮症酸中毒的症状包括：过度口渴、尿频、恶心、呕吐、腹痛、虚弱、精神错乱、呼吸困难以及呼吸时有一股让人联想到卸甲水的甜味。

遵循生酮饮食且没有糖尿病的人通常不会受到酮症酸中毒的影响，因为他们的胰岛素分泌通常足以调节血糖水平。另一个方面是生酮饮食中的高蛋白含量。即使超过建议的每日蛋白质摄入量（每公斤体重 0.8 克）仍被认为是安全的，但最近的一项动物研究建议谨慎行事，并鼓励对高蛋白饮食进行进一步的临床研究，因为循环中氨基酸亮氨酸的增加会导致 mTOR 信号通路的更强激活，进而导致动脉粥样硬化（血管钙化）的增加。[107]

在考虑限制卡路里摄入量之前，最好先与医生或营养师进行讨论，以排除糖尿病的可能，并确保不会因其他并发疾病而产生不良影响。此外，限制卡路里摄入的人应该在医生的指导下进行，以确保摄入足够的营养，保持最佳健康状态。

肉类饮食与素食或纯素饮食

肉类消费

总的来说，适量的肉类是均衡饮食的一部分，也是人体必需营养素的重要来源。不过，应考虑肉类的质量和制作方法，以提高健康效果。

红肉

红肉来自牛、猪和羊等哺乳动物。由于肌红蛋白（一种在肌肉组织中储存氧气的蛋白质）含量较高，红肉的颜色通常较深。红肉富含必需氨基酸、铁、锌、维生素 B12 和其他 B 族维生素。过量食用红肉，尤其是加工肉类（香肠和培根），与心脏病、中风、2 型糖尿病和某些癌症的风险增加有关。[108]

此外，还有人对以新石器时代为基础的《古朴饮食》表示担忧。《古朴饮食》避免食用谷物产品，纤维含量较低，而且由于肉类摄入量增加，会通过肠道细菌产生代谢产物，对肠道健康和血管（动脉粥样硬化）造成危害。[109]

然而，几项荟萃分析表明，避免食用红肉对总体死亡率和癌症发病率的健康影响非常微弱且不确定，因此无法普遍建议避免食用红肉。[110,111,112]

白肉

白肉通常来自鸡肉和火鸡等家禽以及鱼类和贝类等海鲜。由于肌红蛋白含量较低，白肉的颜色较浅。白肉的蛋白质含量也很高，还含有维生素 B12、锌和其他营养物质，但铁的含量往往低于红肉。白肉一般较瘦，饱和脂肪含量较低。去皮禽肉尤其是低脂肪蛋白质来源。

白肉，尤其是去皮禽肉，通常被认为是红肉的健康替代品。它与心脏病和癌症的风险并无关联。事实上，白肉经常被推荐，因为它含有较少的饱和脂肪，可能对胆固醇水平有更有利的影响。但最近的一项综述和荟萃分析得出了一个令人警醒的结论：就心血管疾病和 2 型糖尿病的发病率而言，白肉对健康既无益也无害。[113]

素食或纯素饮食

素食不包括肉类和鱼类产品，但可能包括乳制品、鸡蛋、蜂蜜和其他动物产品，而纯素饮食则不包括所有动物产品。素食或纯素饮食只要均衡并含有所有必要的营养成分，就会对健康有益。要确保满足所有的营养需求，仔细规划非常重要。

素食或纯素饮食的健康风险

缺乏维生素 B12：维生素 B12 主要存在于肉类、鱼类、奶制品和鸡蛋等动物产品中。缺乏维生素 B12 会导致贫血和神经系统问题。因此，素食者和纯素食者应通过强化食品、食物补充剂或足够份量的富含维生素 B12 的植物性食品（如强化豆制品或藻类补充剂）来补充维生素 B12。

叶酸缺乏症：叶酸富含于肝脏和鸡蛋以及羽衣甘蓝、菠菜、西红柿、豆类和橙子等植物性食物中。叶酸缺乏会对婴儿的健康造成潜在的严重后果，尤其是对素食孕妇而言。叶酸，有时也被称为维生素 B9，对发育中胎儿神经管的发育至关重要。孕期缺乏叶酸和维生素 B12 会增加新生儿因神经管缺陷（如脊柱裂和无脑畸形）而受到不可逆损害的风险。[114]

缺铁：与动物性铁元素相比，植物性铁元素被人体吸收的效率通常较低。素食者应确保经常食用豆类、坚果、种子、绿叶蔬菜和强化谷物等富含铁的植物性食物，并与富含维生素 C 的食物搭配食用，以促进吸收。缺铁会导致细胞供氧减少，从而导致疲劳、虚弱和体能下降。[115]

缺钙：乳制品是饮食中钙的主要来源。素食或纯素饮食者应在饮食中增加钙的替代来源，如强化植物奶、绿叶蔬菜（如羽衣甘蓝、西兰花）、豆腐和杏仁。缺钙的症状包括抽筋、肌肉抽搐、麻木、刺痛、骨折、心律失常和疲劳。[116,117]

缺乏必需氨基酸：必需氨基酸不能由人体自身产生，通常大量存在于肉类（牛肉、猪肉、家禽）、鱼类、海鲜和奶制品中。对于素食和/或纯素饮食来说，以下植物性蛋白质来源是合适的，如豆类（豆子、扁豆、鹰嘴豆）、豆制品（豆腐、豆豉、毛豆）、全麦制品（糙米、藜麦、燕麦片）、坚果和种子（杏仁、核桃、葵花籽、奇异籽）。缺乏必需氨基酸会削弱免疫系统，增加感染的几率，因为蛋白质在免疫功能中发挥着重要作用。[118] 一些必需氨基酸是大脑中神经递质的前体，对调节情绪、睡眠和其他神经功能非常重要。[119]

虽然植物蛋白可以作为蛋白质的来源，但重要的是要摄入各种富含蛋白质的植物性食物，以确保所有必需氨基酸的充足供应。

其他肉类替代品

人造肉

人造肉又称培养肉或体外肉，是在实验室中利用动物细胞生产出来的，无需屠宰动物。生产过程旨在促进肌肉组织在受控环境中生长。

在生产人造肉的过程中，会使用所谓的永生化细胞，即具有无限繁殖能力的细胞，这与正常细胞不同，正常细胞在衰老和死亡之前只会进行有限次数的细胞分裂。细胞永生化（《使细胞永生》）可以自然发生，例如在干细胞或癌细胞中，也可以通过实验方法实现。虽然癌细胞通常具有永生化能力，但并非所有永生化细胞都一定是癌细胞。[120]

然而，这也产生了以下问题：《试图将养殖肉作为正常肉类出售，或反之亦然，可能会导致许多法律问题。此外，对产品贴上错误标签和用非动物物种生产肉类的可能性也会导致严重的健康问题，因为研究报告显示，食用致癌的体外细胞系会转移 DNA [脱氧核糖核酸] 》。[121]

昆虫

在一些文化中，昆虫被当作蛋白质来源食用。黄粉虫、蚱蜢或蟋蟀等昆虫越来越多地被视为富含蛋白质的传统肉类替代品。与畜牧业相比，昆虫生产通常需要较少的土地、水和资源。昆虫还可以用有机废物或农业副产品来饲养，从而进一步减少对环境的影响。

根据世界卫生组织的可持续发展目标，黄粉虫、蚱蜢和蟋蟀等可食用昆虫可作为蛋白质丰富的肉类替代品。[122] 然而，这里存在健康问题，例如B.

通过接触霉菌毒素（《霉菌毒素》），这种毒素在甲虫物种中发挥着特别重要的作用，或者通过对几丁质壳的不耐受。[123]

从原则上讲，传统肉类的替代品是未来一种令人感兴趣的方法，但必须注意食品安全和生产过程中可能存在的健康风险。为此，仍需进行大量的研究和测试。

食品中盐的困境

《面包和盐》是一个文化符号，在世界许多地方都有意义。它经常被用作各种场合的礼物，象征着好客、繁荣和健康。

世界卫生组织（WHO）建议，要保持身体健康，每天摄入的盐不超过 5 克，也就是一茶匙左右。[124] 它并没有说多少盐才算过少。

盐一点也不不健康，反而在人体中发挥着重要作用。钠是盐的化学成分之一，人体的各种重要功能都需要它，包括调节体液平衡、神经功能和肌肉收缩。然而，食盐摄入过量或不足都会对健康不利。

食物中的盐分较多

过量食用盐会导致各种健康问题。

与高盐摄入相关的一些最常见的健康危害包括：

心血管疾病： 通过血压升高和其他机制，过量食用盐会增加罹患心血管疾病的风险。[125] 这包括心脏病发作、中风、动脉粥样硬化（血管钙化）和心力衰竭。在俄罗斯进行的一次为期 105 天的模拟火星任务中，向被锁在一个容器中的机组人员提供了世界卫生组织降低食盐含量的食物。[126]

肾脏问题： 肾脏具有调节体内钠和水平衡的重要功能。摄入过多的盐会给肾脏造成负担，增加患肾结石、肾功能障碍和其他肾脏问题的风险。[127]

骨质疏松症： 高盐摄入会导致人体通过尿液排出更多的钙。长期如此会导致骨质流失，增加骨质疏松症和骨折的风险。[126] 不过，有一项研究质疑高盐摄入会破坏钙平衡，认为糖的作用更大。[128]

胃部健康： 过量食用盐会刺激胃黏膜，增加患胃溃疡甚至胃癌的风险。[129]

体液潴留和浮肿： 高盐摄入量会使身体保留更多水分，从而导致四肢和身体其他部位肿胀。

少吃盐

然而，食盐过少也会损害健康。盐对人体非常重要，因为它能提供各种重

要功能所需的钠和氯。食盐摄入过少会导致体液失衡和其他健康问题。食盐摄入过少可能造成的影响有

低钠血症：钠摄入过少会导致血液中钠离子含量过低，即所谓的低钠血症。这种情况会导致疲劳、头痛、恶心、肌肉痉挛、意识模糊等症状，严重时甚至会抽搐和昏迷。

脱水：盐在调节体内液体平衡方面发挥着作用。食盐摄入过少会导致身体无法保留足够的水分，从而导致脱水和电解质（《血盐》）失衡。严重时，脱水会导致更严重的问题，如循环衰竭、肾衰竭、昏迷，如果不及时治疗甚至会导致死亡。

心血管疾病：低盐摄入会增加心血管疾病的风险，增加心脏病发作、中风和心力衰竭的风险。[130] 部分原因可能是对血压和体液平衡的影响。

体液潴留和肿胀：当血钠水平过低时，人体可能难以排出多余的液体，导致液体在组织中积聚。这种液体积聚可表现为肿胀（水肿），通常发生在腿部、脚踝或腹部。

肾脏问题：盐摄入过少会导致肾脏负担过重，因为肾脏没有足够的液体来有效过滤分解产物。[128] 液体摄入不足会导致尿液中的物质浓度增加，从而促进肾结石的形成。这会引起不适，久而久之会导致肾脏受损。

反常反应

高盐摄入和低盐摄入都会导致心血管疾病，这一事实起初似乎是一个悖论。这可能是由于关于矛盾反应的报告相互矛盾，例如，在临床和动物实验中，过量摄入盐会导致血压降低，而低盐摄入则会导致血压升高。[129] 试图解释这一现象的依据是肾脏的自主神经功能，它会对血盐和血压的变化做出敏感的反应，然后在两个方向上进行反调节。

中国最近的一项研究发现，并不是限制饮食中的盐分有助于降低血压和促进健康，而是与氯化钠（《食盐》）相比，使用氯化钾作为盐的替代品。[131] 因此，普遍接受的建议《多盐不健康，少盐才健康！》还不够，在某些情况下甚至必须提出质疑。看来最好是达到一种平衡，但这可能必须根据每个人的不同情况来评估。为达到这一平衡，应进一步研究每天的食盐摄入量。

间歇性禁食

间歇性禁食是近年来非常流行的一种饮食方法，即交替进食和禁食。间歇性断食有不同的形式，但都是先不吃东西，然后再吃东西。间歇性禁食的好处包括减肥、改善新陈代谢健康、提高胰岛素敏感性，还可能延长寿命。[132]

最著名的间歇性禁食方法有：

16/8 法：在这种方法中，每天禁食 16 小时，然后在 8 小时内进食。[133]

5:2 节食法：每周有五天正常饮食，另外两天将卡路里摄入量减少到每天 500-600 卡路里左右。[134]

吃-停-吃：这种间歇性断食法是指每周断食一到两次，每次 24 小时，断食期间只喝水、茶或咖啡，不摄入热量，根据最近发表的一项研究，断水间隔甚至被延长到整整一周。[135]

隔日禁食：这种模式包括在一天正常饮食和一天禁食之间交替进行，同时大量限制热量。[134]

注意：

不过，在某些情况下，间歇性禁食可能会有问题。例如，体重过轻或患有厌食症或贪食症等进食障碍的人应避免间歇性断食，因为这会导致体重进一步下降，并可能对健康有害。孕妇或哺乳期妇女也不应禁食，因为她们和婴儿都需要充足的营养。长期间歇性禁食水还会因蛋白质平衡的改变而导致血栓形成、骨质流失和心力衰竭。[135] 正在服用某些药物或有某些健康问题（如糖尿病或内分泌失调）的人在开始间歇性禁食前应咨询医生，以确保不会对其健康产生负面影响。2024 年，中国一项基于美国健康数据的研究声称，间歇性禁食会使心脏死亡风险增加 91%，但这项研究数据并未经过同行评审程序，而且在预后价值方面似乎《动力不足》，只有 31 例死亡。[136]

假禁食

假断食或《模拟断食饮食》是一种相当新的饮食策略，其目的是在摄入食物的同时模拟断食对健康的益处。假性断食的基础是在设定的时间内食用特定成分的食物，以模拟人体的断食状态。

假性禁食的原理具体包括：

热量限制：在假性断食期间，热量摄入量会大幅减少，通常为正常热量摄入量的 40-50% 左右。[137]

营养成分：假斋戒由特定的食物组成，这些食物以特定的成分提供某些营养素，以确保人体在热量摄入减少的情况下仍能获得充足的营养。这些食物包括不饱和脂肪，如橄榄油或坚果，占总卡路里摄入量的 44-46%，蛋白质摄入量限制在总卡路里摄入量的 9-11% 左右，碳水化合物摄入量限制在总卡路里摄入量的 43-47% 左右。[138]

控制持续时间：假性禁食通常连续进行 5 天。[139] 选择这段时间是为了让身体进入禁食模式，激活与禁食的健康益处相关的某些新陈代谢过程。

循环重复：可以周期性地重复夏姆断食，通常每隔几个月重复一次。[139] 建议在医生的指导下进行假性断食，并事先征求医生的意见，尤其是有明确健康状况或医疗问题的人。

假性断食旨在促进自噬（细胞清洁和再生）、减少炎症、改善新陈代谢和促进长寿，同时将完全断食的风险降至最低。[139]

接触寒冷

暴露在寒冷环境中有助于减肥，但单独暴露在寒冷环境中的效果非常有限
。

冷冻疗法

冷冻疗法是指将身体短时间暴露在极低的温度下，通常是在特殊的冷室中
或通过局部使用冷敷袋。冷室中的温度可低至-100°C（-148°F）或更低
，而局部冷疗的温度通常在-10°C（14°F）至-30°C（-22°F）之间。[140] 每
次治疗的持续时间通常从几分钟到最长 15 分钟不等，具体取决于个人的
耐受力和治疗师的指导。

冷水应用

冷水浴或冷水池等冷水疗法也可用于促进运动后的恢复或促进一般健康。
这里的水温通常在 10°C (10°F) 到 15°C (59°F) 之间。[141] 浸泡冷水的时间
长短不一，但通常建议浸泡 5 到 10 分钟左右。

有几种机制可以解释为什么冷水浴可以间接促进减肥：

燃烧卡路里产生热量：身体暴露在寒冷环境中时，必须消耗更多能量来维持核心温度。这会导致能量消耗增加，进而燃烧更多卡路里。[142]

激活棕色脂肪组织：棕色脂肪组织是一种通过燃烧脂肪和葡萄糖产生热量的脂肪。暴露在寒冷环境中会增强棕色脂肪组织的活性，从而增加能量消耗。[143]

抑制食欲：一些研究表明，暴露在寒冷环境中会降低食欲。这可能会导致人们进食减少，从而消耗更少的卡路里。[144]

通过冷处理长寿？

冷疗或冷暴露可延年益寿的观点基于多种理论。冷暴露可以刺激新陈代谢，促进新陈代谢途径的激活，如 AMPK（单磷酸腺苷激活的蛋白激酶）信号通路（见《改变营养医学》一章；《mTOR 信号通路--长寿的关键》分章）。[144] 此外，暴露在寒冷环境中还能增加抗氧化酶的分泌，有助于减少氧化应激，防止细胞受损。[144]

注意事项

不过，应谨慎使用冷疗法，尤其是患有心血管疾病或雷诺综合征（反射性血管收缩）等某些健康问题的人。[145] 建议在开始冷疗前咨询医生和/或合格的治疗师，以确定适当的温度和使用时间，避免健康风险。

结论

- 关于鸡蛋、脂肪和盐形象不佳的教条部分不
  并分散了人们对糖的危害的注意力
- 因酮或低碳水化合物饮食而长寿的方面
  得到分子水平研究结果的支持
- 肉类不一定是坏食物
- 冷疗法有助于控制体重

第 4 章：长寿的生活方式补充剂和超级食品

延年益寿的生活保健品是一个复杂的话题，目前还没有明确的证据表明某些产品确实可以延年益寿。不过，有一些与健康和长寿有关的保健品值得一提。

超级食品

《超级食品》是一个术语，用来描述某些营养成分特别丰富的食物，据说可以提供各种健康益处。这些食物通常含有高浓度的维生素、矿物质、抗氧化剂、欧米茄-3 脂肪酸、纤维和其他重要营养素，被认为对人体健康有益，包括增强免疫系统和预防疾病。

超级食品的例子包括浆果（枸杞和蓝莓）、绿叶蔬菜（菠菜和羽衣甘蓝）、坚果和种子（奇亚籽和核桃）、藜麦、鳄梨、姜黄和生姜。[146]

《超级食品》或《功能食品》这两个词没有科学定义，也没有得到食品药品管理局（FDA）或欧洲食品安全局（EFSA）等官方机构的认可。[146] 不过，媒体和市场营销中经常使用这个词来指那些被认为对健康特别有益的食品。还应指出的是，超级食品本身并不能取代均衡饮食。

抗氧化剂

抗氧化剂，如维生素 C、维生素 E、β-胡萝卜素、黄酮类化合物和多酚，以其中和自由基和减少细胞损伤的能力而闻名。

自由基

自由基是一种分子，其外壳中有一个未配对的电子，这使它们变得不稳定。为了降低这种不稳定性，自由基会寻找另一种可以窃取电子的分子。这一过程被称为氧化。失去电子的分子本身就会变成自由基，因为它现在有了一个未配对的电子。[146] 这可能会导致连锁反应，许多分子在失去电子后受到破坏，自身也会变成自由基。[145]

自由基的产生有多种途径：体内的自然代谢过程以及紫外线、吸烟、环境污染和营养不良等外部影响。它们通过破坏细胞和组织，攻击 DNA、蛋白质和脂质，在各种疾病和衰老过程中发挥作用，从而导致各种疾病，如癌症、心血管疾病、神经退行性疾病（神经细胞死亡的疾病）和寿命缩短。[147]

不过，人体有对抗自由基的机制。抗氧化剂是一种分子，它可以通过向自由基捐献一个电子来捕捉和消除自由基，而自身不会变得不稳定。饮食中富含抗氧化剂的食物，如浆果、绿色蔬菜、坚果和香料，有助于减少自由基的破坏性影响，促进健康，并可能有助于长寿。这是由于抗氧化剂具有抗癌、保护心血管和保护神经细胞的特性。

维生素 C

维生素 C 是世界上使用第二广泛的膳食补充剂。维生素 C 又称抗坏血酸，是一种水溶性维生素，在人体内的生物过程中发挥着重要作用。缺乏维生素 C 会导致严重的坏血病，表现为疲劳、肌肉无力、关节疼痛、牙龈出血、牙齿脱落和伤口愈合障碍。坏血病在今天的发达国家已经很少见了，但在历史上，坏血病曾是水手中的一种疾病，因为新鲜水果和蔬菜是维生素 C 的重要来源，但却经常无法获得，英国海军外科医生詹姆斯-林德在 1754 年就认识到了这一事实。[148] 在后来的航行中，著名的环球航海家、英国船长詹姆斯-库克让他的船员们喝《啤酒（用试验性浓缩麦芽提取物制成）》、酸菜和新鲜海狮肉，以预防和治疗坏血病。[149]

维生素 C 是人体内一种强大的抗氧化剂，还能通过以下生物功能促进长寿：

抗氧化作用：维生素 C 具有很强的抗氧化作用，能中和自由基，减少对细胞和组织的氧化损伤。通过减少氧化压力，维生素 C 可以帮助延缓衰老过程，降低患心脏病、癌症和神经退行性疾病等与年龄有关的疾病的风险。

免疫功能：维生素 C 可增强人体对感染和疾病（尤其是肿瘤）的防御能力，从而在支持免疫系统方面发挥重要作用。[151] 维生素 C 能增强免疫系统，有助于促进健康和延年益寿。

胶原蛋白的生成：维生素 C 对胶原蛋白的形成至关重要，胶原蛋白是一种蛋白质，对皮肤、骨骼、牙齿和结缔组织的健康起着重要作用。摄入充足的维生素 C 可以帮助支持胶原蛋白的生成，维持这些组织的健康。[152]

心脏保护作用：维生素 C 可改善血管功能、降低血压并减少血管性痴呆症（阿尔茨海默氏症）中淀粉样斑块的形成，从而有助于保护心血管健康。[153,154] 这可能有助于降低罹患心血管疾病的风险，延长预期寿命。[155]

神经保护作用：一些研究表明，维生素 C 可介导神经保护，通过减少神经细胞损伤和支持大脑功能，帮助降低患神经退行性疾病（如阿尔茨海默氏症和帕金森氏症）的可能性。[156]

注意：

富含维生素 C 的食物包括橙子、柚子、草莓和猕猴桃等水果，以及青椒、西兰花、菠菜、韭菜等蔬菜和用白甘蓝与乳酸菌制成的酸菜。必要时还可以使用维生素 C 补充剂，以确保人体获得充足的这种重要营养素。不过，高剂量也会导致副作用，如形成肾结石（由于草酸增加）或发生溶血（红细胞溶解）。[157]

锌

锌是一种人体必需的微量元素，在体内起着抗氧化剂的作用。它通过中和自由基来保护细胞免受氧化压力，从而减少炎症和对细胞的损伤。锌在人体的各种生理过程中发挥着重要作用，包括免疫系统、伤口愈合、葡萄糖代谢和细胞生长。[158] 牛肉、羊肉和猪肉等红肉以及鸡肉和火鸡肉等家禽，还有鱼类和海鲜都富含锌。豆类（豆子、扁豆、鹰嘴豆、豌豆）、坚果（腰果、杏仁、核桃）、种子（南瓜籽和芝麻）和全麦食品（燕麦片、全麦面包和糙米）也是很好的锌来源。

此外，牛奶、奶酪和酸奶也含有锌和钙。水果不是锌的特别好来源，而一些蔬菜，如菠菜、羽衣甘蓝、西兰花和芦笋含锌量较低。锌对人体有多种积极作用。

下面列出了一些最重要的作用：

免疫功能：锌是免疫系统的重要支持者。锌有助于调节免疫细胞和产生抗抗体，从而帮助抵抗感染和提高对疾病的抵抗力。[159]

伤口愈合 锌对伤口的正常愈合至关重要。它能支持新细胞和组织的形成，促进胶原蛋白的生成，加快受伤和伤口的愈合过程。[160]

抗氧化作用：与维生素 C 一样，锌也有很强的抗氧化作用，能保护细胞免受自由基的破坏。这有助于减轻炎症和延缓衰老。[158]

激素调节： 锌参与多种激素的调节，包括控制血糖水平的胰岛素以及睾丸激素和雌激素等性激素。[161]

健康的皮肤 锌有助于调节皮脂分泌，缓解痤疮等皮肤问题。锌在保持皮肤健康和完整性方面发挥着重要作用。[162]

神经功能： 锌对正常的神经功能至关重要。它在神经细胞之间的信号传递中发挥作用，能稳定认知功能和情绪，并阻止过早衰老。[163]

DNA 合成： 锌是参与 DNA 合成（复制携带细胞遗传信息的核酸分子）的多种酶的辅助因子。酶是催化（《推动》）体内化学反应的蛋白质。如果没有足够的锌，这些酶就无法正常工作，从而影响 DNA 的合成。参与 DNA 合成的锌对细胞生长、修复和细胞功能非常重要。[164]

注意：

过量摄入锌会引起胃肠道不适，如恶心、呕吐和胃痉挛。长期而言，铜和铁的吸收会受到影响，从而导致更多的健康问题，如缺铁性贫血。[165] 因此，在计划定期摄入锌之前，应咨询医生。

维生素 E

维生素 E 是一种脂溶性化合物，也是一种强大的抗氧化剂，存在于各种食物中。它在健康中发挥着重要作用，并对长寿有潜在益处。维生素 E 可以从以下几个方面影响长寿：

抗氧化作用：维生素 E 是人体内最重要的脂溶性抗氧化剂之一。它能中和自由基，减少氧化应激，从而有助于防止细胞受损和延缓衰老。[166]

保护心血管：维生素 E 可减少动脉斑块的形成，改善血液流动，支持血管功能，从而有助于心血管健康。这可能有助于降低患心脏病的风险（肥胖妇女的表现）并延长寿命。[167]

免疫功能：维生素 E 在支持免疫系统方面发挥作用，有助于增强人体对感染和疾病的防御能力。摄入充足的维生素 E 有助于促进健康和延年益寿。[168]

抗炎作用：维生素 E 具有抗炎作用，有助于对抗体内的慢性炎症。慢性炎症可导致多种与年龄有关的疾病，因此一些研究表明，维生素 E 等抗炎营养素有助于促进健康和延年益寿。[169]

皮肤健康：维生素 E 对皮肤健康也很重要，它可以保护皮肤免受紫外线和环境毒素的伤害。摄入充足的维生素 E 有助于改善肤质，减少皱纹和细纹等皮肤老化症状。[170]

注意：

富含维生素 E 的食物包括坚果、种子、植物油、鳄梨、绿叶蔬菜和全谷物。尽管个别研究结果令人鼓舞，但美国预防服务工作组（USPSTF）2022

还是建议不要将维生素 E 作为预防心血管疾病和癌症的膳食补充剂，因为有关积极或消极影响的研究数据并不一致。[171] USPSTF 是美国政府设立的一个由卫生专业人士组成的独立小组，负责制定以证据为基础的临床预防建议，以改善美国民众的健康状况。

β-胡萝卜素

β-胡萝卜素是维生素 A 的前体，是一种类胡萝卜素，存在于各种橙色和深绿色蔬菜和水果中。它是一种强大的抗氧化剂，对健康和长寿有潜在的益处。以下是一些β-胡萝卜素可能影响长寿的方法：

抗氧化作用：β-胡萝卜素是一种强大的抗氧化剂，能中和自由基，减少对细胞和组织的氧化损伤。通过减少氧化压力，β-胡萝卜素可帮助延缓衰老过程，降低患老年相关疾病的可能性。[172]

心血管保护作用：尽管β-胡萝卜素具有抗氧化作用，但它似乎并不支持心血管系统的健康，这与之前的假设相反，甚至似乎会助长心血管疾病的发展。[173]

皮肤健康：β-胡萝卜素通常被用作改善皮肤健康的膳食补充剂，因为它可以帮助保护皮肤免受紫外线和环境毒素等有害影响。摄入充足的β-胡萝卜素有助于改善肤质，减少皱纹和细纹等皮肤老化症状。[174]

眼睛健康：β-胡萝卜素对视觉功能非常重要，有助于支持眼睛健康。它可转化为维生素 A，而维生素 A 在视觉细胞和适应不同光线条件方面发挥着重要作用。[175]

注意：

富含β-胡萝卜素的食物包括胡萝卜、红薯、南瓜、菠菜、芒果和杏。不过，将β-胡萝卜素作为膳食补充剂也应谨慎看待。一项名为《β-胡萝卜素和视黄醇功效试验》（CARET）的大型研究发现，吸烟者服用β-胡萝卜素和维生素A补充剂会增加罹患肺癌的风险。[176]与维生素 E 一样，美国预防服务工作组（USPSTF）2022 年也建议不要服用β-胡萝卜素补充剂来预防心血管疾病和癌症，特别是因为在有疑问的情况下，这些疾病甚至会得到促进。[169]历史上，北极地区的极地探险者经常食用富含维生素 A 的北极熊肝脏来满足他们对维生素 C 的需求，导致维生素 A 过量，从而引起脱发和掉牙等症状。

叶黄素

叶黄素也是一种抗氧化剂，属于类胡萝卜素，是一种天然色素。叶黄素存在于蛋黄、许多水果和蔬菜中，尤其是菠菜、羽衣甘蓝、芥蓝和芝麻菜等绿叶蔬菜，以及胡萝卜和玉米等橙色（含类胡萝卜素 beta-胡萝卜素）和黄色（含类胡萝卜素玉米黄质）食物中。

抗氧化作用：叶黄素能中和自由基，从而保护人体免受自由基的危害。自由基是一种不稳定的分子，可造成细胞损伤，并与各种健康问题有关，包括炎症、过早衰老和慢性疾病的发生。例如，叶黄素已被证明可以抑制乳腺癌细胞的生长。[177]

眼睛健康 叶黄素在保护眼睛健康方面的作用尤其广为人知。叶黄素积聚在眼睛的黄斑区，黄斑区是视网膜上负责中心视力的区域。叶黄素可以过滤有害的蓝紫光，保护敏感细胞免受氧化应激，有助于预防黄斑变性等与年龄有关的眼部疾病。[175]

注意：

与其他抗氧化剂一样，建议最好以天然形式摄入叶黄素，例如通过鸡蛋，而不是通过食品补充剂，因为鸡蛋的生物利用率更高，即有效成分叶黄素的量更容易被人体吸收和利用，从而发挥其生物效应。[73]与关于β-胡萝卜素和维生素 A 补充剂的 CARET 研究类似，《维生素和生活方式（VITAL）队列研究》显示，长期摄入叶黄素作为膳食补充剂会导致吸烟者罹患肺癌的风险增加。[178]

番茄红素

番茄红素是一种天然色素和类胡萝卜素，存在于多种植物中，主要是西红柿，也存在于西瓜、粉红葡萄柚、红辣椒和木瓜等其他红色水果中。它以其抗氧化特性和潜在的健康益处而闻名。番茄红素的一些生物效应包括

抗氧化作用：番茄红素是一种强大的抗氧化剂，有助于中和破坏细胞的自由基。通过这种抗氧化作用，番茄红素有助于减少细胞损伤，从而预防心血管疾病和某些癌症等慢性疾病。[179]

抗癌作用：一些研究表明，番茄红素对某些类型的癌症，尤其是前列腺癌、肺癌和胃癌有积极作用。据认为，番茄红素的抗氧化特性及其调节细胞生长和炎症的能力可能有助于降低患癌风险。[179]

心脏保护作用：番茄红素还可通过支持血管健康和帮助调节血压，对心血管疾病有益。据认为，番茄红素的抗氧化特性可能有助于预防心脏病的发生。[180]

抗炎作用：番茄红素还具有抗炎作用。慢性炎症被认为是许多疾病的根本原因，包括代谢性疾病，如 2 型糖尿病。[181]

注意：

再次强调，一般情况下，最好优先选择天然番茄而不是加工番茄。由于烹饪和加工番茄有助于番茄红素从细胞中释放和吸收，因此从烹饪或加工番茄制品中摄入的番茄红素可能高于从生番茄中摄入的番茄红素。与叶黄素一样，《维生素和生活方式（VITAL）队列研究》也发现，长期服用番茄红素的吸烟者患肺癌的风险会增加。[178]

硒

硒是一种对人体至关重要的微量元素。它存在于巴西坚果、鱼类、海鲜、全谷物产品和肉类等许多食物中，在各种生理过程中发挥着重要作用。

硒的一些重要功能包括：

抗氧化功能：硒是各种酶，特别是谷胱甘肽过氧化物酶的辅助因子，有助于中和体内的自由基。[182] 因此，硒有助于减少氧化应激对细胞的损害，保持细胞健康，延长寿命。[183]

甲状腺功能：硒对甲状腺的正常功能非常重要。它在甲状腺激素（T4）转化为活性形式（T3）的过程中发挥作用，并有助于平衡体内的甲状腺激素水平。[184]

心血管疾病：一项荟萃分析发现，硒含量低会导致心血管疾病和总体死亡率上升，相反，硒含量高则会改善预后。[185]

免疫功能：硒对调节免疫系统和免疫反应非常重要。它支持免疫细胞的功能，帮助维持对感染和疾病的免疫防御。[186]

抗炎作用：硒具有抗炎作用，有助于减轻体内炎症。这对关节炎或炎症性肠病等慢性炎症尤其有益。[187]

抗癌作用：一些研究表明，摄入充足的硒可能与降低罹患某些癌症（尤其是前列腺癌、肺癌和结肠直肠癌）的风险有关。　然而，硒预防癌症的确切机制尚未完全明了。[188,189]

注意：

当摄入的硒量超过可耐受的最高摄入量（每天≥200微克）时，就会发生硒中毒，即硒中毒；严重时，硒中毒可导致肝功能衰竭或肾功能衰竭等危及生命的并发症。[190]

类黄酮

类黄酮是一大类抗氧化剂，存在于各种食物中，包括浆果（蓝莓、草莓、树莓）、柑橘类水果、苹果、洋葱、茶和黑巧克力。类黄酮属于多酚类中的上品。食用富含类黄酮的食物有助于确保摄入足够的这些重要营养素，而无需额外服用保健品来促进健康和延年益寿。这里列出的类黄酮只是对一些最常见的抗氧化剂和它们主要存在于哪些食物中的概括介绍。

槲皮素

槲皮素是一种抗氧化、抗炎的类黄酮。它存在于许多水果和蔬菜中，如苹果、洋葱、大蒜、浆果、葡萄、卷心菜和羽衣甘蓝。经证实，它具有多种功效：

心脏保护作用：槲皮素可降低血液中的胆固醇水平，改善血管功能，防止血栓形成，从而有助于改善心血管健康。[194,195]

抗癌作用：有证据表明，槲皮素可抑制癌细胞生长、防止肿瘤形成并抑制癌细胞在体内扩散，从而具有抗癌作用。[196]

神经保护作用：槲皮素可预防阿尔茨海默氏症和帕金森氏症等神经退行性疾病，从而具有保护大脑和神经系统健康的潜力。[194,197]

代谢性疾病：槲皮素似乎还能治疗 2 型糖尿病，这对心血管疾病的预后尤为重要。[197]

注意：

槲皮素用作膳食补充剂有三个问题值得一提：1）《溶解度低》；2）《生物利用度弱》，即摄入的有效成分量及其生物效应较弱；3）可抑制血液凝固，增加血液稀释药物（如华法令或苯丙酮）的效果。[198,199] 正在服用血液稀释药物或患有其他慢性疾病的人在服用槲皮素补充剂之前应咨询医生。因此，根据目前的科学水平，对槲皮素作为长寿的有力候选者的期望应该有所节制。

堪非醇

堪非醇是一种黄酮类化合物，存在于许多植物中，包括菠菜、羽衣甘蓝、西兰花、西红柿、芝麻菜、茶和某些水果，如苹果和草莓。它具有多种生物效应，包括

抗氧化作用：山柰醇是一种抗氧化剂，可以通过中和自由基来保护细胞免受氧化压力。[200] 这有助于延缓衰老过程，降低罹患心脏病、癌症和神经退行性疾病（阿尔茨海默氏症或帕金森氏症）等各种疾病的可能性。

抗炎作用：山奈酚能抑制促炎分子的产生，激活抗炎信号通路，从而减轻体内炎症。[201] 这可能有助于减少与关节炎、糖尿病和心脏病等各种疾病相关的炎症。

抗癌作用：富含山奈酚的食物可抑制癌细胞生长、防止肿瘤形成和抑制癌细胞在体内扩散，从而具有抗癌作用。山奈酚还可促进癌细胞凋亡（细胞程序性死亡）。[202] 具体来说，它可以降低患皮肤癌、肝癌和结肠癌等癌症的风险。[203]

心血管保护作用：研究表明，山奈酚可以降低胆固醇水平、调节血压、抑制血液凝结和改善血管功能，从而有助于改善心血管健康。[195] 这可能有助于降低心脏病和中风的风险。

神经保护作用：山奈酚可预防神经退行性疾病，如阿尔茨海默氏症和帕金森氏症，从而有助于保护大脑和神经系统的健康。它还可以改善大脑功能，减少与阿尔茨海默氏症有关的淀粉样β斑块的形成。[204]

注意：

正如前面提到的槲皮素一样，山奈酚作为膳食补充剂也存在生物利用率低的问题，即由于山奈酚《颗粒较大，水溶性较差》，吸收的有效成分较少，生物效应较弱。[205]

木犀草素

叶黄素是一种具有抗炎和抗癌特性的黄酮类化合物，在传统中医学（TCM）中已被认识和使用。[206] 木犀草素存在于辣椒、芹菜、胡萝卜、朝鲜蓟、迷迭香和百里香等食物中。

抗氧化作用：木犀草素是一种抗氧化剂，能保护细胞免受氧化压力。因此，它具有抗炎、保护心血管、抗癌和保护神经细胞的作用。[207]

抗炎作用：叶黄素能抑制促炎分子的产生，激活抗炎信号通路，从而减轻体内炎症。[201]

抗癌作用：叶黄素对以下类型的癌症具有抗癌作用：脑肿瘤（胶质细胞瘤）、肺癌、乳腺癌、前列腺癌、结肠癌和胰腺癌。[208] 此外，叶黄素还能抑制转移灶的扩散。[209]

神经保护作用：叶黄素可改善大脑功能，预防帕金森病，减少与阿尔茨海默病有关的淀粉样β斑块的形成。[210]

注意：

原则上，人们认为叶黄素具有有益的特性，包括其神经保护作用。然而，在一项研究中，发现叶黄素会抑制胚胎干细胞的神经元分化，这与预期相反。[211] 因此，需要进行更多的研究，才能对其安全使用做出明确的说明。

儿茶素

儿茶素是一种类黄酮，存在于绿茶、红酒、黑巧克力、苹果和浆果等食物中。它们具有很强的抗氧化性，有助于促进健康和延年益寿。

抗氧化作用：儿茶素的一个突出特性是其作为抗氧化剂的能力。作为强大的抗氧化剂，儿茶素能清除自由基。[212] 自由基是人体内新陈代谢过程中产生的不稳定的化学物质，会损害细胞，导致各种疾病和过早衰老。

抗炎作用：身体发炎是许多慢性疾病的基础因素。儿茶素具有抗炎特性，有助于减少感染的发生和影响。[213] 这可以降低患关节炎和某些癌症等炎症相关疾病的可能性。[213]

心血管保护作用：大量研究表明，通过食用黑巧克力等方式摄入儿茶素，可以降低罹患心血管疾病的风险。[214,215]

巧克力中所含的可可能降低血压、放松血管、改善血液流动，从而使心脏功能更加健康。[216] 然而，最近公布的 COSMOS 研究结果表明，尽管每天

服用 500 毫克可可类黄酮（其中 80 毫克为表儿茶素），也无法降低心血管疾病的风险。[217,218]

促进新陈代谢的作用：一些研究表明，儿茶素能促进新陈代谢，增加脂肪燃烧。这可能有助于控制体重，降低肥胖和相关疾病的风险。[216]

抗癌作用：儿茶素可抑制肿瘤的形成、生长和扩散，从而具有抗癌作用。[215]绿茶中提取的儿茶素可预防以下类型的癌症：肺癌、乳腺癌、食道癌、胃癌、肝癌和前列腺癌。[212]然而，就服用可可黄酮类化合物进行的 COSMOS 研究表明，患癌症的风险并没有降低。[218]

神经保护作用：儿茶素还具有神经保护特性，即保护神经细胞的作用，可改善记忆力，降低患神经退行性疾病（如阿尔茨海默氏症和帕金森氏症）的风险。[219] COSMOS 研究的分组分析表明，老年人每天摄入可可类黄酮可提高记忆力，从而从中受益。[220]

注意：

与所有膳食补充剂和生物活性化合物一样，重要的是要考虑肝脏代谢中潜在的药物相互作用。一些研究表明，绿茶中儿茶素的浓度较高，可能会影响某些药物的效果，尤其是那些影响血压或凝血功能的药物。[221]因此，经常服药的人应该监测儿茶素的摄入量，并咨询医生。

花青素

花青素是一种类黄酮，能使食物呈现红色、紫色或蓝色。它们存在于浆果（蓝莓、黑莓、黑醋栗、蓝莓、覆盆子、草莓）、樱桃、红葡萄、甜菜、红卷心菜和茄子等食物中。花青素具有很强的抗氧化性，对健康有多种益处，包括支持心血管健康和提高记忆力。具体来说，花青素具有以下特性：

抗氧化活性：花青素是一种强大的抗氧化剂，可减少自由基对细胞造成的损伤。这些抗氧化特性可以降低患血管疾病、癌症和神经疾病等慢性疾病的风险。[222]

抗炎作用：花青素可通过抑制某些促炎酶来减轻体内炎症。这有助于缓解炎症症状，降低患炎症性肠病（克罗恩病或溃疡性结肠炎）等炎症相关疾病的风险。[223]

心血管保护作用：研究表明，经常食用蓝莓等富含花青素的食物，可以降低胆固醇水平、降低血压和改善血管功能，从而降低罹患心血管疾病的风险。[224]

神经保护作用：一些研究表明，花青素可能有助于改善记忆力，降低阿尔茨海默氏症和痴呆症等神经退行性疾病的风险。[225] 它们还有助于改善情绪，降低患抑郁症的风险。

眼睛健康：一些研究表明，花青素可预防与年龄有关的眼部疾病，如黄斑变性和白内障（晶状体混浊），从而有助于保护眼睛健康。[226]

代谢性疾病：花青素似乎能有效预防非酒精性脂肪肝的发生。[222] 非酒精性脂肪肝是一种常见病，由肝脏中脂肪堆积引起，患者很少饮酒或不饮酒。这种疾病通常与肥胖、2 型糖尿病、胰岛素抵抗和其他代谢紊乱有关。因此，花青素似乎有助于调节血糖水平，改善胰岛素敏感性，从而降低糖尿病及其并发症（心血管、神经、肾脏和视网膜眼病）的风险。

注意：

花青素可通过肝脏中相同的酶降解途径影响各种药物的效果。花青素与抗高血压药、血液稀释剂、镇静剂、免疫抑制剂（移植器官患者需要的抑制免疫系统的药物）和抗癫痫药（预防和治疗癫痫发作的药物）等药物的相互作用已经有所描述。[227] 因此，服用这类药物的人应注意花青素的摄入量，并咨询医生。

多酚

多酚类物质是一种超强抗氧化剂，存在于许多植物性食物中，如浆果（蓝莓、树莓、草莓、黑莓）、红葡萄、苹果、梨、柑橘类水果（橙子、葡萄柚、柠檬）、绿茶和红茶、坚果（核桃、杏仁、榛子）、菠菜和羽衣甘蓝等绿叶蔬菜以及朝鲜蓟、西兰花和洋葱等其他蔬菜。

除了上文提到的类黄酮，以下多酚的代表也值得一提，因为它们具有潜在的健康益处，可能会延缓衰老过程。

单宁

单宁（源自法语《鞣革》一词）在皮革生产中作为植物鞣剂发挥着重要作用。[228] 鞣革工艺通过化学稳定作用将动物皮转化为皮革，使其经久耐用、柔韧耐磨。

在医学方面，单宁酸具有多种用途，并因其多样化的生物活性而受到深入研究。单宁存在于多种植物性食物中，包括茶叶，尤其是红茶和绿茶；红葡萄酒中的单宁来自葡萄皮和葡萄籽，在发酵过程中进入酒中；坚果（核桃、杏仁、榛子、杏仁核）中也含有单宁、 坚果（核桃、杏仁、榛子、山核桃）、豆类（豆子、小扁豆、鹰嘴豆）、浆果（蓝莓、覆盆子、小红莓）、柿子、果粒、苹果、梨以及香料（丁香、肉桂、百里香）中都含有单宁。[228]

在健康方面，单宁酸因其抗氧化特性和减少炎症的能力，包括预防心脏病和癌症的能力而备受关注。单宁酸具有以下功效：

抗氧化作用：一些单宁酸具有抗氧化特性，有助于捕捉可导致细胞损伤的自由基。这有助于减少炎症，降低患癌症和心血管疾病的风险。[229]

消炎作用：一些单宁酸具有抗炎特性，可以帮助减轻体内炎症。例如，对常见病原体大肠杆菌和金黄色葡萄球菌有很强的抗菌活性。[230]

降血压作用：一些研究表明，单宁酸，尤其是茶叶中的单宁酸，有降血压的作用。这可能有助于调节血压，降低罹患汽车-心血管疾病的风险。[231]

调节血脂的作用：一些研究表明，单宁酸，尤其是红酒和茶中的单宁酸，具有调节血脂的作用，即对血液中的胆固醇水平有好处，例如柿子中的单宁酸。[232]

癌症抑制作用：一些研究表明，单宁酸可以抑制肿瘤的生长和扩散。这表明单宁酸有可能在减缓肿瘤进展方面发挥作用。一些研究表明，单宁酸可以触发癌细胞的凋亡（程序性细胞死亡），这有助于消除异常细胞，目前正在将其作为肺癌的一种治疗方法进行研究。[233]

顺便提一下，高可达 90 米、直径达 7 米、寿命长达 3000 年的加利福尼亚红木树也含有单宁酸。单宁酸存在于红杉树的树皮、针叶和其他部分。这些化合物可以保护植物免受天敌、疾病和紫外线的侵害。[234] 单宁酸也是许多红杉树皮呈现红色的原因。

注意：

然而，大量食用单宁酸也会产生负面影响。这就是为什么单宁酸有时被视为抗营养素的原因，抗营养素是一种天然分子，会影响人体对营养素的吸收。抗营养素并不一定有害，但会降低营养素的生物利用率或引起消化问题。过量食用单宁酸会引起胃肠道不适，如胃痉挛、恶心和腹泻。[235] 此外，含有鞣酸的食物会与铁结合，干扰肠道对铁的吸收，尤其是与肉类、菜豆或铁补充剂等富含铁的食物同时食用时。[236]

木质素

木质素一词源于拉丁语《lignum》，意为《木材》。木质素作为植物成分的发现要追溯到对木质素的重新研究，木质素是另一类植物化合物，也存在于木材和植物细胞壁中。科学家们开始更详细地研究植物材料的不同成分，并发现木质素具有多种结构和生物活性。木酚素存在于各种植物性食物中。木酚素的主要来源是亚麻籽和南瓜籽，此外还有芝麻、草莓、橄榄和坚果。木酚素对健康的潜在益处包括抗氧化作用：木酚素可作为抗氧化剂，帮助对抗自由基对细胞造成的损害。[237]

抗炎作用：一些研究表明，木酚素可能具有抗炎特性，能减轻体内炎症。[237]

抗癌作用：木酚素可能具有荷尔蒙效应，影响体内雌激素的活性。这可能会对妇女的健康产生积极影响，特别是在激素平衡和罹患激素依赖性疾病（如乳腺癌）的风险方面。[238]

心血管保护作用：一些研究表明，木酚素可通过降低胆固醇水平和支持血管健康来帮助降低心血管疾病的发病几率。[239]

肠道健康：木酚素还能促进健康肠道细菌的生长，减少消化道炎症，从而起到促进肠道健康的作用。[240]

注意：

从天然食物中摄入木质素一般是安全的，但过量摄入木质素补充剂或分离出来的木质素可能会产生不良副作用。木酚素通过肝脏代谢，会削弱其他药物的作用，如止痛退烧药扑热息痛。[241]

鞣花酸

鞣花酸是一种多酚化合物，存在于浆果（覆盆子、黑莓、草莓）、石榴、核桃和葡萄等食物中。它以其抗氧化和抗炎特性而闻名，对健康有多种益处：

抗氧化作用：鞣花酸是一种强大的抗氧化剂，作为自由基清除剂，有助于保护细胞免受氧化压力。这有助于延缓衰老，降低患癌症、血管疾病和肝病的风险。[242]

抗炎作用：鞣花酸能抵抗体内感染，保护免疫系统。鞣花酸对大肠杆菌（大肠菌群）有很好的抗菌效果，对真菌白色念珠菌有很好的抗真菌效果。[243,244]

抗癌作用：有证据表明鞣花酸具有抗癌作用。它可以抑制癌细胞的生长，防止肿瘤的形成，抑制癌细胞在体内的扩散。鞣花酸还能促进癌细胞凋亡（细胞程序性死亡），抑制肿瘤生长所需的新血管的形成。事实证明，鞣花酸对肝癌和结肠癌等有抗癌作用。[242,243]

心血管保护作用：研究表明，鞣花酸可以降低胆固醇水平、促进新陈代谢和脂肪燃烧，从而有助于改善心血管健康。[245]

神经保护作用：鞣花酸还能减轻阿尔茨海默氏症、帕金森氏症和中风等神经疾病造成的损伤。[246]

注意：

虽然适量摄入鞣花酸一般是安全的，甚至可能对健康有益，但并没有具体的摄入上限。不过，过量摄入可能会导致肠胃不适。正如前面提到的槲皮素和山奈酚，鞣花酸作为膳食补充剂的生物利用率也较低，即摄入的有效成分量及其生物效应较弱，这主要是由于与槲皮素和山奈酚相比，鞣花酸《吸收能力差，体内排泄快》。[205]

咖啡酸

咖啡酸是一种多酚，在自然界中是蜜蜂树脂（蜂胶）的抗菌、消炎和抗氧化成分，可保护蜂巢免受疾病侵袭。[247]此外，咖啡豆、朝鲜蓟、马铃薯、苹果和一些草药中也含有咖啡酸。

咖啡酸具有重要的生物效应，例如：

抗氧化作用：咖啡酸是一种强大的抗氧化剂，作为自由基清除剂，它能保护细胞免受氧化压力。[248] 因此，咖啡酸与其他抗氧化剂一样，也能促进健康和长寿。

消炎作用：咖啡酸可以减轻体内的各种炎症。这种消炎作用已被证实适用于各类病原体，如微生物、细菌、真菌和病毒。[249]

抗癌作用：咖啡酸的抗氧化特性说明，它对以下类型的癌症有抗癌作用：肝癌、皮肤癌、肺癌、口腔癌和宫颈癌。[250]

心脏保护作用：研究表明，咖啡酸有助于平衡胆固醇水平，对抗代谢综合征（肥胖、高血压、糖和脂肪代谢紊乱的综合征）。[251,252] 这可以降低罹患心血管疾病和中风的风险。

神经保护作用：通过提高葡萄糖的利用率，咖啡酸有助于保护大脑和神经系统，抵御阿尔茨海默氏症和帕金森氏症等疾病的发生。[253]

注意：

咖啡酸能刺激胃的 G 细胞（胃泌素分泌细胞）。[247] 位于胃黏膜中的 G 细胞会分泌胃泌素，进而促进胃酸的产生和分泌。除了咖啡酸，酒精或咖啡中含有的咖啡因等也会通过 G 细胞刺激胃酸分泌。因此，饮用咖啡等含咖啡因的饮料会导致某些人胃酸分泌过多，引起烧心（胃食管反流）等胃部不适。

姜黄素

姜黄素是姜黄中的一种多酚，是印度菜中使用的一种香料。芥末中也含有少量姜黄素，有助于使芥末呈现黄色。姜黄素具有多种健康益处，并有可能延年益寿。姜黄素具有以下生物特性：

抗氧化作用：姜黄素是一种抗氧化剂，能中和自由基，减少氧化应激对细胞造成的损伤。通过对抗氧化应激，姜黄素有助于《健康的衰老过程》和《人类长寿》。[254]

抗炎作用：姜黄素以其强大的抗炎特性而闻名。[255] 体内的慢性炎症与多种与年龄相关的疾病有关，包括心脏病、糖尿病、癌症和神经退行性疾病。通过减少炎症，姜黄素可以帮助降低这些疾病的风险并延长寿命。

抗癌作用：姜黄素可以通过表观遗传机制（即在不改变基本 DNA 序列的情况下影响基因表达从而影响基因活性的生物过程）产生抗癌效果。[256] 表观遗传机制涉及通过改变 DNA 的可访问结构及其与蛋白质的相互作用来控制基因的开启或关闭。

心血管保护作用：姜黄素通过 mTOR 信号通路与 AMP 激活蛋白激酶（AMPK）相互作用，有助于保护心血管健康（见《转型中的营养医学》一章；《mTOR 信号通路--长寿的关键》分章）。[257] 这似乎有助于降低患心脏病的风险，延长预期寿命。

神经保护作用：一些研究表明，姜黄素可以通过减少神经细胞损伤和支持大脑功能来对抗阿尔茨海默氏症和帕金森氏症等神经系统疾病的发展，不过这需要姜黄素以纳米颗粒的形式施用，以便通过血脑屏障。[258] 血脑屏障是血液与大脑和脊髓之间的一道生理屏障，用于保护大脑免受血液中潜在有害物质的伤害。然而，许多分子，包括大分子蛋白质和某些药物，会被主动排除在屏障之外，或需要特殊的转运机制才能通过。

注意：

高剂量姜黄素可能被用于保健品中，远远超过通常从食物中摄入姜黄的量。在极少数情况下，高剂量姜黄素可能会导致敏感人群出现恶心、腹泻或胃部不适等胃肠道症状。姜黄素与某些药物的相互作用也令人担忧。如前所述，姜黄素与槲皮素可能会抑制血液凝结，增强华法林或苯丙酮等血液稀释药物的效果。[199] 正在服用血液稀释药物或患有其他慢性疾病的人在服用姜黄素补充剂前应咨询医生。还应注意的是，迄今为止有关姜黄素的大多数研究都是在细胞和动物身上进行的，还需要对人体进行进一步研究，以确认其潜在的长寿益处。不过，越来越多的研究表明，姜黄素可能是一种有助于促进健康和延长寿命的有前途的分子。

白藜芦醇

白藜芦醇是一种多酚化合物，存在于红葡萄、红葡萄酒、黑巧克力和花生中，具有多种健康益处。近年来，白藜芦醇作为一种促进长寿和预防老年相关疾病的潜在药物受到了广泛关注。以下是白藜芦醇影响长寿的一些潜在途径：

抗氧化特性：作为一种抗氧化剂，白藜芦醇能保护细胞免受体内氧化过程造成的自由基损伤。通过中和自由基，白藜芦醇有助于预防氧化应激引起的疾病，如心脏病、癌症和早衰。[259]

抗炎作用：白藜芦醇具有抗炎特性，可预防体内的慢性炎症。这可以阻止人体过早衰老，预防老年性疾病的发生。[257]

抗癌作用：医学研究看好白藜芦醇的抗癌作用，因为它可以降低多种癌症的发病率，即《乳腺癌、宫颈癌、子宫癌、血癌、肾癌、肝癌、眼癌、胆囊癌、甲状腺癌、食道癌、前列腺癌、脑癌、肺癌、皮肤癌、胃癌、结肠癌、头颈癌和骨癌》。[260]

心脏保护作用：据说白藜芦醇对心脏和血管有保护作用，特别是由于它的脂质改变特性，即降低胆固醇的作用。白藜芦醇还经常被认为是《法国悖论》的罪魁祸首（见上文《过渡时期的营养医学》一章；《地中海饮食》分章）。[83] 然而，最近的荟萃分析抑制了人们最初对白藜芦醇对心血管系统的所谓治疗作用的欣喜，因为这一点尚未在人体中得到明确证实。[261]

神经保护作用：对阿尔茨海默氏症等神经退行性疾病有治疗作用，但显然还需要进一步的研究来证实这些方面。[262]

注意：

白藜芦醇对长寿和健康的影响尚不完全清楚，因此需要进一步的研究来确认其长期影响。此外，白藜芦醇的作用可能取决于剂量、生物利用度和基因差异等个体因素。

白藜芦醇的生物利用度有限，因为它代谢迅速，口服吸收率低。[263]大部分白藜芦醇在肠道中被分解，不会进入血液。将白藜芦醇与胡椒碱（黑胡椒的一种成分）、槲皮素或脂肪酸等其他化合物结合使用，可以通过增加吸收或减缓降解来提高生物利用率。[264]尽管白藜芦醇的生物利用率有限，但有证据表明，白藜芦醇作为一种非特异性苏铁素激活剂，可通过 mTOR 信号通路促进长寿（见《改变营养医学》一章；《mTOR 信号通路--长寿的关键》分章）。[265]

有意使用白藜芦醇的人应与医生讨论，以确保白藜芦醇适合个人需要和健康状况。白藜芦醇存在于红葡萄、花生和黑巧克力等天然食物中，富含这些食物的均衡饮食是白藜芦醇的良好来源。

皂苷

皂苷是一大类具有广泛生物活性的植物物质。它们的名称源自拉丁语（《肥皂》），因为它们具有泡沫状结构，与水接触后会显示出类似肥皂的特性。皂苷具有亲水（亲水）和亲脂（亲脂）的化学特性，因此在医药、食品工业和农业中有着广泛的应用。[266]

在植物世界中，皂苷是一种抵御病虫害的防御机制。一些皂苷的刺激性味道和气味使它们对昆虫和其他食草动物没有吸引力，从而保护植物免受其害。此外，皂苷还能抑制病原微生物的生长，从而有助于保持植物健康。

除了作为植物的防御物质，皂苷还对人类健康有广泛的益处。在传统医学（尤其是中医）中，皂苷被用于治疗各种疾病已有数百年的历史。一些皂苷具有抗炎、抗氧化和免疫刺激的特性，有助于缓解炎症、增强免疫系统和抵御氧化应激。[266] 此外，一些皂苷还显示出潜在的抗肿瘤活性，正在被研究作为治疗癌症的候选物质。

皂苷的另一个重要方面是其在食品工业中的重要性。一些皂苷，如大豆中的大豆皂苷，可用于生产乳化剂和发泡剂。它们有助于稳定食品并延长其保质期。它们也是啤酒和汽酒等饮料中的天然苦味物质和发泡剂。以下是一些含有皂苷的植物及其用途。

大豆

大豆属于豆科植物。大豆和豆腐、豆浆等豆制品都含有皂甙，即大豆皂甙。大豆一词源于日语，由酱油 Shōyu 衍生而来，意为《豆油或酱汁》。[267]众所周知，大豆对健康有多种益处：

蛋白质来源：大豆富含纤维和蛋白质，有助于增加饱腹感和控制食欲。这可以帮助人们控制体重或减轻体重，减少暴饮暴食和吃零食（在计划的正餐之间无节制地进食）。大豆含有人体必需的全部 9 种氨基酸，有助于满足蛋白质需求，特别是对于素食主义者。[268]

抗癌作用：抗癌作用归功于大豆中的异黄酮，它具有抗氧化和消炎作用。一些研究表明，经常食用大豆制品可以降低患某些癌症的风险，如胃癌、卵巢癌、乳腺癌、结肠癌、子宫癌和肺癌，以及相关的死亡率。[269] 大豆似乎对预防乳腺癌特别有帮助。[270] 在癌症患者中，大豆似乎能使癌细胞对化疗和/或放疗敏感，并保护健康细胞免受治疗。[271]

心脏保护作用：大豆含有不饱和脂肪酸，不含饱和脂肪和胆固醇。经常食用豆制品有助于降低胆固醇水平，减少患心脏病的风险。[272]

此外，大豆蛋白（如上文提到的姜黄素）与 AMP 激活蛋白激酶（AMPK）相互作用，从而改善葡萄糖调节和胰岛素敏感性（细胞对胰岛素的反应能力），进而降低罹患 2 型糖尿病和心脏病的风险。[273] 对于没有心脏病的人来说，每周食用大豆≥4 天可显著降低死亡率。[274]

预防骨质疏松症：豆制品中含有丰富的钙和维生素 D，这两种物质对强健骨骼非常重要，因此豆制品有助于改善骨骼健康。[275]

更年期：大豆中的异黄酮可以帮助更年期妇女，因为它们与雌激素有一些相似之处，因此可以缓解一些症状，如潮热和阴道干燥。[276]

注意：

适量摄入大豆一般是安全的，并可能对健康有益，尤其是对心脏健康有益。不过，过量摄入可能会导致消化问题，并引发一些对大豆过敏的人的过敏反应。[277]

藜麦

藜麦是一种产自安第斯地区的谷物，其外皮也含有皂苷。[278] 藜麦中的皂苷含量约为 40 毫克/克干重，味道甜美，但浓度越高，味道越苦，因此食用前应彻底冲洗或去除藜麦的外皮。[279]

藜麦天然不含麸质，是患有乳糜泻或麸质不耐症的人的重要替代品。[280] 除了皂苷外，藜麦还含有各种微量营养素，包括铁、镁、钾、锌、铜和锰。这些矿物质对人体的各种功能都很重要，包括支持免疫系统。

蛋白质来源：藜麦是一种极好的植物性蛋白质来源，与大豆一样，含有全部 9 种必需氨基酸。[279] 因此，它是素食者和纯素食者不可或缺的蛋白质来源。由于藜麦的纤维和蛋白质含量高，它有助于促进饱腹感和减轻体重。

抗氧化作用：藜麦含有多种抗氧化分子，包括类黄酮、多酚和维生素 E。[281]这些化合物有助于对抗自由基对细胞造成的损伤，降低癌症、心血管疾病和过早衰老等疾病的风险。

抗炎作用：藜麦中的单去苷酸（与单个糖链相连）皂苷已被证实具有抗炎功效，有助于治疗各种慢性疾病。[279]

抗癌作用：动物实验表明，藜麦似乎可以减轻结肠癌/直肠癌症状，恢复肠道微生物群（天然肠道菌群）。[282]

心脏保护作用：藜麦的抗氧化特性对心脏健康有潜在的积极影响，可能有助于降低心血管疾病的风险指标，但具体的治疗机制还需要进一步研究。[278]

注意：

虽然很少见，但有些人可能会对藜麦过敏。[283] 对藜麦过敏的反应可能包括皮疹、瘙痒、面部肿胀或呼吸困难。[284] 对已知食物过敏的人应谨慎行事，必要时避免食用藜麦。

苋菜

苋菜的名字Αμάραντος来自希腊语，意思是《不朽》。苋菜的起源可以追溯到中美洲和南美洲的古代文明，是前哥伦布时期阿兹特克人、玛雅人和印加人的基本食物来源。[285] 它被尊为神圣的植物，用于宗教仪式。苋菜能够在恶劣条件下生长并获得丰收，使其成为不朽和富饶的象征。由于西班牙征服者认识到苋菜在美洲的文化意义，并将其与异教仪式联系在一起，苋菜的种植大幅减少。[286] 尽管如此，苋菜作为一种传统作物在一些地区依然存在，如今在现代饮食中正经历着复兴。

苋菜含有丰富的蛋白质、纤维、铁、镁、钙，与藜麦相比，苋菜的皂甙比例较低，而且不含麸质，因此是乳糜泻或麸质不耐症患者的选择。[280,287]

抗氧化作用：苋菜含有维生素 E 等抗氧化剂，有助于对抗自由基对细胞造成的伤害，从而降低患癌症和过早衰老的可能性。[287]

抗炎作用：一些研究表明，苋菜可能具有抗炎特性，有助于预防和治疗炎症性疾病。[280]

心脏保护作用：苋菜中的纤维、钙、钾和其他营养物质可帮助降低胆固醇水平，从而减少患心脏病的风险。[288] 由于苋菜中的纤维有助于稳定血糖水平，心血管风险也可能降低，这对糖尿病患者尤其有益。[288] 苋菜还可以通过抑制肾素-血管紧张素-醛固酮系统中的肾素荷尔蒙来降低血压。[289]

注意：

苋菜含有草酸，大量食用会促进肾结石的形成。[290] 易患肾结石或已患肾结石的人应尽量少吃苋菜和其他含草酸的食物（如菠菜、大黄、大豆、甜菜、可可或黑巧克力），并咨询医生。

人参

人参（Ginseng）的名称源于中国的人参（rénshēn）《类胡人根》，植物学中使用的《人参》（Panax ginseng）名称可追溯到古希腊语中的 Πανάκεια《灵丹妙药》。[291] 人参作为中药植物已有 5000 多年的历史。[292] 人参含有名为人参皂苷的皂苷，具有改善体能和精神状态、减轻压力和促进整体健康的作用。[292]

科学证明，人参具有以下生物效应：

抗氧化作用：人参的突出生物效应之一是其抗氧化活性。人参含有多种生物活性化合物，包括人参皂苷、黄酮类化合物和多糖类化合物，这些化合物可以提高抗氧化酶的活性，有助于减少氧化应激。[291]

减压作用：人参能帮助人体适应压力，减轻压力反应。研究表明，人参能对血清素和皮质醇等压力荷尔蒙的释放产生有利影响，从而有助于改善总体健康状况。[293]

提高性能的效果：人参通常被认为是一种天然兴奋剂，可以改善精神和身体表现。人参可以增强体力、提高耐力和减少疲劳，例如在运动后《帮助肌肉再生和更新》。[294]

抗炎作用：人参还具有抗炎特性，有助于增强免疫系统，改善人体自身的抗感染防御机制。例如，人参根提取物已被证明可减轻损伤和促炎信使（细胞因子）产生的影响。[295]这能改善人体对感染的反应，增强对疾病的再抵抗力。

抗癌作用：大量研究发现人参具有抗癌作用，尤其是对结肠癌。[296]不过，人参皂苷也为治疗肝癌、食道癌、卵巢癌、宫颈癌、乳腺癌和肺癌等其他癌症带来了希望。[297]

心脏保护作用：一些研究表明，人参可通过降低胆固醇水平、调节血压和改善血液循环对心脏健康产生积极影响。[298]这有助于降低罹患心血管疾病的风险，延长生命。

神经保护作用：此外，人们正在深入研究人参的神经保护作用。人参提取物可能具有神经保护特性，有助于保护大脑免受与年龄有关的变化和神经退行性疾病的影响。[299] 人参的主要活性成分人参皂苷已被证明可以促进神经发生（新神经细胞的形成）、突触生成（两个神经细胞之间形成新的连接）和神经可塑性（神经细胞结构和功能的变化），从而改善学习和认知功能，因此人参也被称为《促智药》。[300]

此外，人参的抗氧化特性还有助于减轻大脑中的氧化压力，减少对神经细胞的损害。

注意：

人参可能会与某些药物产生相互作用，尤其是血液稀释药物和某些抗糖尿病药物，如甲福明，因此在服用人参前应咨询医生。[301,302]

焦谷兰

焦谷兰，又名仙草，属葫芦科。植物学名为绞股蓝（Gynostemma pen-taphyllum）。人参皂甙（来自人参的皂甙）的比例相当高，人参皂甙的最高比例最好在开花前提取（抽出）。[303] 经研究，焦糖的一些生物功效如下。

抗氧化作用：焦糖含有多种生物活性化合物，包括黄酮类、皂苷和多糖，具有很强的抗氧化性和抗糖尿病特性（即针对糖尿病）。[304]

抗炎作用：炎症在癌症的发展中起着一定的作用，一些研究表明，焦糖具有抗炎作用。[304]通过减少体内的炎症，焦菊糖有助于降低患癌症的风险。

抗癌作用：一些研究结果表明，从焦糖中提取的萃取物可以杀死癌细胞或抑制其生长。例如，皂苷能够通过介入 mTOR 信号通路，引发肾细胞肿瘤细胞的程序性细胞死亡（凋亡）（见《改变营养医学》一章；《mTOR 信号通路--长寿的关键》分章）。[305]

总体而言，近年来有关焦糖的癌症研究取得了进展，对乳腺癌、肺癌、胃癌和皮肤癌也有积极的疗效。[306]不过，这些令人充满希望的结果还需要进一步的研究来证实。

减压作用：正如前面提到的人参一样，据说焦糖也能帮助人体适应压力并减轻压力反应，这一点可以从皮质醇等压力荷尔蒙的测定中得到证明。[307]

心脏保护作用：一些研究表明，通过降低胆固醇水平、改善血液流动和支持动脉功能，焦菊糖可对心脏健康产生积极影响。[308,309]然而，目前仍缺乏能明确证明对心血管疾病有治疗效果的临床数据。[310]

神经保护作用：枸杞子还被列为阿尔茨海默氏症等神经退行性疾病的候选药物，具有改善病情的潜力，不过目前也仅在动物实验中得到证实。[311]

注意：

枸杞子可能会与某些药物发生相互作用，尤其是血液稀释剂（如抗血小板药物）和抗抑郁剂（如血清素-去甲肾上腺素再摄取抑制剂杜冷丁）。

312,313 因此，正在服用这些药物的人应该与医生讨论可能出现的副作用。

在本书付梓之际，欧盟出现了一个法律问题，即禁止将角叉菜作为食品或食品补充剂出售，因为它是《欧盟第2015/2283号法规第3(2)条所指的须经授权的新型食品》。[314]

银杏

《这片树叶，从东方
托付给我的花园
赋予味觉秘密的意义
因为它能启迪智慧》。[315]

这是约翰-沃尔夫冈-冯-歌德神曲中《银杏》一诗的第一节，也是对世界上最古老的树种之一的一种致敬。[315] 银杏的名称源自日语银杏 Ginkyō（《银杏》）。[316] 银杏的功效已成为许多科学研究的主题，虽然并非所有功效都已得到明确证实，但服用银杏对健康有一些潜在的益处：

抗氧化作用：银杏含有具有抗氧化作用的化合物，可以清除体内的自由基，从而防止细胞受损。[317]

消炎作用：与其他具有抗氧化作用的银杏一样，银杏也具有消炎作用，可用于治疗类风湿性关节炎等疾病。[318]

抗癌作用：银杏通过其抗氧化和抗炎特性发挥抗癌作用：通过《细胞程序

性死亡（凋亡）、抑制肿瘤细胞形成和癌细胞入侵》，似乎对以下类型的癌症有效：《肺癌、肝癌、胃癌、乳腺癌、结肠癌和宫颈癌》。[319]

心脏保护作用：银杏可改善外周血流，这可能有助于减轻外周动脉疾病的症状，如行走时疼痛。[320] 最近的一项研究发现，抗动脉粥样硬化的作用是由于银杏中所含的银杏内酯 B。[321] 尽管血管保护作用明显，但综述和荟萃分析表明，对心血管疾病的治疗效果有限。[322] 正如前面提到的焦菊糖一样，目前仍缺乏银杏的临床数据来明确证明其对汽车-心血管疾病和生存的治疗效果。[320]

神经保护作用：一些研究表明，银杏可以改善认知功能，尤其是对有记忆问题的老年人。一些研究表明，银杏可能有助于预防或治疗与年龄有关的疾病，如老年痴呆症和眼部黄斑变性，但这方面还需要更多的研究。[323]

注意：

虽然银杏被认为是安全的，但仍有可能产生副作用并与其他药物发生相互作用。过量服用银杏中的神经毒素 4'-O-甲基吡哆醇（MPN）或银杏毒素可能产生的副作用包括恶心、呕吐、癫痫发作和过敏反应。[324] 它还可能与血液稀释药物发生相互作用，因此受影响者应咨询主治医生。[325]

Q10

辅酶 Q10 又称泛醌-10，是一种脂溶性微粒，存在于人体的每个细胞中，在能量代谢中起着至关重要的作用。它一方面由食物提供，另一方面由人体自身合成，随着年龄的增长，内源性产生量会减少。近年来，Q10 作为一种膳食补充剂引起了越来越多的关注，因为它具有许多潜在的健康益处。目前，Q10 已成为继维生素 D 和维生素 C 之后，世界上使用最广泛的第三大膳食补充剂。[326]

Q10 作为膳食补充剂的主要益处之一是它在细胞能量生产中的作用。Q10 是细胞有丝分裂呼吸链的关键组成部分，负责将营养物质转化为细胞的主要能量来源--三磷酸腺苷（ATP）。[327] 因此，充足的 Q10 供应有助于支持细胞功能和能量代谢，这对心脏等需要高能量的器官尤为重要。

抗氧化作用：Q10 具有抗氧化特性，可保护细胞免受氧化压力。通过中和自由基，Q10 可帮助降低与氧化应激有关的疾病风险。[328]

心脏保护作用：在心脏健康方面，Q10 作为一种膳食补充剂已变得尤为重要。大量研究表明，Q10 可以改善心脏功能，减轻心力衰竭（心功能不全）的症状。[327] 它支持心肌的能量供应，有助于减少心肌组织的氧化损伤，从而降低心血管疾病和心血管死亡的可能性。[329]

抗癌作用：据说 Q10 具有抗癌作用。尽管大多数研究显示预后良好，但《总体结果并不一致》。[330] 因此，目前不应对治疗癌症的膳食补充剂寄予过高期望。

免疫功能：Q10 作为膳食补充剂的另一个潜在益处在于它在支持免疫系统方面的作用。Q10 可以改善免疫细胞的功能，增强免疫防御能力，从而有助于抵抗感染，维持整体健康。[331]

皮肤健康：Q10 还被用于许多护肤产品中，因为它具有抗氧化特性，可帮助保护皮肤免受紫外线和污染造成的过早衰老。[332]

注意：

然而，除了这些潜在的益处外，将 Q10 用作膳食补充剂时还有一些重要的注意事项。虽然 Q10 一般被认为是安全的，但如果服用过量，特别是服用血液稀释药物或患有某些疾病的人服用过量，可能会产生副作用。[333] 此外，Q10 的生物利用率因剂型而异，市场上并非所有产品都是高质量的。

维生素 D

维生素 D 是全球最常用的膳食补充剂。这种维生素在骨骼健康、免疫系统和炎症调节方面发挥着重要作用。维生素 D 缺乏与多种健康问题有关，补充维生素 D 有助于改善健康，并有可能延长寿命，尤其是维生素 D 水平低的人。

维生素 D 常被称为《阳光维生素》，是一种脂溶性维生素，对人体健康起着至关重要的作用，并有可能延年益寿。[334] 在科技和室内活动日益占主导地位的今天，认识到阳光对预防佝偻病的重要性非常重要。历史上，佝偻病又称《英国病》，是儿童和青少年成长过程中常见的一种健康疾病。[335] 阳光是人体自身产生维生素 D 的主要来源。当紫外线照射皮肤时，人体开始产生维生素 D，而维生素 D 又是吸收食物中的钙和磷所必需的，因此它对骨骼矿化和骨骼的正常生长至关重要。[335] 下面举例说明维生素 D 如何影响长寿：

预防骨质疏松症：维生素 D 通过增加肠道对钙和磷的吸收以及调节骨代谢，对维持骨骼健康非常重要。充足的维生素 D 水平有助于降低老年骨质疏松症（骨质流失）和骨折的风险。[336]

免疫功能：充足的维生素 D 水平有助于降低感染风险和改善免疫功能。这是因为维生素 D 水平低会增加患牛皮癣、1 型糖尿病和多发性硬化症等自身免疫性疾病的风险。[337] 根据最近发表的 VITAL 扩展试验，长期摄入维生素 D 显然可以长期预防自身免疫性疾病。[338]

心脏保护作用：根据观察性研究的结果，维生素 D 可以降低患高血压、血管钙化（动脉粥样硬化）和心力衰竭的风险，从而改善心脏健康并延长预期寿命。[339]

情绪调节：一些研究表明，维生素 D 在调节情绪方面发挥着重要作用，维生素 D 水平低与焦虑症、抑郁症和精神分裂症等精神疾病的患病风险增加有关。[340,341] 充足的维生素 D 水平有助于改善情绪和提高生活质量。

需要注意的是，维生素 D 主要是通过皮肤照射阳光在体内合成的，但也可以通过饮食从肥鱼和蛋黄等食物中获取。在某些情况下，可能需要补充维生素 D，尤其是在日照较少的地区或维生素 D 缺乏风险较高的人群。不过，在服用补充剂之前，应与医生或营养师进行讨论，因为维生素 D 摄入过多也是一个问题。

注意：

维生素 D 过量摄入症是指人体吸收过多的维生素 D，从而导致血液中维生素 D 的积累。过度补充（摄入食物补充剂）可能会导致这种情况。严重时，维生素 D 过多症可导致高钙血症，即血液中钙含量过高，进而引发肾结石、肾衰竭和心律失常等严重并发症。[342] 未经治疗的高钙血症会导致骨质流失（骨质疏松症），从而增加骨折的风险，甚至会因摄入过量维生素 D 而逆转维生素 D 预防骨质疏松症的预期效果。

烟酸

烟酸又称维生素 B3，是一种人体必需的营养素，在人体的许多生物过程中发挥着重要作用。烟酸的重要性远远超出了它作为维生素的作用，它影响着健康的各个方面，包括新陈代谢调节、细胞功能和能量产生。

缺乏烟酸会导致一种被称为糙皮病的疾病。糙皮病以皮肤发炎、痴呆、腹泻和抑郁等症状为特征，如果不及时治疗可能会致命。历史上，糙皮病常见于以玉米为主要食物的贫困人口，因为玉米中的烟酸含量相对较低，而且玉米中烟酸的生物可利用形式（烟酰胺）吸收率很低。[343]

饮食中烟酸的主要来源是肉类、鱼类、家禽、豆类、坚果和全谷物等食物。此外，人体还能从富含蛋白质的食物中的氨基酸色氨酸中产生烟酸。[344]

烟酸的保健作用和治疗用途如下：

能量代谢：烟酸是辅酶烟酰胺腺嘌呤二核苷酸（NAD+）的重要组成部分，在能量代谢中起着关键作用（见《长寿的生活方式补充剂和超级食品》一章；《烟酰胺腺嘌呤二核苷酸》分章）。[345]

调脂作用：烟酸可影响脂质代谢，特别是通过其刺激脂肪酸分解和增加脂肪组织释放脂肪的能力。此外，烟酸还能抑制甘油三酯在肝脏中的分解，减少脂肪向血液中的释放，从而降低低密度脂蛋白胆固醇（《坏胆固醇》）和甘油三酯，同时增加高密度脂蛋白胆固醇（《好胆固醇》）。[346]

消炎作用：烟酸具有抗炎特性，可降低体内发炎的可能性。[347]

血管扩张作用：此外，烟酸还具有血管扩张作用，即促进血管扩张。这有助于治疗循环系统疾病，如外周动脉疾病。[348]

DNA 修复：烟酸参与 DNA 修复，可帮助修复氧化应激对 DNA 造成的损伤，突出了烟酸在预防癌症和抗衰老过程中的潜在作用。[349] 神经保护作用 烟酸在神经递质合成和神经功能中发挥作用。缺乏烟酸会导致神经系统症状，如抑郁、记忆力减退和头痛。[350] 皮肤健康 烟酸可增加皮肤脂质的生成、增强皮肤屏障和改善皮肤水合作用，从而促进皮肤健康。这可能有助于缓解湿疹和痤疮等皮肤问题。[351]

注意：

几十年来，烟酸的治疗潜力，尤其是治疗高脂血症（血脂异常）的潜力已得到公认。尽管烟酸被普遍认为是安全的，但大剂量服用烟酸会导致副作用，如潮红症状（皮肤发红、发痒、发热）。[352]

这些副作用以及 2011 年和 2014 年的两项大型研究结果表明，与传统的他汀类药物单一降胆固醇疗法相比，烟酸没有任何优势（见《长寿的生活方式补充剂和超级食品》一章；《他汀类药物》分章），因此目前烟酸作为降脂药物的使用受到限制。[346] 此外，最新发表的一项研究表明，维生素 B3 过量显然是一种悖论，甚至会通过增加血管中的炎症反应而增加心血管疾病的风险。[353] 因此，应该强调的是，《维生素》并不总是对身体有益。维生素 D 也是如此，这完全取决于正确的剂量。

奥米加-3 脂肪酸

鲑鱼、鲭鱼和沙丁鱼等肥鱼是奥米加-3 脂肪酸的重要来源，但亚麻籽、奇亚籽、核桃和藻油等素食和纯素来源也能提供这些脂肪酸。研究调查了以下生物特性：

抗炎作用：欧米茄-3 脂肪酸具有抗炎特性，可减少体内炎症（发炎）疾病的发生。这有助于降低患各种疾病的风险，如类风湿性关节炎、支气管哮喘和慢性炎症性肠病（克罗恩病和溃疡性结肠炎）。[354,355,356] 尤其是，如果饮食中的ω-6 脂肪酸（如红花油中的ω-3 脂肪酸）与ω-3 脂肪酸相比过量，就会大大增加患慢性炎症性肠病的可能性。[356]

免疫功能：除维生素 D 外，最近发表的 VITAL 扩展试验还对欧米伽-3 脂肪酸进行了研究，结果发现，即使在治疗结束两年后，欧米伽-3 脂肪酸仍对自身免疫性疾病有预防作用。[338]

心脏保护作用： 欧米茄-3 脂肪酸具有抗炎作用，几十年来，据说它们能显著降低心脏病、癌症和一般死亡的风险（现在仍然如此，取决于研究来源），从而促进健康，并可能延长寿命。[357,358]相比之下，2018 年对 79 项随机研究的回顾结果令人失望，2022 年的一项荟萃分析也没有发现对心脏健康或总体死亡率有任何积极影响，即使是以剂量依赖的方式，这意味着将欧米伽-3 脂肪酸作为膳食补充剂似乎不会带来任何生存益处。[359,360]

情绪调节： 有证据表明，欧米伽-3 脂肪酸有助于改善情绪，降低患抑郁症和焦虑症等精神疾病的风险。改善情绪的一种可能的解释是，欧米伽-3 脂肪酸可通过增加神经递质（突触中的信使）的合成来改善神经细胞的交流。[361]

皮肤健康： 奥米加-3 脂肪酸可增加皮肤水分、减少炎症和增强皮肤屏障，从而有助于改善皮肤健康。[362] 这有助于缓解痤疮、湿疹和牛皮癣等皮肤病。

眼睛健康： 奥米加-3 脂肪酸是眼睛视网膜的重要组成部分。它们有助于支持眼睛健康，降低患黄斑变性等老年性眼病的风险。[363]

注意：

因纽特人（《爱斯基摩人》）因大量吃鱼而心脏更健康的传说，在饮食与再梗死试验（DART-1 和 DART-2）之后似乎真的被冰封了，因为定期服用鱼油胶囊或大量吃鱼作为二级预防措施的原有心脏病患者甚至更频繁地死亡。[364] 关于欧米伽-3 脂肪酸，医学证据仍然相互矛盾。目前还没有明确的结论性结果。

欧米伽-9 脂肪酸

奥米加-9 脂肪酸是人体正常运作所需的必需脂肪酸，但不需要完全从食物中获取，因为人体可以自行合成，因此被称为《部分必需》脂肪酸。[365]橄榄油、菜籽油、澳洲坚果油和鳄梨油、芥末等各种植物油以及咸鱼等动物油中都含有油酸和神经酸等欧米伽-9 脂肪酸。[365,366] 欧米茄-9 脂肪酸在人体的各种过程中发挥着重要作用：

抗炎作用：慢性炎症与许多疾病有关，而富含欧米伽-9 脂肪酸的饮食似乎有助于降低患炎症性疾病的风险。[365]

抗癌作用：与消炎作用有关的是，该物质还具有可能的抗癌作用，如乳腺癌、食道癌、舌癌和结肠癌。[365]

调节血脂作用：奥米加-9 脂肪酸，尤其是油酸，可帮助降低胆固醇水平，尤其是低密度脂蛋白（《坏》胆固醇）。[365] 神经氨酸对神经细胞的生成非常重要，可降低心血管疾病的风险。[366]

神经保护作用：奥米加-9 脂肪酸对大脑健康非常重要，可帮助支持认知功能，降低患神经退行性疾病的风险。[367]

皮肤健康：奥米加-9 脂肪酸可保持皮肤水分，增强皮肤屏障，从而有助于维护皮肤健康。这有助于缓解皮肤干燥，保持皮肤柔软健康，这对牛皮癣等疾病也很重要。[368]

注意：

尽管欧米伽-9 脂肪酸（如油酸和神经酸）在胆固醇水平和心脏健康方面具有良好的健康益处，但路德维希港的一项心脏预后研究发现，浓度依赖性对心血管风险和死亡有负面影响，这与之前的研究相矛盾。[369] 芥酸是一种单不饱和欧米伽-9 脂肪酸，存在于芥菜和油菜籽等植物富含油脂的种子中，关于芥酸的观点也存在争议。[370] 过量摄入芥酸可能会对健康产生负面影响，尤其是对心血管系统。[368] 因此，继 16 世纪瑞士医生帕拉塞尔苏斯之后，《剂量造就毒药》再次出现。[371]

烟酰胺腺嘌呤二核苷酸

烟酰胺腺嘌呤二核苷酸（NAD+）是维生素 B3 的辅酶，存在于所有活细胞中，在新陈代谢中发挥着重要作用。近年来，NAD+ 作为一种促进长寿和预防老年相关疾病的潜在手段受到了广泛关注，这部分归功于媒体的报道和哈佛大学戴维-安德鲁-辛克莱教授及其研究小组发表的大量论文。[372]

下文列出了 NAD+ 如何影响长寿：

能量代谢：NAD+ 对于将碳水化合物、脂肪和蛋白质等营养物质转化为细胞功能和新陈代谢所需的能量至关重要。充足的 NAD+ 可以帮助维持细胞的能量生产，支持新陈代谢。[373]

DNA 修复：NAD+ 在修复环境毒素、紫外线和其他有害影响造成的 DNA 损伤方面发挥着重要作用。[374] 充足的 NAD+ 可以帮助维持 DNA 的完整性，延缓细胞衰老。

激活苏铁素：NAD+是苏铁素的重要辅助因子，苏铁素是一组在调节新陈代谢、细胞功能和延年益寿方面发挥关键作用的蛋白质。[375] 要维持苏铁素的活性并使其对健康的益处最大化，就必须提供充足的 NAD+。[376]

抗炎作用：NAD+ 具有抗炎特性，因此有助于减轻体内的慢性炎症。[377] 慢性炎症被认为是导致衰老过程和老年相关疾病发展的主要因素之一。

衰老过程：NAD+ 可通过支持苏铁素的激活和改善线粒体（细胞中的《能量中心》）的功能，减缓或逆转细胞衰老（细胞分裂结束）的进程。[375,376] 衰老是一种细胞不再具有分裂能力的状态，从而导致与年龄有关的疾病的发生。

注意：

尽管全世界都在《大肆推销》NAD+，将其视为抗衰老的灵丹妙药，但在现阶段，我们还是不应该抱有过高的期望，因为《抗衰老作用（抗衰老效果）在人体中的长期安全性和临床疗效还很稀缺》。[378] 有关 NAD+ 及其长寿作用的研究仍处于起步阶段。要更好地了解其长期作用和潜在的健康益处，还需要进一步的研究。此外，NAD+ 的作用可能取决于剂量、生物利用率和遗传差异等个体因素。目前还缺乏关于体内循环 NAD+ 目标浓度的可靠信息，而且由于 NAD+ 具有高水溶性，无法通过皮肤屏障，因此使用市场上已有的护肤产品似乎并不合适。[377] 有意使用 NAD+ 促进长寿的人应与医生讨论，看是否适合自己。最后，需要注意的是，NAD+存在于天然食物中，如肉类、鱼类、乳制品、豆类和蔬菜，均衡饮食中的这些食物是NAD+的良好来源。

二甲双胍

二甲双胍是一种从法国丁香植物中提取的药物，常用于治疗 2 型糖尿病。但近年来，二甲双胍作为一种促进长寿和预防老年相关疾病的潜在手段，引起了越来越多的关注。这种兴趣基于一些研究和观察，这些研究和观察表明，二甲双胍除了治疗糖尿病外，还可能对健康产生一些有益的影响。以下是二甲双胍影响长寿的一些可能机制：

提高胰岛素敏感性：二甲双胍通过改善胰岛素敏感性和增加细胞对葡萄糖的吸收来发挥作用。[379] 这可能有助于降低血糖水平，减少罹患 2 型糖尿病的风险，进而延长寿命。

抗炎作用：二甲双胍具有抗炎特性，有助于降低炎症的发生率，这也可能是延长寿命的基石。[380]

抗癌作用：近年来的研究表明，二甲双胍可抑制恶性肿瘤细胞的生长和存活以及转移。[381] 确切的作用机制仍需进一步研究；例如，在结肠癌中，影响 T 杀手细胞的功能似乎发挥了重要作用。[382] 对结肠癌、乳腺癌、骨癌、子宫内膜癌和皮肤癌（黑色素瘤）都有积极作用。[381,382,383]

衰老过程：一些研究表明，二甲双胍可减缓或逆转细胞衰老（细胞分裂结束）过程，从而起到预防衰老的作用。二甲双胍能激活一种名为 AMP 激活蛋白激酶（AMPK）的酶，AMPK 在调节能量代谢和细胞功能方面发挥着重要作用。[384] 激活 AMPK 与各种健康益处有关，包括改善代谢健康和延长寿命。

改善或预防各种疾病：服用二甲双胍对心血管疾病、肥胖症、肝脏疾病和肾脏疾病都有良好的效果，因此还能决定性地抵消衰老过程。[381]

注意：

虽然有证据表明二甲双胍具有潜在的抗衰老作用，但必须注意的是，要更好地了解它对长寿和健康的长期影响，还需要进一步的研究。二甲双胍是一种会产生副作用、相互作用和禁忌症的药物，因此并不适合所有人。例如，长期服用二甲双胍还会导致维生素 12 缺乏症。[385] 有意使用二甲双胍促进长寿的人应与医生讨论，以确定是否适合其个人健康状况。这种糖尿病药物需要处方，孕妇或哺乳期妇女不得使用。

塞马鲁肽

肥胖是一种常见而复杂的疾病，与多种健康风险有关，包括心脏病、2 型糖尿病、中风和某些癌症。尽管很多人都在努力减肥，但在控制体重方面仍面临挑战。在这种情况下，用于治疗肥胖症的塞马鲁肽近年来备受关注。目前以皮下注射形式给药的塞马鲁肽类药物可模拟天然激素GLP-1（胰高血糖素样肽1）的作用，GLP-1可刺激胰岛素的释放，降低血糖水平并增加饱腹感。[386] 塞马鲁肽具有降低食欲、减少食物摄入量和促进减肥的潜力。[386]

临床试验对塞马鲁肽的疗效进行了广泛的研究。其中一项名为 STEP 计划的研究考察了塞马鲁肽对患有或未患有糖尿病的超重或肥胖参与者的疗效。[386,387] 结果令人印象深刻：与安慰剂组相比，接受塞马鲁肽治疗的参与者的体重明显减轻；一些参与者的体重甚至减轻了初始体重的15%以上。[387] 在随后的一项研究中发现，使用塞马鲁肽可降低无糖尿病的肥胖患者的心血管死亡、心脏病发作或中风发生率。[388]

注意：

有报告称，经常使用塞马鲁肽会导致腹泻增加，进而导致电解质（《血盐》）的变化。[389] 此外，关于因使用塞马鲁肽而产生自杀念头的报道也相互矛盾。[390,391] 总体看来，发生抑郁、焦虑和自杀意念等精神疾病的风险为 1.2%。[392] 因此，需要对这类药物进行进一步研究，因为不仅体重和心脏健康，心理健康也是长寿的决定性因素（见《消除有害物质》一章；《精神疾病》分章）。

乙酰水杨酸

乙酰水杨酸，又名阿司匹林（Aspirin®），是一种应用广泛、研究深入的药物，对人体有多种作用。人们常说《一天一粒阿司匹林，医生远离我！》，这是著名的英语谚语《一天一个苹果，医生远离我！》的变体。[393]

在医学史上，阿司匹林 的历史远不止 1897 年最初发现它的时候，《苏美尔人和埃及人在 3500 多年前就开始使用柳树皮》，后来《古希腊和古罗马的医生使用柳树皮来减轻疼痛和退烧》。[394] 以下是阿司匹林 的一些最重要的积极作用：

镇痛作用：阿司匹林是一种非甾体抗炎药，能有效缓解不同程度的疼痛。它通常用于治疗头痛、牙痛、痛经和肌肉疼痛。[395]

抗炎作用：阿司匹林可抑制前列腺素等炎症信使物质的产生，从而起到消炎作用。因此，几十年来，它一直是治疗类风湿性关节炎等炎症性疾病的有效药物。[396]

解热作用：阿司匹林具有解热作用，这意味着它可以通过调节体温来退烧。它通常用于治疗流感和感冒等发烧。[397]

心脏保护作用：阿司匹林通过阻断前列腺素血栓素 A2（一种参与血液凝固的分子）的作用来抑制血栓的形成。[398] 因此，阿司匹林常被用于预防心脏病发作和中风的高危人群。

抗癌作用：有证据表明，定期服用阿司匹林可以降低罹患某些癌症的风险，尤其是结肠癌，也可能包括其他癌症。[398] 这被认为是由于阿司匹林 具有抗炎和抗增殖（阻止细胞不受控制地生长）的特性。

注意：

尽管在二级预防（即心脏病发作或中风后）中，定期使用 ASA 无疑是一种重要的预后疗法，但在一级预防（即没有心血管疾病时）中，这种疗法尚未确立。[399] 虽然一级预防可降低心脏病发作和中风的风险，但出血（从胃出血到脑出血）的总体风险过高。[400] 必须特别注意的是，由于阿司匹林对血小板有不可逆的抑制作用，在同时服用其他血液稀释药物时，出血的风险会增加。这种影响可持续长达一周，因此外科医生在计划手术前会相应暂停服用阿司匹林。[401] 阿司匹林会刺激胃黏膜，导致胃溃疡、胃出血或胃痛。[402] 出现这种情况的原因是前列腺素的分泌受到了抑制，而前列腺素对胃黏膜具有保护作用。此外，阿司匹林还会诱发哮喘患者的支气管哮喘发作。[403]

阿司匹林可能会增加患有病毒感染（尤其是流感或水痘）的儿童和青少年罹患雷氏综合征的风险。雷氏综合征是一种罕见但可能危及生命的疾病，会导致肝脏和大脑功能障碍。[404]

他汀类药物

他汀类药物是一类用于降低血液胆固醇水平的药物。他汀类药物被认为具有多效应，即除了降低胆固醇外，还具有一系列生物效应。[405]

以下是他汀类药物的一些最重要的作用：

降低低密度脂蛋白胆固醇：他汀类药物可抑制一种名为 HMG-CoA 还原酶的酶，这种酶在肝脏生成胆固醇的过程中起着关键作用。通过减少胆固醇的合成，他汀类药物可有效降低血液中《坏》低密度脂蛋白胆固醇的水平，从而降低动脉粥样硬化和心血管疾病的风险。[406]

增加高密度脂蛋白胆固醇：他汀类药物还有助于略微增加血液中《好》高密度脂蛋白胆固醇的含量。[406] 高密度脂蛋白胆固醇可以帮助清除动脉壁上多余的胆固醇，并将其运送到肝脏进行分解，从而为预防心血管疾病提供额外的保护。

心血管保护作用：根据对 26 项研究中的 17 万人进行的荟萃分析，他汀类药物通过降低低密度脂蛋白胆固醇水平，可将心脏病发作、中风和心血管死亡的风险降低 22%。[407]

稳定斑块：他汀类药物有助于稳定动脉中的动脉粥样硬化斑块，从而降低危险斑块破裂的风险以及心脏病发作和中风等相关并发症。[408]

抗炎作用：他汀类药物除了具有降低胆固醇的作用外，还具有抗炎作用。他汀类药物可以减少动脉壁的炎症，而炎症与动脉硬化的发展有关，因此他汀类药物有助于减缓心血管疾病的发展。[409]

抗癌作用：他汀类药物似乎还具有抗癌作用，对胰腺癌和肝癌的研究证明了这一点。[410,411]

注意：

总体而言，他汀类药物被认为是降低胆固醇和预防心血管疾病的重要药物。它们对健康的积极影响通常大于潜在的风险和副作用，尤其是对心血管疾病高危人群而言。[406] 然而，他汀类药物仍会带来一些负面副作用和风险。重要的是要了解和考虑这些副作用，尤其是长期使用或某些有特殊健康状况的人。

以下是他汀类药物最常见的一些负面影响：

肌肉疼痛和无力：他汀类药物最著名的副作用之一是肌肉疼痛、肌无力和肌肉损伤，也就是所谓的肌病。[412] 在极少数情况下，他汀类药物可能会导致严重的肌肉疾病，如横纹肌溶解症，从而引发危及生命的并发症，这促使一家制造商于 2001 年从全球市场上撤回其产品。[413]

肝功能异常：虽然他汀类药物引起的肝脏问题很少见，但偶尔会导致肝功能检测异常，转氨酶（肝酶）升高。[412] 在极少数情况下，可能会出现严重的肝损伤，需要在治疗期间监测肝功能。[414]

增加糖尿病风险：随机对照试验的元分析表明，他汀类药物会使新发糖尿病的风险增加 9-13%。[415] 对糖尿病患者来说，他汀类药物治疗可能不利于糖尿病的发展。[416]

神经系统副作用：一些研究表明，他汀类药物的使用与神经系统副作用（如记忆力减退、精神错乱、睡眠障碍和周围神经病）之间存在联系，但这种联系尚不明确，需要进一步研究。[417]

虽然大多数人对他汀类药物的耐受性良好，但服用或考虑服用他汀类药物的人应在医生的指导下进行。仔细观察和定期检查有助于及早发现潜在的副作用，如有必要，可转而使用其他药物，如依泽替米布（抑制肠道对胆固醇的吸收）、倍比多酸（抑制内源性胆固醇生成过程中的枸橼酸 ATP 酶）和/或 PCSK9 抑制剂（抑制上述酶，减少肝细胞包膜上低密度脂蛋白胆固醇受体的数量）。他汀类药物只能凭处方购买，孕妇或哺乳期妇女不得服用。

甲基黄嘌呤

咖啡因和可可碱属于甲基黄嘌呤，存在于许多食物和饮料中，尤其是咖啡、茶、巧克力和可可。这两种甲基黄嘌呤具有相似的生物效应，但也有一些不同。茶叶中的咖啡因也被称为茶氨酸，但从化学角度来说，咖啡因和茶氨酸是同一种分子，即 1,3,7-三甲基黄嘌呤。[418]

咖啡因

咖啡因是最著名的兴奋剂，可在各种食物和饮料中摄入，包括咖啡、茶、能量饮料、可乐和一些药物。咖啡、茶、能量饮料、可乐和某些药物。咖啡因的作用相对较快，可提高警觉性、增强注意力、增加能量和改善认知功能。具体的生物效应如下：

兴奋剂效应：咖啡因因其对中枢神经系统的兴奋剂效应而闻名。它能阻断大脑中的腺苷受体，导致多巴胺和去甲肾上腺素等神经递质释放增加。[419] 这可以提高警觉性，改善注意力，增加能量，减少疲劳感。

提高新陈代谢率：咖啡因也被称为《脂肪燃烧剂》，因为它能刺激新陈代谢，增加脂肪燃烧，从而提高体能，帮助减肥。[420]

记忆力：根据国际运动与营养学会（ISSN）目前的立场文件，咖啡因可以改善认知功能，包括记忆力、反应速度和注意力，进而改善体能表现。[421]

心血管疾病：咖啡因可能会暂时加快心率和升高血压，尤其是易感人群或大剂量使用时。[422]

注意：

过量摄入咖啡因会导致心律失常（如心房颤动）、血压升高、失眠、焦虑和肠胃不适。[422] 不过，咖啡因在人体内的半衰期相对较短，这意味着它的作用很快就会消失。[423]

可可碱

可可碱是一种兴奋剂，主要存在于可可和巧克力制品中，但含量比咖啡因少。[424] 可可碱的作用通常没有咖啡因那么强烈，而且起效较慢。它能带来轻微的刺激、改善情绪和放松感。具体的生物效应如下：

轻微刺激：可可碱的刺激作用比咖啡因轻微，但与咖啡因类似，它也能阻断大脑中的腺苷受体，从而提高警觉性和注意力。[425]

扩张血管：可可碱能扩张血管，改善血液流动，从而改善组织供氧，降低血压。[426]

利尿作用：可可碱是一种弱利尿剂，可增加利尿作用。[427]

心血管保护作用：研究表明，可可碱对代谢综合征（肥胖、高血压、糖和脂代谢紊乱的综合征）患者的心血管疾病风险因素有好处。[428]

神经保护作用：大鼠的动物实验表明，在大脑循环失调的情况下，可可碱显然有助于弥补神经功能缺陷、运动和记忆障碍。[429]

注意：

过量摄入可可碱还会导致心律失常（如心房颤动）、恶心、呕吐、震颤和其他不适症状，不过这些症状通常没有咖啡因那么明显。[430] 可可碱的半衰期比咖啡因长，这意味着它在体内的作用可以持续更长时间。[423]

牛磺酸

牛磺酸是一种含硫氨基酸，存在于肉类和鱼类等许多动物产品中，《在组织中的含量高于任何其他氨基酸》。[431]

牛磺酸的生物合成主要在肝脏中进行，涉及一系列从蛋氨酸开始的酶促反应。蛋氨酸首先转化为胱硫醚，然后转化为半胱氨酸，半胱氨酸再转化为谷胱甘肽和牛磺酸。[431]

最近，越来越多的证据表明，牛磺酸对健康有益，可能与长寿有关。[432]

心血管保护作用：牛磺酸与改善心血管健康有关，包括降低血压、减少心脏病风险和防止心肌氧化应激。[433,434]

抗氧化作用：牛磺酸在体内起着抗氧化剂的作用，这意味着它能中和自由基，减少细胞损伤。[435] 这有助于延缓衰老，促进长寿。

神经保护作用：牛磺酸还可能具有神经保护特性，这意味着它能保护大脑免受损伤，降低患神经退行性疾病（如阿尔茨海默氏症和帕金森氏症）的可能性。[436]

抗炎作用：牛磺酸具有抗炎特性，可减轻体内炎症。牛磺酸对炎症的积极作用可用于解决过早衰老和各种健康问题。[434]

抗癌作用：牛磺酸可减轻化疗的副作用，还具有抗癌作用，如对乳腺癌、肾癌和结肠癌。[437]

注意：

能量饮料中少量牛磺酸的有效性是科学界争论和争议的主题。[438] 一些能量饮料制造商在宣传中声称，在产品中添加牛磺酸有助于提高性能、耐力和记忆力，并能减轻疲劳，但这更可能是由于咖啡因含量极高，导致心律失常，在某些情况下还会导致心脏骤停。[438] 因此，高剂量牛磺酸和咖啡因的结合似乎会产生负面影响。[439]

此外，牛磺酸与酒精（尤其受年轻人欢迎）同时摄入会产生毒性，因为牛磺酸能模拟神经递质 GABA（γ-氨基丁酸），而酒精会促进 GABA 在神经受体上的排泄，从而导致运动功能（人体肌肉控制能力）受损。[440]

蒜氨酸

当蒜氨酸酶遇到半胱氨酸时，就会形成蒜氨酸。新鲜大蒜切开或捣碎时就会发生这种现象。然后，蒜氨酸通过酶促作用转化为大蒜素，大蒜素是大蒜特有气味和味道的来源。[440] 早在公元前 2600 年，美索不达米亚泥板上的楔形文字中就记载了使用大蒜提取物治疗疼痛和寄生虫感染的方法，古埃及纸莎草上的象形文字《埃伯斯法典》中也有记载。[441] 虽然奥利素是一种由氨基酸衍生而来的化合物，但它本身并不是氨基酸，也不具备氨基酸的特性，如形成蛋白质的能力。[441]

虽然阿利苷本身并不直接具有生物活性，但它转化成阿利苷和其他化合物后会产生各种生物效应：

抗菌作用：大蒜素具有抗菌特性，似乎对各种细菌、病毒、真菌和寄生虫都有效。[442,443] 大蒜素被认为能破坏微生物的细胞膜，削弱其繁殖能力。

抗氧化作用：大蒜素和由大蒜素产生的其他硫化合物具有抗氧化作用，可减少自由基对细胞造成的损害。这有助于减少炎症，降低罹患心血管疾病和代谢综合征（肥胖、高血压、糖和脂肪代谢紊乱的综合征）的风险。[444]

心血管保护作用：阿利苷及其转化产物对心血管系统有保护作用。它们可以降低血压、改善血脂水平、抑制血液凝结和改善血管功能，从而降低心血管疾病的整体风险。[445]

注意：

通过抑制肝脏酶的活性，大蒜素和由大蒜素形成的其他硫化物可能会与其他药物发生相互作用；因此应特别慎用血液稀释剂。[446]

槲寄生

槲寄生（Viscum album）以其特有的绿叶和白色浆果，长期以来一直是众多文化和传统中的迷人象征。甚至在古代，罗马自然历史作家老普林尼就曾报道，凯尔特文化中的德鲁伊会在冬至时节从橡树上采摘槲寄生，将其尊为神圣的植物，并将其用于祭祀仪式中，因为他们相信槲寄生具有神奇的力量，是一种抵御邪灵和疾病的保护剂。[447]

随着时间的推移，槲寄生保留了其象征意义，并与各种节日和习俗联系在一起。特别是在欧洲，槲寄生是圣诞节装饰不可或缺的一部分，通常被视为爱情、幸福和友谊的象征。[447]

槲寄生的价值不仅在于其象征意义，还在于其潜在的药用价值。在传统医学中，槲寄生用于治疗各种疾病已有数百年的历史。

以下生物效应已得到证实：

免疫功能：槲寄生制剂具有增强免疫系统和预防疾病的有趣靶点，这种作用是通过自然杀伤细胞、T 辅助细胞（CD4+）和 T 杀手细胞（CD8+）的调解实现的。[448]

消炎作用：一些实验室测试和动物研究表明，槲寄生的各种成分都有消炎作用，包括粘液毒素、凝集素和多毛孢子虫骑乘体。[449] 这些物质可以通过抑制促炎分子的释放或调节炎症细胞的活性来影响体内的抗炎反应。

抗癌作用：一些研究表明，槲寄生可能有助于治疗癌症，尤其是乳腺癌和结肠癌等癌症。[450,451] 这被认为是通过 T 细胞刺激免疫系统并对癌细胞产生直接的细胞毒性作用而实现的。[452]

心脏保护作用：槲寄生还具有轻微的降血压作用，并能改善血液循环。[453]

注意：

《大多数消费者认为补充和替代医药产品基本上是安全的》，因为这些物质来源于《自然》。[454,455] 但是，认为《天然》植物产品没有药理作用或副作用是一种错觉。例如，槲寄生的某些成分，如粘液毒素和噬菌体毒素，在剂量较大时可引起恶心、呕吐、腹泻、头痛、头晕、皮疹、瘙痒、心动过缓（心跳减慢）和负性肌力（心脏泵血能力下降）。[455,456] 孕妇、哺乳期妇女、儿童和患有某些疾病的人应与医生讨论槲寄生制剂的使用问题，因为其安全性和有效性可能尚未得到充分研究。

山楂

山楂或山楂（植物学名 Crataegus）有着美丽的花朵和红色的浆果，一直以来都是民间医药和传统医药中的珍品。它的历史具有多种文化和药用价值。

理查德-瓦格纳的四部曲《尼伯龙根的指环》中的《诸神的黄昏》中写道
：

《伟大的幸福和救赎如今在莱茵河畔欢笑、
因为狰狞的哈根可以如此快乐！
山楂树不再刺痛；
他奉命成为婚礼的召唤者》。[457]

从象征意义上讲，《山楂》在这里代表着《神话中的死亡标志》。[457] 正如前面介绍的槲寄生一样，天然产品并不总是对健康无害，但仍有一些有益的作用。山楂可能对健康有以下益处：

抗氧化作用：山楂富含抗氧化剂，有助于减少自由基对细胞造成的损害，增强免疫系统，果蝇（黑腹果蝇）的实验也证明了这一点。[458] 例如，山楂还具有治疗各种肝病的潜力。[459]

心脏保护作用：山楂有助于降低血压和预防动脉粥样硬化（血管钙化）。[460,461] 此外，许多研究还表明山楂有助于治疗心力衰竭。[462,463,464]

放松作用：山楂具有镇静作用，有助于减轻压力、抑郁和焦虑，并改善总体健康状况。[465]

提高睡眠质量：山楂有助于提高睡眠质量，缓解睡眠障碍，从而让人睡得更安稳。[466]

注意：

过量服用山楂可能会导致胃肠道不适、恶心、头痛、心悸（心脏骤停）和皮肤过敏反应（皮疹）等不良副作用，尽管这种情况很少见。[467]重要的是要遵守推荐剂量，不要过量使用山楂。

有关怀孕前和哺乳期服用山楂的安全性的信息有限。孕妇或哺乳期妇女在服用山楂前应与医生讨论，以避免对自身和婴儿造成潜在风险。

甘菊

甘菊一词源于希腊语，可追溯到 χαμαίμηλον，字面意思是《地面或土苹果》。[468] 这个名字可能是指这种植物特有的气味，让人联想到苹果。洋甘菊是世界上最常用的药用植物之一，在古代世界（《埃及、希腊、罗马》）就已受到重视，可用于治疗《胃部不适、痉挛、皮肤炎症和轻微感染》。[469]

以下是甘菊的一些最重要的生物效应：

抗炎作用：洋甘菊含有黄酮类和萜类等具有抗炎作用的化合物。[470] 它们有助于减轻体内炎症，缓解类风湿性关节炎和皮肤过敏等炎症性疾病的症状。[469,471]

对消化系统有益：洋甘菊具有解痉作用，有助于缓解腹胀、痉挛和肠胃不适等消化道症状。[469]常喝洋甘菊茶可治疗肠胃不适，还能帮助消化。[472]

抗氧化作用：洋甘菊中的抗氧化成分（如类黄酮）可以中和体内的自由基。这有助于降低患慢性疾病的风险，并对胃癌、结肠癌、肝癌和宫颈癌有抗癌作用。[469,473]

放松效果 洋甘菊具有镇静和放松的功效，有助于减轻压力和焦虑。[468] 洋甘菊茶通常被用作天然镇静剂，有助于对抗失眠和提高睡眠质量。[474]

注意：

对菊科植物过敏的人应避免服用甘菊，因为可能会出现皮疹、花粉热、支气管哮喘或过敏性休克等过敏反应。[475] 此外，孕妇和服用血液稀释药物的人在使用甘菊之前应咨询医生。[476]

枸杞

枸杞子又称枸杞，近年来因其丰富的营养成分和多种保健功效而风靡全球，被誉为《长寿果》。[477]

枸杞传统上生长在中国和喜马拉雅山脉的山区。[477,478] 枸杞最初用于中医，现在已成为人们追捧的《超级食品》，食用形式多种多样，从新鲜浆果到干果、果汁和保健品。[477,478]

经常食用枸杞对健康有以下益处：

抗氧化作用：枸杞含有高浓度的维生素C、β-胡萝卜素和其他抗氧化剂，可以增强免疫系统，提高人体对感染和疾病的防御能力。[479]

抗癌作用：枸杞子具有抗氧化特性，能够防止肿瘤成熟和癌症，如乳腺癌、宫颈癌、结肠癌、口腔癌和前列腺癌。[480,481,482,483,484]

眼睛健康：枸杞富含β-胡萝卜素，它在体内可转化为维生素A，对改善视力有重要作用。[479]

心脏保护作用：据说枸杞中含有的β-胡萝卜素的抗氧化特性可以减少炎症、降低胆固醇水平和稳定血糖水平，从而降低心血管疾病的风险。[485]

皮肤健康：枸杞子的抗氧化特性可保护皮肤免受自由基的伤害，尽量减少皱纹等衰老迹象的出现，从而促进皮肤健康。[486] 此外，高含量的维生素B1 还能促进胶原蛋白的生成，使皮肤更紧致、更年轻。[479]

注意：

有些人可能会对枸杞产生过敏反应，尤其是如果他们已经对其他浆果或植物过敏的话。[487] 过敏反应的症状可能包括皮疹、瘙痒、肿胀或呼吸困难。因此，已知有过敏体质的人在食用枸杞时应小心。此外，大量食用枸杞子会导致摄入过多的β-胡萝卜素（见《长寿的生活方式补充剂和超级食品》一章；《β-胡萝卜素》分章）。

生姜

大约在《5000 年前》，印度和古代中国就开始种植生姜，作为治疗各种疾病的强身根茎。[488]生姜以其球根而闻名，在烹饪和传统医药中都有多种用途。生姜的名称来源于印度古典语言梵文，其词源为 शृङ्गवेर 《sringavera（sringam＝角＋vera＝体）》。[489]

生姜在中医中用于治疗消化系统疾病、恶心和炎症。[490] 在阿育吠陀医学中，生姜被视为《万能药》，建议用于增强免疫系统、缓解头痛和促进消化。[487]在历史悠久的丝绸之路上，不仅有货物贸易，也有医学知识的交流。因此，在古波斯医学中，生姜也被用来治疗消化系统疾病。[491]

现代科学研究证实了生姜的一些传统用途，并进一步研究了它对健康的潜在益处。

以下是生姜的一些重要功效：

消炎作用：新鲜生姜含有姜酚等生物活性化合物，干姜根含有姜酚，可能具有消炎作用。[491]这有助于减轻体内的炎症，对类风湿性关节炎和其他炎症尤其有益。[492]

消化功效：生姜传统上用于帮助消化和缓解胃部不适，如恶心、呕吐、胃胀和消化不良。[493]它还能帮助加快胃的蠕动，促进胃内容物的排空。[494]

止吐效果：无论是晕车、晨吐还是化疗的副作用，生姜都能缓解恶心和呕吐。[495,496]

缓解疼痛：由于生姜具有消炎特性，它还能帮助缓解疼痛，无论是关节炎、肌肉疼痛还是痛经。[497,498]

免疫功能：生姜能刺激免疫细胞的生成，具有消炎作用，有助于抵御疾病，从而支持免疫系统。[498]

心脏保护作用：生姜似乎还能通过降低胆固醇水平、降低血压和促进血小板抑制来减少心血管疾病的风险。[499]

抗氧化作用：据说生姜具有很强的抗氧化能力，可以减少和防止导致细胞损伤的自由基的形成。[500]

抗癌作用：由于生姜具有抗炎和抗氧化的特性，其抗癌效果是可信的，例如在结肠癌或乳腺癌中就有发现。[490,501]

注意：

虽然生姜通常被认为可以安全服用，但在极少数情况下，生姜可能会引起过敏反应，尤其是对姜科（姜属）其他植物已经过敏的人。[502] 虽然生姜常用来缓解胃部不适，但在某些情况下，它可能会引起胃部不适或胃灼热，尤其是每天服用≥2 克姜粉或已经患有胃病的人。[490] 由于生姜具有抑制血小板的作用，大量服用生姜可能会增加出血的风险，特别是对于已经服用血液稀释药物的人。[498] 如果服用≤4 克姜粉，预计不会对血小板产生明显的抑制作用。[490] 虽然一般认为较少量的生姜是安全的，但没有足够的数据证实怀孕和哺乳期服用较大量的生姜是安全的。建议孕妇或哺乳期妇女在服用生姜前咨询医生。

抗性淀粉

抗性淀粉是指淀粉（碳水化合物）具有抗消化（弹性）的特性，特别是在人体肠道中的消化。这类淀粉在小肠中不会被酶完全分解和吸收，而是原封不动地进入大肠。[503]

抗性淀粉天然存在于某些食物中，如未经加工的全谷物产品、绿色香蕉和豆类。不过，抗性淀粉也可以通过对土豆或大米等食物进行烹饪、冷却和加热等特定加工程序人工制造。[503]

抗性淀粉对健康有多种积极影响：

改善肠道健康：抗性淀粉是一种益生元，这意味着它能改善肠道中健康细菌的生长条件。它能促进双歧杆菌和乳酸杆菌等有益细菌的生长，从而使肠道菌群更加健康，有助于消化系统的健康。[504]

调节血糖：经常食用抗性淀粉可提高胰岛素敏感性，这意味着细胞对胰岛素的反应更好，身体处理葡萄糖的效率更高，这对糖尿病患者尤其有益。[505]

体重管理：抗性淀粉能增加饱腹感和调节血糖水平，因此有助于减少饥饿感和控制卡路里摄入量。这有助于控制体重，例如达到理想的减重效果。[504]

抗癌作用：摄入充足的抗性淀粉可改善肠道健康和减少炎症，从而降低罹患结肠直肠癌的风险。[506]

注意：

虽然抗性淀粉对健康有很多好处，但也存在潜在的风险和副作用，尤其是在大量摄入的情况下。突然增加抗性淀粉的摄入量会导致消化系统不适，如腹胀、胀气和腹泻，尤其是消化系统不适应抗性淀粉的人。[507] 患有某些消化道疾病（如肠易激综合征或克罗恩病）的人可能会对抗性淀粉的摄入敏感，并可能加重症状。虽然抗性淀粉有助于稳定血糖水平，但患有糖尿病或胰岛素抵抗的人应仔细观察自己的血糖水平，因为可能会出现意想不到的效果。[505]

香兰素

香草，尤其是从香草豆荚中提取的香兰素，以其典型的甜辣香气和味道而闻名。香草的名称源自西班牙语中的 vainilla，意为《豆荚》或《小鞘》。[508] 它对健康有许多益处：

抗氧化作用：香草的主要成分香兰素可以清除自由基，减轻氧化压力。[509]

抗炎作用：香兰素通过下调细胞因子的表达（减少促炎信使物质的生成）来达到抗炎效果。[509]

神经保护作用：香兰素似乎可以通过减少细胞损伤和炎症来预防神经退行性疾病，并能缓解疼痛。[510]

注意：

大量食用香兰素会导致恶心、呕吐和头痛。[511] 有些产品含有从石油衍生物中提取的合成香兰素，这种物质被认为是安全的，但却引起了消费者对其来源的担忧。

辣椒素

辣椒素是一种类香兰素，在结构上与香兰素相似，是一种存在于许多辣椒（尤其是辣椒）中的天然化合物。辣椒素是辣椒辛辣味的来源，可能对健康有一些益处：

减肥：辣椒素也被宣传为《减肥胶囊》，可以通过微生物群（人体自身的微生物）改善肠道健康，并起到《燃烧脂肪》的作用，有助于达到理想的减肥效果。[512]

心脏保护作用：辣椒素能降低胆固醇水平，减少罹患心血管疾病的风险。[512]

抗氧化作用：辣椒素也是一种抗氧化剂，可以保护细胞免受自由基的伤害。[513]

神经保护作用：辣椒素既可以局部缓解神经疼痛（即通过局部涂抹药膏）（如香兰素），也可以通过胶囊改善神经退行性疾病。[514,515]

注意：

过量摄入高浓度食品补充剂或辣酱形式的辣椒素会导致胃部不适、胃灼热或腹泻。甚至有报道称，一名 41 岁的年轻人在服用《辣椒药丸》后心脏病猝死，而他之前并无任何疾病。[512]

结论

- 生活方式补充剂有望实现健康长寿

  健康长寿

- 并非所有的膳食补充剂、维生素和超级食品都有用，在某些情况下甚至可能有危险。有用，在某些情况下甚至可能是危险的

- 从当地食物中摄取营养比从生活方式补充剂和外来植物产品中摄取营养更好补充剂和外来植物产品

第 5 章：消除有害物质

排除有害物质指的是清除或中和对人体有潜在危害的有害物质或刺激的过程。所谓《有害》，是指任何可能影响人体的有毒或有害物质或刺激。下面举例说明一些消除有害物质的措施：

排毒：这是指通过肝脏和肾脏等器官自然排出，或通过有针对性的医疗干预（如服用药物排毒），清除体内有害亚稳态的过程。

避免：消除有害物质的一个重要步骤是避免接触有害物质。这意味着避免接触环境中的有害化学物质，如烟雾、污染物或有毒气体，以及避免食用受污染的食物或饮料。

治疗疾病和感染：有些疾病或感染可被视为有害物质，因为它们会对身体造成伤害。因此，治疗这些疾病和感染对于消除有害物质和恢复健康至关重要。

去除饮食中的有害物质：某些食物或成分可能对身体有害。从饮食中去除有害的亚健康状态意味着减少食用腌制食品。

消除饮食中的有害物质意味着减少食用添加剂、糖或反式脂肪含量高的加工食品，转而提倡健康、均衡的饮食。

减轻压力：长期的压力和不良的睡眠卫生习惯也可被视为有害物质，因为它们会给身体造成负担，削弱免疫系统。(见《睡眠、放松、音乐：被低估的健康支柱》一章）。引入压力管理策略，如冥想、瑜伽或定期锻炼，有助于消除有害物质，改善总体健康状况（见《体育锻炼》一章；《健身操》和《瑜伽》两小节）。

茄碱

正如已经多次提到的，植物物质可能具有潜在的促进健康的作用，但它们也可能是植物中抵御天敌的防御物质，因此也对人体健康有害（见《长寿的生活方式补充剂和超级食品》一章；《皂苷》分章）。茄碱是一种天然毒素，存在于马铃薯、茄子、西红柿和辣椒等某些茄科植物中。在这些植物的未成熟或绿色部分（如绿色马铃薯或绿色西红柿）中，茄碱的含量尤其高。古希腊哲学家苏格拉底就是被夜来香植物毒芹判处死刑的（所含有毒物质：蛇麻素）。[516] 少量的茄碱通常不会对人体造成危害，因为人体能够处理和排出茄碱。然而，大量茄碱会导致中毒症状，如恶心、呕吐、腹泻、头痛、头晕，严重时甚至会抽搐或失去知觉。[516]

为尽量减少茄碱中毒的风险，应避免食用茄科植物的绿色或未成熟部分。[516] 建议去除这些部分，只食用成熟、加工良好的产品。

蘑菇

蘑菇既可能有益健康，也可能有害健康，这取决于蘑菇的种类以及制作或食用方法。金针菇、香菇、鸡油菌等健康蘑菇含有蛋白质、纤维素、维生素和矿物质等重要营养成分。[517] 它们通常也是抗氧化剂的良好来源，有助于对抗细胞损伤和增强免疫系统。[517]

然而，也有许多种类的蘑菇是有毒的，食用后会导致严重的健康问题，如肝脏和肾脏衰竭，甚至死亡。在对德国多家医院 19 年的数据进行回顾后发现，90% 以上的致命蘑菇感染是由块茎叶蘑菇中毒引起的，这种蘑菇看起来与金针菇非常相似。[518] 因此，只从安全的来源购买蘑菇或让有经验且知道如何识别食用菌的人采集蘑菇极为重要。

此外，霉菌中毒虽然罕见，但会对健康造成危害，尤其是对过敏或患有呼吸道疾病的人，而且霉菌还有可能致癌。[519]

然而，近年来越来越流行的食用迷幻蘑菇（《魔幻蘑菇》）也对公众健康造成了问题。[518] 焦虑症、恐慌症和妄想症（妄想症）也可能由服用引发，甚至演变成所谓的《恐怖之旅》。[520]

除了对吸毒原因进行社会批判性讨论外，通常还需要为受影响者提供毒品咨询和治疗。在德国（第1条和 第29条《麻醉品法》）和许多其他国家，以麻醉为目的的滥用以及贩运、进口、销售和分销也与刑法有关。

大麻

作为一种有用的植物、药物和精神活性物质，大麻（大麻）有着悠久的历史。几千年前，它就被各种文明（中国、埃及、希腊、罗马）用于宗教、医药和工艺用途。[521] 在一些古代社会中，大麻被视为神圣的植物，而在另一些社会中，大麻则被用作纺织品、绳索甚至药物的多功能原材料。[521]

如今，大麻在世界各地被用于各种用途。药用大麻（大麻二酚）可用于缓解疼痛、恶心、肌肉痉挛和癫痫发作。[522] 娱乐性大麻作为一种准《生活方式药物》也很常见，人们喜欢大麻是由于它的精神作用，特别是其主要成分四氢大麻酚（THC），目前在大麻植物中已发现 100 多种大麻素。[523]

大麻的作用多种多样，取决于多种因素，包括大麻品种、剂量、使用方法和个人敏感性。短期效果包括兴奋、放松、认知能力增强和时间感知改变。然而，长期和过量使用会导致依赖性、认知障碍和心理健康问题。[524]

此外，食用会增加心房颤动的风险，而心房颤动是一种心律失常，与中风风险增加有关。[525] 此外，美国最近的一项研究发现，经常吸食大麻会使中风风险增加 42%，心脏病风险增加 25%。[526]

大麻变种六氢大麻酚（HHC，《合法兴奋剂》）与四氢大麻酚不同，它有 6 个而不是 4 个 H 原子，在许多国家都违反了法律，它还可以作为糖果或小熊软糖自由出售，从医学的角度来看，这一点值得批判，特别是由于儿童和青少年很容易获得，因为六氢大麻酚也被认为具有危险的《神经-逻辑、心血管、胃肠道和精神影响》。[527]

随着时间的推移，人们对大麻的态度发生了很大变化，在世界许多地方，大麻仍然是一个有争议的话题。虽然一些国家已将大麻合法化或采取了更为宽松的政策，但其他国家仍然严格禁止大麻。[523] 关于大麻合法化的辩论围绕着公共卫生、道路安全、犯罪、个人自由和经济影响等问题展开。

大麻仍然是一个热门话题，引发了广泛的社会、文化、医疗、法律和政治问题。随着对大麻影响的研究不断深入，重要的是要从平衡的角度考虑潜在的益处和危害。大麻的未来取决于知情辩论、循证政策和负责任的使用。

芬太尼

芬太尼是一种合成阿片类药物，近年来引起了令人担忧的全球关注。它极其危险，对公众健康构成重大风险。

首先，芬太尼的效力极高。与海洛因等其他阿片类药物相比，芬太尼的药效高达 50 倍。[528] 即使数量很少，也会产生强烈的、往往是致命的影响。[528] 这种极强的效力使它对可能滥用或意外使用它的人特别危险。

芬太尼具有危险性的另一个原因是它被广泛用作街头毒品。[528] 芬太尼经常被非法生产并引入毒品交易，通常以假冒药片的形式出现，或作为海洛因或可卡因等其他毒品的添加剂以增强其效果。吸食者可能并不知道他们吸食的产品中含有芬太尼，这可能会导致不可预知的、可能致命的过量吸食。

此外，芬太尼也可合法用于治疗剧烈疼痛。[529]尽管芬太尼在这方面很有效，但它仍有很大的依赖性和滥用风险。获得芬太尼处方的人可能会意外用药过量，尤其是在超过处方剂量或以非预期方式使用药物的情况下。

与芬太尼有关的另一个问题是它在当前阿片类药物危机中的作用，因为芬太尼和其他合成阿片类药物的滥用已导致过量死亡人数急剧增加。[530]这场危机对家庭、社区和整个社会都造成了破坏性影响，因为它不仅造成生命损失，还需要大量资源来应对后果。[530]

最后，芬太尼用药过量难以治疗也是造成这种阿片类药物危险性的原因之一。由于其药效极强，芬太尼过量通常需要立即使用阿片类药物拮抗剂纳洛酮进行医疗干预。即使及时使用纳洛酮作为解毒剂，也很难避免芬太尼过量造成的生命危险，尤其是在没有及时发现的情况下。[531]

总之，芬太尼是一种极其危险的物质，对公众健康构成巨大风险。芬太尼的药效极强、作为街头毒品的泛滥、在阿片类药物危机中的作用以及治疗过量的困难，都使其成为社会关注的重大问题。至关重要的是，政府、医疗机构和社区应共同努力，采取行动遏制芬太尼的滥用和传播，并为受其危害影响的人们提供支持。

酒精

数千年来，无论是作为社交饮品还是出于文化原因，酒精一直是人类生活中的固定饮品。西方早期的历史文献显示，《埃及人、巴比伦人、希伯来人、亚述人、希腊人和罗马人》都将《啤酒和葡萄酒，而不是水，作为日常解渴饮品》。[532] 然而，重要的是要认识到，酒精也对健康和福祉构成重大风险。首先，酒精是一种影响中枢神经系统的精神活性物质。[533] 少量饮酒可以让人放松，降低社交抑制力。但即使是适量饮酒，酒精也会损害认知功能，导致判断力受损、协调问题和反应迟钝。[534] 这大大增加了发生事故和受伤的风险，尤其是在路上酒后驾车。

与酒精相关的另一个严重健康风险是可能上瘾。[533] 酗酒是一种慢性疾病，会严重影响患者的生活。

这会导致一系列健康问题，包括肝损伤、心脏病、精神障碍和社会问题。[533] 对酒精上瘾的人很难控制自己的饮酒量，当他们试图戒酒时往往会出现严重的戒断症状。

与饮酒相关的另一个健康风险是可能对身体造成严重伤害。长期过量饮酒会导致脂肪肝、肝硬化和肝癌等肝脏疾病。[535] 此外，饮酒还会增加罹患各种癌症的风险，包括乳腺癌、胰腺癌、口腔癌、喉癌、食道癌和结肠癌。[536] 罹患心血管疾病、中风和痴呆等神经系统疾病的风险也会随着饮酒而增加。

此外，酗酒还会对社会和家庭环境造成相当大的影响。关系问题、工作困难和经济问题是过度饮酒的常见后果。[537] 酗酒父母的子女还可能遭受情感忽视、虐待或其他形式的创伤，这种创伤可能会持续一生。[538] 孕妇饮酒还会对胎儿的《心脏、肾脏、肝脏、胃肠道和荷尔蒙系统》造成致命影响。[539]

近年来，通过甜味混合饮料（如酒精饮料）更容易获得高浓度酒精，这在儿童和青少年成瘾药物中起到了一定作用，可以通过提高销售价格和限制供应等方式加以遏制。[540]

还必须指出的是，酒精不仅会对个人造成危害，也会对整个社会造成危害。与酒精有关的事故、疾病和犯罪行为造成的损失巨大，给全世界的卫生系统和执法机构带来了沉重负担。

酒精是一种极其危险的物质，对健康、福祉和整个社会都构成重大风险。了解饮酒的风险并意识到它会如何影响人们的生活非常重要。预防措施、教育活动和对酗酒者的支持对于最大限度地减少酒精的负面影响和创建更安全的社区至关重要。

吸烟

烟草（尼古丁）是一种茄科植物，起源于美洲。[541] 15 世纪欧洲探险家发现美洲后，烟草被带到欧洲，最初被视为药用产品，后来人们开始吸食烟草。[541]

在随后的几个世纪中，烟草在全球范围内传播开来，部分原因是贸易和殖民化。吸烟已发展成为一种广泛的社会习惯，存在于不同的文化和社会阶层中。

吸烟是全世界可预防的主要疾病和过早死亡原因之一。几十年来，吸烟成为一种普遍的生活方式，其中一个原因是电视和电影制作中媒体的增加，以及烟草业非常成功的广告宣传。1930-1953 年，烟草业甚至利用美国医生进行媒体有效的产品广告宣传。[542]

尽管如今有关吸烟有害影响的信息广泛传播，各国政府也开展了禁烟运动，但仍有许多人选择吸烟或开始吸烟。究其原因，可能是在某些社交圈和文化环境中，吸烟被视为正常行为，甚至是积极的强化行为。人们可能会屈服于同伴压力或社会环境，开始吸烟以适应或认同其他吸烟者。[543]

有些人把吸烟作为应对压力、放松或处理情绪困扰的一种手段。[544] 他们可能将吸烟视为一种自我治疗的方式，以寻求暂时的缓解。

尽管开展了广泛的宣传活动，但人们对吸烟的健康危害仍然存在误解或轻视。[545]有些人可能会忽视或误判吸烟的长期影响，认为自己不会受到负面影响。

事实上，吸烟对健康的危害是有据可查的，而且极其严重。吸烟是多种疾病的主要诱因，包括慢性阻塞性肺病、心脏病发作、中风和各种癌症，如肺癌、口腔癌和膀胱癌。[546]烟草烟雾中的尼古丁、焦油和一氧化碳等化学物质会损害呼吸道，损害肺功能，增加患严重疾病的风险。长期吸烟会危及生命，严重影响生活质量。

吸烟危险的另一个原因是它对公众健康的负面影响。被动吸烟，即非吸烟者在吸烟者周围吸入烟草烟雾，也会导致严重的健康问题，尤其是儿童和不吸烟的成年人。[546] 被动吸烟还会增加罹患心血管疾病、呼吸道疾病和癌症的风险。[547]

此外，吸烟还对全世界的社会和经济产生重大影响。通过治疗与吸烟有关的疾病（直接医疗成本）以及因疾病或过早死亡造成的生产性工作时间损失（间接成本），吸烟给全球卫生系统造成了负担。[548] 吸烟还会给吸烟者及其家庭带来经济负担，因为吸烟费用高昂，可能导致长期大量的香烟和医疗费用。

吸烟危害的另一个方面是其强大的成瘾性。烟草中的成瘾物质尼古丁会导致生理和心理依赖，使吸烟者极难戒烟。[549] 许多人多年来一直在努力戒烟，即使在成功戒烟后，烟瘾也可能卷土重来，尤其是在面临压力或其他挑战时。

重要的是，吸烟者个人、社会和政府应共同努力减少吸烟，并为吸烟者提供支持，帮助他们应对烟瘾。有效的烟草预防和戒烟计划（由公司或医疗保险公司资助的课程或缴费返还）、公共场所（公共建筑、飞机和其他交通工具）的全面禁烟以及健康生活方式的推广（在德国，2015年出台的《预防法》作为《社会法典》第20条及以下第五章的一个条款）为减轻吸烟负担和改善公众健康做出了决定性的贡献。

戒烟永远不晚！

最近发表的一项韩国研究表明，戒烟后，罹患《肺癌、肝癌、胃癌和肠癌

》的风险会在 15 年左右后降低到不吸烟者的水平。[550] 即使是因吸烟而受损的免疫系统，在戒烟者身上也能恢复正常的免疫细胞反应。[551] 如果在 40 岁之前戒烟，戒烟三年后，总死亡率可降至非吸烟者的水平。[552]

怀孕期间吸烟很危险，会给胎儿带来严重的健康问题，因此准妈妈应该戒烟。吸烟会导致胎儿出生体重过轻或早产，从而增加疾病和发育问题的易感性。[553,554] 吸烟者的子女患《婴儿猝死综合症、神经和行为发育障碍、肥胖、高血压、2 型糖尿病、肺功能受损和哮喘》的风险增加。[554]

烟草行业近年来通过使用电子烟和蒸发器开展的《减害》运动也应得到批判性的看待，因为根据 2024 年的一项荟萃分析，这些替代品至少与传统香烟一样危险。[555] 此外，与制糖业类似（见《改变营养医学》一章；《利益冲突的爆炸性揭示》分章），与烟草业的利益冲突也在研究成果的出现中起到了决定性作用，其中一些研究成果声称发现了所谓的《无害》效果。[556]

最好不要半途而废地尝试《减少危害》，因为这似乎毫无益处，最好是立即彻底戒烟！

谷氨酸钠

谷氨酸钠是鲜味的主要成分之一，因此经常被用作增味剂。除了甜、酸、咸和苦之外，《鲜味》是 1908 年在日本发现的第五种味道，是一个人造词，意为《美味》和《味道》。[557] 它描述了一种肉味、咸味、辛辣味和令人愉悦的味道。

谷氨酸钠作为增味剂是健康还是不健康的问题是一个长期争论和科学研究的争议问题。这里有三个要点需要说明：

1. 安全性：谷氨酸钠，尤其是谷氨酸钠（味精）形式的谷氨酸钠，已被各食品监管机构广泛研究，包括美国食品药品管理局（FDA）在 2012 年和欧洲食品安全局（EFSA）在 2017 年进行的研究，并发现按推荐量（每天每公斤体重不超过 3.2 克）食用谷氨酸钠对人体是安全的。[558,559] 出于食品安全的考虑，对谷氨酸的摄入量进行了限制，因为有动物实验表明，谷氨酸的摄入量与神经退行性疾病的发生有关。[556] 最近的研究还发现，富含谷氨酸的食物会造成神经中毒（神经细胞损伤），并可导致《精神症状的出现和发展》。[560,561]

2. 敏感性：有些人可能对谷氨酸钠敏感，会出现头痛、恶心、头晕或脸红（由于血管扩张，脸部皮肤暂时变红）等症状。这种反应有时被称为《中餐馆综合症》，尽管它与中餐没有特定的关系。[562] 不过，个人的敏感性可能不同，并非所有人都会出现这些症状。

3. 天然存在：谷氨酸是一种天然氨基酸，存在于许多食物中，包括肉类、奶酪、西红柿和蘑菇。[563] 食用天然含有谷氨酸的食物一般是安全的，不会产生与《中餐馆综合症》有关的副作用。[563]

在大多数情况下，谷氨酸钠作为增味剂食用是安全的，但对其敏感的人应限制或避免食用谷氨酸钠含量高的食物。[563] 同样重要的是要知道，不仅仅是谷氨酸钠，许多食品添加剂都会引发超敏反应。

环境毒素

现代世界面临着一种无形却具有毁灭性的威胁：环境毒素。这些有害物质存在于空气、水、土壤和食物中，对人类健康和环境构成严重威胁。产生环境毒素的方式多种多样，包括工业生产、农业活动、废物处理或日常使用化学品。它们的影响多种多样，从急性健康问题到长期环境破坏，影响深远。

空气污染

环境毒素的最大威胁之一是空气污染。化石燃料的燃烧、工业排放、汽车尾气和其他来源会向空气中释放有害污染物，如氧化氮、二氧化硫、一氧化碳和颗粒物质。

颗粒物质

颗粒物是指悬浮在空气中的小颗粒。颗粒物由各种物质组成，如灰尘、烟尘、烟雾、花粉和其他有机或无机物质。微粒物质颗粒的直径小于 10 微米（μm）或 0.01 毫米。它们非常小，肉眼根本看不见。这些极其微小的颗粒可以深入肺部，引发各种健康问题，包括呼吸道疾病、心血管疾病和癌症。[564]对全球 600 多个城市进行的一项研究发现，颗粒物污染与死亡率之间存在直接联系。[565]

注意：电动汽车！

即使与内燃机汽车相比，电动汽车在市场上被宣传为《无排放》，但其环境友好性也是有限的，因为在电池生产、能源生产过程中，以及最后在运行过程中，由于轮胎和制动器的磨损，也会产生大量的颗粒物污染（由于电池的存在，汽车通常比内燃机汽车更重）。[566]

苯

苯是汽油的一种成分，在车辆加油和加油站的其他活动（如给汽油罐加油或处理苯产品）中可能会释放出苯。这种接触会对健康造成潜在威胁，尤其是对加油站员工和经常加油的人。苯会影响中枢神经系统，引起神经系统症状，如头晕、头痛、嗜睡，严重时会失去知觉。[567] 苯也是一种已知的致癌物质，这意味着它可以致癌，如肺癌和膀胱癌。[568,569] 长期接触会增加罹患血癌（尤其是急性髓性白血病）的风险。[567]

铅

除了苯的有害影响外，汽油烟雾还导致超过 1.7 亿美国人的智力显著下降（通过智商测试测量），这些人在童年时期血液中的铅含量较高，因为汽油中的铅直到 1996 年才被禁止。[570]

噪音污染

早在 1910 年，诺贝尔奖获得者罗伯特-科赫就曾预言：《有一天，人类将不得不像霍乱和瘟疫一样无情地与噪声作斗争》。[571]

暴露在噪音环境中对疾病的发生也起着重要作用，特别是在城市环境中。事实证明，城市噪音与高血压、心脏病发作和中风的发病率增加有关，因为噪音会增加人体内的应激激素水平，如肾上腺素，并对血管功能产生不利影响。[571]

水污染

水是另一种受到环境毒素威胁的重要资源。工业废水、农业化肥和杀虫剂、生活垃圾造成的污染会影响水质，危及人类健康和水生环境。重金属、杀虫剂、除草剂和有机化学物质等污染物会在河流、湖泊、海洋和地下水中累积，对生态系统和生物多样性造成破坏。

微塑料

微塑料是小于五毫米的微小塑料颗粒，对海洋环境和人类健康的威胁与日俱增。这些微粒进入水体的方式多种多样，有的是通过塑料垃圾等直接输入，有的是通过包装、瓶子和网等较大塑料部件的降解。

由于鱼类和其他海产品是许多人重要的蛋白质来源，食用受污染的鱼类会导致微塑料颗粒进入人类食物链。虽然人们还不完全了解这种接触的确切影响，但人们担心潜在的健康风险，特别是长期慢性接触微塑料。例如，通过肠道摄入微塑料会导致《氧化应激、细胞损伤并转移到其他组织》。[572] 因此，微塑料被证明具有致癌作用也就不足为奇了。[573]

土壤污染

土壤还容易受到工业污染、采矿活动、无节制的废物处理以及农业中使用杀虫剂和化肥所造成的环境毒素的影响。这些物质会损害土壤肥力，危害植物、动物和人类的健康，并对农业生态系统和生计造成长期破坏。

杀虫剂

杀虫剂是用于控制害虫（如杂草、昆虫、真菌和其他可能损害农作物的生物）的化学品。草甘膦是世界上最常用的除草剂之一。[574]

草甘膦和其他一些杀虫剂可能有毒，长期或过量接触会导致健康问题。研究表明，草甘膦可能与各种健康问题有关，包括癌症、肾损伤、肝损伤、神经损伤、内分泌紊乱和生殖问题。[574,575]

紫外线

紫外线是太阳发出的一种电磁辐射。由于其波长在可见光光谱之外，人眼无法看到。

紫外线，尤其是 UVA 射线，会通过各种机制促进皮肤中自由基的形成（见《长寿的生活方式补充剂和超级食品》一章；《自由基》分章）。与 UVA 射线相反，UVB 射线不会深入皮肤，而主要影响皮肤的上层。[576]紫外线对皮肤中维生素 D 的生成起着决定性作用（见《长寿的生活方式补充剂和超级食品》一章；《维生素 D 》分章）。

虽然户外阳光或日光浴沙龙中的紫外线有助于晒出理想的肤色或对银屑病患者进行医学治疗，但过度照射也会对人体造成伤害。UVB 射线是晒伤的主要原因，而 UVB（尤其是 UVA 射线）会增加患皮肤癌和皮肤过早老化的风险。[576] 因此，建议使用防晒霜（但要注意：请参阅邻苯二甲酸盐）、穿戴防护服并在一天中的高峰时段限制阳光照射，以防止紫外线辐射过强。

邻苯二甲酸盐

邻苯二甲酸盐是一种可在许多不同产品中发现的化学物质，包括塑料、化妆品、清洁产品等。邻苯二甲酸盐通常用作增塑剂，使塑料更柔韧耐用。

在防晒霜中，有研究表明某些防晒霜可能含有邻苯二甲酸盐，尤其是那些含有化学紫外线过滤剂的防晒霜。[577] 研究表明，人们在皮肤上涂抹含有邻苯二甲酸盐的防晒霜后，可在尿液中检测到邻苯二甲酸盐。[577,578] 这意味着，通过防晒霜接触邻苯二甲酸盐会导致人体吸收这些化学物质。不过，并不是所有的防晒霜都含有邻苯二甲酸盐，现在很多品牌都提供不含邻苯二甲酸盐的防晒霜。

邻苯二甲酸盐对健康的潜在风险是一个需要深入研究的课题。与邻苯二甲酸盐有关的一些潜在风险包括荷尔蒙紊乱：某些邻苯二甲酸盐具有类似雌激素的特性，可作为内分泌干扰物，这意味着它们会破坏体内的荷尔蒙平衡。[579] 这可能是胎儿和儿童发育过程中特别需要关注的问题。[579]

生殖和发育毒性：研究表明，接触某些邻苯二甲酸盐与儿童受精能力下降和发育问题有关。[580,581]

呼吸道反应和过敏反应：某些邻苯二甲酸盐会刺激呼吸道（支气管哮喘）并引发过敏反应，尤其是对某些化学物质敏感的人。[582]

对肝脏和肾脏的毒性：有证据表明，过度接触某些邻苯二甲酸盐会导致肝脏和肾脏受损。[583]

磷酸盐

磷酸盐是一类存在于许多食品中的化合物。它们在生物过程中发挥着重要作用，通常被用作食品添加剂。可能含有磷酸盐的常见食物有

肉类和家禽：香肠和香肠等加工肉类可能含有磷酸盐，磷酸盐可用作保湿剂和改善口感。[584]

预制食品：许多预制食品和比萨等冷冻产品都含有磷酸盐，以改善口感和延长保质期。[584]

奶酪和乳制品：某些奶酪和乳制品可能含有磷酸盐，这种物质可用作乳化剂和稳定剂。[584]

烘焙食品：在面包、糕点和蛋糕等烘焙食品中，磷酸盐可用作发酵剂，使面团松软并增加体积。[584]

软饮料和加工饮料：磷酸盐有时被用作软饮料、可乐和其他加工饮料的酸度调节剂和增味剂。[585]

不过，过量摄入磷酸盐可能会造成问题，尤其是对肾脏有问题或有其他健康问题的人来说。[585]一些研究还发现，大量摄入磷酸盐与心血管疾病和骨质疏松症等健康问题有关。[584,585,586]因此，建议减少食用加工食品和食品添加剂，或改吃新鲜、未经加工的食品。

硝酸盐和亚硝酸盐

硝酸盐和亚硝酸盐天然存在于许多食物中，尤其是菠菜、火箭菜、甜菜和芹菜等蔬菜中。在食品工业中，它们以腌制盐的形式被用作防腐剂，特别是在香肠、熏肉和火腿等加工肉类中。[587]硝酸盐和亚硝酸盐可抑制细菌（尤其是肉毒梭状芽孢杆菌）的生长，从而防止食物变质。肉毒梭状芽孢杆菌在罐头等腌制食品中生长，并产生肉毒毒素，这种毒素极其危险，可导致肉毒中毒等危及生命的疾病，造成严重瘫痪、语言障碍和呼吸困难。[588]

硝酸盐可在体内酶的作用下转化为亚硝酸盐。饮用水和食物中的硝酸盐和亚硝酸盐的潜在危险主要与它们转化为致癌亚硝胺有关，尤其是在高温（如烹饪或油炸过程中）和酸性条件下（如在胃中）。[587]

此外，亚硝酸盐还能促进红细胞中的血红蛋白转化为高铁血红蛋白。[587] 在高铁血红蛋白中，血红蛋白中的铁以氧化形式而不是正常的还原形式存在，因此血红蛋白不再能够输送足够的氧气。这会导致组织损伤，严重时还会出现缺氧等危及生命的情况。

这种高铁血红蛋白血症可以用亚甲蓝等解毒剂来对抗。亚甲蓝是一种人工生产的化合物，在工业中用作染料，但早在 1891 年，诺贝尔奖获得者保罗-埃利希就认识到了它在医学上的重要性。[589] 除了具有解毒特性外，它还可用作抗疟药剂，并具有抗氧化、保护神经和抗衰老的作用（尤其是对皮肤）。[590]

注意：

尽管亚甲基蓝经常被宣传为长寿药，但大剂量使用会导致恶心、呕吐、头晕、呼吸困难、血压下降、意识丧失，甚至器官衰竭（急性亚甲基蓝中毒）。[591] 它还可能导致危及生命的病症，如服用抗抑郁药的患者出现血清素综合征或溶血性贫血，如葡萄糖-6-磷酸脱氢酶缺乏症患者。[591]

丙烯酰胺

富含碳水化合物的食物在加热（120°C;248°F 以上）过程中会产生丙烯酰

胺，尤其是通过烘焙（咖啡豆、坚果）、烘烤谷物面食（饼干、酥皮面饼、脆面包）或油炸（薯片、土豆片）等方式制作马铃薯和谷物制品等淀粉类食物时。[592]

虽然糖与氨基酸的热诱导化学反应（Maillard 反应）可使食物呈现金黄色（《面》）和浓郁的口感，但丙烯酰胺在高温和低湿度条件下的形成程度更高。[592,593] 丙烯酰胺被认为对健康有害，因为它具有致癌性、神经毒性（损害神经细胞）、肝毒性（损害肝脏）和致畸性（造成发育和生殖损害）。[592,593,594] 因此，控制烹饪和烘焙的温度和时间非常重要，但浸泡和焯烫等预热处理也可以减少丙烯酰胺的形成。[593] 欧盟已于 2017 年对食品行业制定了法律要求，限制工业化生产食品中的丙烯酰胺含量。[592]

苯并芘

苯并芘主要是在煤炭、石油、天然气、木材、烟草等有机物不完全燃烧时形成的。在高温下烹饪、煎炸、烧烤或烘焙食物时，特别是当脂肪或肉汁滴到高温表面并产生烟雾时，也会产生苯并芘。与上述丙烯酰胺一样，苯并芘具有致癌性、神经毒性和致畸性。[595] 因此，在使用烧烤炉和明火时应小心谨慎，应避免食用严重烤焦或烧焦的食物。

传染病

传染病一直是人类面临的挑战。从历史上看，传染病曾使整个人口锐减，并改变了社会结构。在西班牙征服者（《conquistadores》）征服新大陆期间，传染病的重要性变得尤为明显，对美洲土著居民的影响成为历史上悲惨的一章。[596] 15 和 16 世纪，当欧洲人来到美洲时，他们带来了各种传染病，而当地人对这些疾病毫无免疫力。其中最具破坏性的疾病包括天花、麻疹、流感、伤寒和肺结核。[595] 然而，根据一项新的假设，在啮齿动物、狗、牛和猪等许多不同动物身上发现的钩端螺旋体（魏氏病）细菌也参与了致命的感染。[596] 这种疾病通常通过接触被感染动物尿液污染的水或土壤传播。

传染病传播迅速，导致流行病爆发，使整个社区消失。死亡率极高，据估计，在欧洲人到来后的几十年内，高达 90% 的美洲土著居民死于疾病。[597] 随着时间的推移，人类已经学会了解、防治和控制其中的许多疾病，例如通过卫生措施。然而，尽管医学和公共卫生取得了进步，传染病仍然严重威胁着全球健康。

鼠疫

鼠疫又称《黑死病》，是人类历史上最具毁灭性的传染病之一。它由鼠疫耶尔森菌引起，中世纪时在欧洲肆虐，据估计，多达三分之一的欧洲人口死于此病。[598] 这种疾病主要通过老鼠等啮齿动物身上的跳蚤传播给人类。[599]尽管鼠疫如今已很少见，但在世界一些地区，特别是非洲、亚洲和美洲的一些地区，仍有鼠疫爆发。[598,599]

曲霉菌病

曲霉菌病是由曲霉属真菌引起的另一种传染病。空调系统既是曲霉菌孢子的来源，也会助长这些孢子的传播，从而增加感染的风险，尤其是对免疫力低下的人来说。[600] 曲霉菌病的表现形式多种多样，从无害的过敏反应到危及生命的肺炎，不一而足。[601] 为了最大限度地降低空调系统引起曲霉菌病的风险，必须对设备进行适当的维护和清洁。这包括定期检查、清洁空气过滤器和清除系统中的湿气，以防止霉菌和真菌生长。此外，还可以在空调系统中安装空气净化器和紫外线系统，以减少空气中的孢子负荷。

军团菌病

军团菌病是由嗜肺军团菌引起的，是一种通过吸入含有该细菌的水滴或气溶胶而传播的可能致命的传染病。[602] 这种疾病可引起严重肺炎，主要影响老年人和免疫系统较弱的人。[603] 军团菌病的预防重点是控制和消除环境中的军团菌，特别是人工供水系统中的军团菌。这包括定期清洗和消毒空调

系统、淋浴喷头、热水浴缸和其他水源，保持适当的水温（热水系统至少
60°C;140°F），以及使用杀菌剂对水进行消毒。[604]

肝炎

肝炎是传染病领域的另一个重要话题，它是由各种病毒引起的肝脏炎症。
乙型肝炎和丙型肝炎是最常见的病毒性肝炎，也是全球严重的健康问题。
[605]

这些病毒主要是通过接触受感染的血液或体液传播的，例如通过不安全的
医疗程序、锐器针头或无保护措施的性交。[605] 虽然乙型肝炎和丙型肝炎通
常没有症状，但它们会导致肝硬化和肝癌等长期并发症。幸运的是，现在
已有预防乙型肝炎的有效疫苗和治疗丙型肝炎的抗病毒药物。[605] 然而，这
些疾病的预防和治疗仍然是一项挑战，尤其是在资源有限、医疗保健不足
的国家。[606]

艾滋病毒/艾滋病

艾滋病毒/艾滋病是当代最著名的传染病之一。艾滋病毒，即人体免疫缺
陷病毒，会削弱人体的免疫系统，使人体容易受到各种感染和疾病的侵袭
。

这种病毒主要通过无保护的性交、交换受感染的针头以及怀孕、分娩或哺乳期间的母婴传播。[607]自20 世纪 80 年代发现艾滋病（获得性免疫缺陷综合症）以来，医学研究取得了长足的发展，从而改进了该疾病的预防和治疗。抗逆转录病毒药物的问世大大延长了艾滋病毒感染者的寿命，降低了将病毒传染给他人的风险。[608]此外，教育活动和促进安全性行为的措施也有助于遏制艾滋病毒的传播。[608]

流感

流感又称流行性感冒，是一种传染性极强的病毒性疾病，每年都会导致严重的疾病爆发，死亡率很高，全球约有 10%的人会患上这种疾病。[609]流感很容易在人与人之间传播，主要是通过飞沫传播，当受感染者咳嗽、打喷嚏或说话时，飞沫通过空气传播，被其他人吸入。症状包括发烧、发冷、咳嗽、喉咙痛、肌肉酸痛、头痛、疲劳和全身不适。[609]对于某些人，尤其是老年人、孕妇、幼儿或免疫系统较弱的人，流感会引起肺炎等严重并发症，甚至危及生命。[609]除了直接的健康影响外，病假、住院和生产力损失也会对生态经济产生重大影响。尽管有疫苗可用，但流感并不能完全根除，因为病毒在不断变化（变异），可能会出现新的毒株。[610]

COVID-19

最后，由 SARS-CoV-2 病毒引起的 COVID-19 是最近的全球性流行病。该病毒于 2019 年底在中国武汉市首次发现，是最新的全球大流行病。[611]自发现以来，冠状病毒疾病在全球迅速蔓延，导致数百万人死亡。[612]因此，由于感染造成的超额死亡率，即大流行期间的死亡人数超过了通常预期的自然死亡人数，全球预期寿命受到了影响。[613]

COVID-19 主要表现为发烧、咳嗽、呼吸困难和疲劳等症状，严重时可导致肺炎和死亡。[614]为遏制 COVID-19 的传播，世界各国政府采取了封锁、社会隔离、强制戴口罩和疫苗接种等措施。一个持续存在的问题是 COVID-19 后疲劳综合症，或称长期 COVID，这是人们在急性 COVID-19 疾病后出现的持续且通常严重的症状。[615]这些症状会在急性感染痊愈后持续数周或数月，严重影响患者的生活质量：持续疲劳、气短、胸痛、肌肉无力、关节痛、头痛、记忆力减退、注意力不集中、睡眠障碍、抑郁、味觉和嗅觉持续减退以及肠胃不适。[615] 目前还不完全清楚导致COVID-19 后疲劳综合症的确切原因，也没有具体的诊断测试，治疗主要集中在缓解症状和提高患者的生活质量上。治疗可能需要结合药物疗法、物理疗法、心理支持和营养建议。

蜱媒感染

蜱媒感染是一种严重的健康威胁，近年来发病率持续大幅上升。[616] 这些微小的、经常被忽视的蜘蛛状寄生虫可以传播严重的疾病，包括莱姆病和蜱传脑炎，这些疾病既可以影响人类，也可以影响动物。

莱姆病是一种多系统疾病，由鲍氏不动杆菌（Borrelia burgdorferi）引起，通过被感染的蜱虫叮咬传播。虽然这种疾病在大多数情况下可以用抗生素治疗，但如果不及时治疗，会导致严重和长期的并发症，如关节炎症和心脏问题（心律失常和传导障碍）、有感觉和麻痹症状的神经紊乱（多发性神经病）和脑膜炎。这些症状因人而异，而且往往没有特异性，因此很难诊断。[616]

除波氏杆菌引起的细菌感染外，蜱传脑炎还是一种病毒感染，可侵袭中枢神经系统并引起脑膜炎。虽然目前已有针对蜱传脑炎的疫苗，但在某些地区，尤其是欧洲和亚洲的某些地区，这种疾病仍然存在风险。

蜱虫的传播受多种因素的影响，包括气候变化、地貌变化、人类活动以及作为宿主的野生动物的传播。气候变化尤其导致了某些地区蜱虫数量的增加，因为气温升高和降水模式的改变为蜱虫的生存创造了理想的条件。[617]蜱虫是真正的幸存者；2022 年，据实验室报告，一只蜱虫在没有进食的情况下存活了 27 年！[618]

为了减少蜱虫感染的影响，需要采取以预防、早期发现和医疗为基础的综合策略。预防措施包括穿长袖衣服、使用驱虫剂（驱蚊剂）、在户外活动后定期检查身体，以及避开茂密的灌木丛和高草。及时清除蜱虫可大大降低感染风险。

卫生

卫生一词来源于希腊语中的健康和清洁女神Ὑγίεια (Hygieia)，洗手等做法过去更多的是一种仪式或宗教意义，但直到 19 世纪，人们才认识到缺乏个人卫生与恶劣环境条件之间的联系，并相应地调整了行为。[619]

良好的卫生习惯有助于防止疾病传播。细菌、病毒和其他病原体会积聚在皮肤和口腔中。定期洗手、清洗身体和清洁牙齿可以清除这些病原体，降低感染风险。口腔卫生尤为重要，因为口腔是许多病原体的入口。刷舌苔、定期刷牙、使用牙线和漱口水可以预防牙菌斑和蛀牙。良好的口腔卫生对于预防牙龈炎和牙周炎等牙龈疾病也很重要。定期洗手和清洁身体有助于预防痤疮、湿疹和皮肤感染等皮肤问题。卫生措施对糖尿病患者非常重要，因为这些人极易受到感染。使用安全套和其他保护措施有助于预防性传播疾病。

隔离（隔离感染者）是一项重要的卫生措施。如果一个人有生病的症状，就应该呆在家里，以防止感染扩散。此外，咳嗽和打喷嚏时应掩住口鼻，并使用一次性手帕和私人厕所，以防止病原体传播。

十六烷基氯化吡啶

十六烷基氯化吡啶（CPC）是一种化合物，常用作漱口水、牙膏、口香糖和含片的杀菌剂。浓度较高的 CPC 可能有害：除了刺激粘膜和引起过敏反应外，CPC 还具有以下毒性：1）破坏微管聚合（小分子形成大的管状结构），有致癌风险；2）破坏形成神经纤维和髓鞘保护层（神经绝缘层）的少突胶质细胞，可能导致儿童大脑发育障碍。[620,621]

代糖

代糖的一个主要优点是能够降低食品的热量，因为其中许多物质的热量很低，对血糖水平的影响也很小。这对糖尿病患者或正在减肥的人非常有益。此外，木糖醇和山梨醇等糖醇通常用于口香糖等爱牙产品，因为它们不易被口腔细菌发酵，因此可以降低蛀牙的风险。不过，它们也存在健康问题。

木糖醇

木糖醇又称桦木糖，是一种从玉米或桦木等植物中提取的糖醇。大量摄入木糖醇会引起胃肠道不适，如腹胀或腹泻。[622]狗食用木糖醇会导致严重的健康问题，如血糖水平急剧下降和肝脏损伤。因此，让宠物远离木糖醇极为重要。[623]

阿斯巴甜

阿斯巴甜是一种人工甜味剂，由氨基酸天冬氨酸和苯丙氨酸制成，甜度约为糖的 200 倍。[624] 人们担心阿斯巴甜对健康的潜在影响，尤其是对患有代谢紊乱性苯丙酮尿症的人。[624] 关于阿斯巴甜是否会导致头痛或其他神经系统影响的讨论也一直存在，但这一问题存在争议，也没有得到明确证实。根据目前的研究情况，特别是在法国一项超过 10 万人的观察性研究发表后，世界卫生组织（WHO）于 2023 年将阿斯巴甜列为《可能致癌》物质。[625,626]

赤藓糖醇

赤藓糖醇是一种通过发酵葡萄糖或淀粉获得的不含热量的糖醇。一些人表示食用赤藓糖醇后口腔有清凉感。值得关注的健康问题是，赤藓糖醇已被证实与血栓形成、心脏病、中风和死亡风险增加有关。[627]

甜菊糖

甜菊糖，又称甜叶或蜜草，提取自南美洲植物甜叶菊（Stevia rebaudi-ana）的叶子，其甜度最高可达糖的 300 倍。[628] 对于某些人来说，甜菊糖会有苦涩的后味。有人担心甜菊糖会影响生育能力，但这方面的研究还不够充分。[628]

山梨醇

山梨醇又称葡萄糖醇，是一种糖醇，通常用作无糖或糖尿病友好型食品中的代糖。它由葡萄糖制成。大量摄入或对山梨醇不耐受的人摄入山梨醇会导致肠胃不适，如胀气或腹泻。[629]

交通事故

道路交通

道路交通事故是全球最常见的伤亡原因之一。[630] 2001 年 9 月 11 日世贸中心和五角大楼遭受恐怖袭击后，美国人对飞行的恐惧简直到了无以复加的地步，因此人们更多地选择开车出行，这导致交通事故死亡人数大幅增加，行为心理学家格尔德-吉格伦泽教授和他的团队就是这样发现的。[631]

交通事故可能导致各种伤害，包括创伤性脑损伤、脊髓损伤、骨折、内伤和撕裂伤。伤害的严重程度通常取决于碰撞的速度、车辆类型和其他因素。致命伤害的风险受以下因素影响：

1. 车速

2. 在酒精或药物影响下驾驶

3. 事故严重程度

4. 是否有安全措施，如安全带、安全气囊、自行车和摩托车头盔、
   安全气囊、自行车和摩托车头盔等安全措施。[632]

需要采取各种措施来降低交通事故的风险，如推广安全驾驶方法、改善道路基础设施以及推广安全带、安全气囊和儿童座椅等安全措施。[633]推广公共交通、自行车和步行区（主要例外情况：目前事故数字较高的电动滑板车）也有助于减少交通事故的数量。

休闲运动和极限运动

娱乐和极限运动对增强体质、提高自信心和促进个人发展有着不可否认的好处。然而，不容忽视的是，这些活动也存在重大风险，可能造成严重伤害甚至死亡。

首先，应该注意的是，休闲和极限运动通常是在具有挑战性的环境中进行的，因此受伤的风险也会增加。例如，登山、漂流、潜水、滑雪、跳伞（尤其是翼装跳伞或低空跳伞，即从建筑物《Building》、发射杆《Antenna》、桥梁《Span》、岩石等高处《Earth》）、风筝冲浪和山地自行车。[633]在这些活动中，陡峭的地形、天气变化或意外障碍等不可预见的情况都可能导致严重事故。

休闲运动中最常见的伤害之一就是摔倒，这可能导致骨折、扭伤、拉伤和脑震荡。[634] 同样，潜水或冲浪等运动有溺水或水上事故的风险，而低空跳伞、蹦极或自由攀岩等极限运动因设备故障或人为失误造成致命伤害的风险较高。[633] 缺乏经验、训练不足或缺乏足够的安全防范措施，往往会加剧休闲和极限运动的风险。许多人在毫无准备的情况下参与这些活动，缺乏识别和处理潜在危险的基本技能或知识。

为了最大限度地降低受伤的风险，适当的安全预防措施至关重要，包括体育赛事中的观众，这在赛车中尤为常见。[635] 对于运动员来说，使用防护装备（如头盔、护目镜、护膝和护背）、定期维护和检查装备、遵守安全规程以及有经验的运动员或教练员的建议都是必要的。此外，运动员还必须了解风险评估和风险管理的重要性。[636]

精神疾病

精神疾病是无形的枷锁，以难以想象的方式限制着许多人的生活。从无处不在的抑郁症负担到精神分裂症的现实打击，再到阴险的孤独感，这些疾病影响着患者的经历，并悲剧性地限制了他们的生活质量。

抑郁症

抑郁症常被称为《无声杀手》，它不仅仅是一种暂时的悲伤或忧郁。[637] 它影响着生活的方方面面，常常让患者陷入无尽的绝望和无助的漩涡。最简单的任务也会成为无法逾越的障碍，空虚感会让人不知所措，甚至怀疑存在本身。生活的乐趣逐渐消失，每天连起床和继续生活都变得艰难。

抑郁症患者出现自杀念头和企图自杀的风险大大增加。[638] 严重的抑郁症会让人感到绝望和无助，从而产生自杀是摆脱情感痛苦的唯一办法的想法。

抑郁症还会严重影响身体健康。抑郁症患者罹患心血管疾病、高血压、糖尿病、肥胖症和其他慢性疾病的风险会增加，因为抑郁症会影响生活方式，导致不良的饮食和睡眠习惯以及缺乏锻炼。[639]

心理治疗：认知行为疗法、人际关系疗法和正念疗法是治疗抑郁症的有效方法。[640] 这些疗法可以帮助识别和改变消极的思维模式，提高应对生活压力事件的能力，并制定有效的应对策略。

药物疗法：抗抑郁药是治疗抑郁症的常用药物。选择性五羟色胺再摄取抑制剂（SSRIs）和五羟色胺-去甲肾上腺素再摄取抑制剂（SNRIs）是治疗抑郁症最常用的处方药，它们在很大程度上取代了以前常用的三环类抗抑郁药和单胺氧化酶（MAO）抑制剂。[641]

光疗：光疗对季节性情感障碍特别有效。这种疗法通过照射强光来调节激素水平和改善情绪。[642]

运动疗法：有规律的体育锻炼可对情绪产生积极影响，有助于抑郁症的治疗。运动可以促进内啡肽和其他神经递质调节物质的释放，从而提高幸福感。[643]

孤独

孤独是许多人面临的另一个严峻现实，无论他们是否被诊断患有精神疾病。它不是一种暂时的孤独感，而是一种根深蒂固的、长期的与他人和自己分离的感觉。孤独会对身心造成影响，损害自尊，摧毁自信，并增加进一步出现心理健康问题的风险。[644] 即使在拥挤的世界里，也会有人深感孤独，陷入无尽的自我封闭迷宫。一种新的治疗方法是利用社交媒体平台为患者提供医疗和心理干预计划。[644] 对加速计、电子日记和脑成像数据的评估表明，经常进行体育锻炼对受孤独影响的人的精神状态有积极影响。[645]

精神分裂症

精神分裂症则是一种复杂的疾病，它扭曲了对现实的感知，破坏了自我形象。

对现实的感知和自我形象的破坏。患者可能会出现幻觉（如听到别人听不到的声音）和妄想（尽管有相反的证据，但仍坚持错误的信念），从而与外界隔绝，陷入一个充满偏执和混乱的可怕世界。[646,647]

精神分裂症患者思维混乱，这意味着他们可能难以组织自己的思想或连贯地表达自己的观点。这可能表现为说话支离破碎或难以跟上谈话内容。[648]

精神分裂症患者会丧失正常功能，导致情感表达能力减弱、社交退缩、对日常活动缺乏动力或兴趣。精神分裂症会剥夺患者对自己生活的控制感，使他们长期陷于困惑和焦虑之中。[649] 在急性精神病状态下，还存在对自己和他人造成危险的风险。[650]

有以下治疗方案可供选择：

抗精神病药物：抗精神病药物是治疗精神分裂症的主要方法。[651]它们通过影响大脑中某些神经递质的活动，帮助控制幻觉和妄想等阳性症状。

心理教育：心理教育包括向患者及其家属提供有关疾病、治疗方案和应对策略的信息。这可以增进对疾病的了解，促进坚持治疗。[652]

心理治疗：除药物治疗外，心理治疗也很有帮助，尤其是在应对负面症状、社交困难和提高生活质量方面。[653]

辅助疗法：职业疗法、音乐疗法和艺术疗法等辅助疗法有助于促进社会融合、提高沟通技能和增强自尊心。[654]

焦虑症

焦虑是人类的一种正常情绪，它有助于我们对潜在威胁做出反应并保护自己。当我们感到危险或面临压力时，就会产生焦虑。但对某些人来说，这种自然反应会发展成令人难以承受和瘫痪的情绪。焦虑症是一种严重的精神疾病，会对患者的生活产生重大影响。

焦虑症对个人生活的影响可能是毁灭性的。焦虑症患者通常会在工作、学习、社会关系和休闲活动等各个生活领域受到严重影响。焦虑带来的持续压力会导致睡眠障碍、注意力不集中、身体不适和生活方式受限。[655] 此外，持续的紧张和担忧还会增加患抑郁症等其他精神疾病的风险。[656]

焦虑症的社会影响也不容小觑。焦虑症会降低工作场所的生产率，给医疗系统带来压力，并给公共资源带来压力，从而造成巨大的经济负担。[657]

此外，精神疾病的污名化会导致患者不愿寻求帮助，他们的症状得不到承认或治疗。[658]

焦虑症的病因复杂多样，包括遗传倾向、神经生物学因素、环境因素和生活经历。[659,660] 因此，焦虑症的治疗需要采取包括医疗、治疗和支持性干预在内的综合方法。抗抑郁剂和苯二氮卓等药物可用于缓解症状，而认知行为疗法、暴露疗法和其他心理治疗方法则有助丁改变消极的思维模式和行为。[660]

压力

压力是人体对日常生活中所面临挑战的一种自然反应。虽然压力通常被视为负面的，但主要有两种类型的压力：压力过大和压力过小。苦恼是消极的压力，会影响健康和幸福，而快乐则是积极的压力，可以激发动力和提高绩效。[661]

苦恼

苦恼会对健康产生各种负面影响。当我们感到力不从心、不堪重负或无法应对所面临的挑战时，就会产生困扰。例如，经济问题、人际冲突或职业压力都可能引发困扰。苦恼会导致压力感、焦虑感或抑郁感。它还会导致头痛、睡眠障碍和胃病等身体症状。[662,663]

长期压力会严重影响健康。长期压力会削弱免疫系统，增加罹患心血管疾病、慢性阻塞性肺病、关节炎、糖尿病的风险，并导致心理健康恶化。[664,665] 此外，痛苦还会增加职业倦怠和其他与工作相关的压力后果的风险。[666]

减压

与苦恼相反，舒畅压力是一种被视为积极或富有成效的压力形式。它发生在面对被认为是可控的、有意义的挑战时。例如，准备考试、筹办婚礼或努力实现职业目标，都会引发镇静。减压有助于提高绩效、促进创造力和增强自信心。

只要适量且持续时间有限，减压对健康的影响是积极的。减压有助于应对挑战和发展技能，从而增强心理和情绪的复原力。[667] 此外，减压还能增强免疫功能，并通过激发快乐和满足等积极情绪来改善整体健康。[668]

不过，越来越多的人认为，舒缓压力对《长寿》至关重要，因此建议废除《舒缓压力》一词。[669] 例如，2006 年德国世界杯足球赛就令人印象深刻地证明了这一点：每当德国国家队比赛时，心脏病发作率就会显著上升。[670]

为了最大限度地减少压力和痛苦对健康的影响，学习和应用压力管理技巧非常重要。这些技巧包括定期锻炼、放松技巧（如冥想和呼吸练习）、均衡饮食、充足睡眠和保持社交关系。学习如何应对压力和建立健康的应对机制，应能改善健康和福祉，并在舒缓和痛苦之间取得平衡。

战争、恐怖主义和街头暴力

战争、恐怖主义和城市地区的街头暴力导致预期寿命缩短，这是一个严重的问题，威胁着全世界数百万人的健康和福祉。战争和街头暴力都会直接或间接地影响人们的预期寿命，严重影响城市社区的生活。

战争

战争，无论是国家间的武装冲突还是国内的内战，都会对人口造成毁灭性的影响。轰炸、火箭弹袭击、炮击、地雷和射击的直接威胁导致直接的生命损失。包括儿童、妇女和老人在内的平民往往成为暴力的受害者，导致死亡率上升和预期寿命缩短。此外，战争还导致基础设施遭到破坏，包括医院、学校和公共设施。医疗、清洁水和食物的缺乏加剧了现有的健康问题，增加了患病和营养不良的风险。[671] 医疗保健和救生治疗的中断进一步加剧了高死亡率，缩短了人口的预期寿命。

为了在国际层面消除战争造成的预期寿命缩短问题，应实施短期紧急援助和长期和平与和解进程。国际社会必须致力于通过外交努力和预防冲突来促进和平、安全与稳定。[672] 此外，还必须解决冲突的根源，减少不平等现象，促进社会经济发展，以确保长期可持续的和平稳定，提高所有人的生活质量。

恐怖主义

恐怖主义是当今时代最具威胁性、最令人痛心的现实问题之一。恐怖主义行为的破坏性影响远远超出了直接的物质损害，可能会对个人、社区和社会造成终生影响。

首先，必须认识到恐怖主义不仅危害身体健康，也会对心理健康造成巨大影响。恐怖袭击的受害者往往面临严重的创伤经历，可能导致各种心理健康问题，包括创伤后应激障碍、焦虑、抑郁和睡眠障碍。[673] 这些心理健康问题会严重影响受影响者的日常生活，极大地限制他们过正常生活的能力。

此外，恐怖主义还会严重限制个人自由和社会生活。面对恐怖暴力的威胁，人们可能会倾向于限制自己的活动，避开公共场所，避免旅行。这些限制可能导致孤独感、孤立感和恐惧感，严重影响受影响者的生活质量。

此外，恐怖主义还会对整个社会产生限制生命的影响。恐怖暴力的威胁会导致恐惧和不安全的气氛，腐蚀社会结构，破坏人与人之间的信任。这会导致社会分裂，削弱社会凝聚力，影响共同克服挑战的能力。

除了对个人和社会的健康与福祉造成直接影响外，恐怖主义还会对社区和国家的政治、经济和文化发展造成长期影响。恐怖袭击会导致政治态度强硬、公民自由受到限制、经济状况恶化。恐怖袭击还会导致不同人群之间关系紧张，使文化间对话更加困难。鉴于恐怖主义对生命造成的这些限制性影响，各国政府、社区和个人必须采取适当措施打击恐怖主义，最大限度地减少其影响。这包括加强安全措施，促进不同文化间的理解和对话，为受害者和证人提供心理支持，提高复原力（在困难情况下应对挑战的能力）和社会凝聚力。[674]

归根结底，恐怖主义不仅是对人的生命的威胁，也是对社会基础和人类生存的严重威胁。因此，我们必须共同努力，打击一切形式的恐怖主义，创造一个人人享有和平、安全与繁荣的世界。

街头暴力

城市地区的街头暴力是影响预期寿命的另一个重要因素。青年帮派、犯罪组织和社会动荡会导致街头暴力事件增加，包括枪击、强奸、抢劫和谋杀。对暴力和犯罪的恐惧限制了人们的行动自由，尤其是在天黑之后，并影响了他们的社会参与和总体福祉。

街头暴力还对人们的健康和预期寿命产生间接影响。频繁的暴力行为会导致心理压力、创伤和焦虑，对身心健康产生长期影响。非法药物的盛行和酗酒往往与街头暴力有关，这增加了吸毒上瘾和用药过量的风险，也可能导致过早死亡。

为消除城市地区街头暴力造成的预期寿命缩短问题，需要采取包括加强法治和公共安全在内的综合措施。[675] 此外，还必须解决造成暴力的社会经济原因，如贫困、不平等和缺乏社会融合，以实现城市社区生活条件的可持续改善和预期寿命的延长。这是因为严重的社会经济鸿沟对身体健康有直接影响，例如，在经济薄弱地区，心血管疾病显著增加。[676]

结论

- 合理的生活方式，长寿不是魔法
- 注意防晒霜和食品添加剂的健康风险食品添加剂
- 治疗毒瘾的简单口诀：立即戒酒、戒毒和戒烟。

  立即戒酒、戒毒和戒烟，必要时寻求专业帮助

  必要时寻求专业帮助
- 关注自己、他人和环境环境

第 6 章：食谱

营养建议经常提到《健康、均衡的饮食》。但这究竟意味着什么呢？根据营养医学的现有研究成果（如上所述，这些研究成果也存在争议，而且在不断变化），以下 50 种开胃菜、主菜和甜点食谱可以用来鼓励人们希望自己的饮食健康、均衡。

这些烹饪建议表明，烹饪可以很快完成，而且不必很复杂。与冷冻披萨、即食餐和外出就餐相比，自己在家做饭通常更健康、更便宜，而且会让人更开心，因为做饭也是一种乐趣！

开胃菜

希腊沙拉配西红柿和黄瓜

准备时间：约 15 分钟

份量：4

配料：

2 个成熟的大番茄

1 根黄瓜

1 个红洋葱

1 个青椒

100 克菲达奶酪

1/4 杯去核卡拉马塔橄榄（可选）

2 汤匙特级初榨橄榄油

1 汤匙新鲜柠檬汁

1 茶匙干牛至

盐和胡椒适量

新鲜欧芹或罗勒作点缀（可选）使用说明

准备食材：

将西红柿洗净切丁，放入一个大碗中。

黄瓜去皮，对半切开，用勺子去籽。将黄瓜切成薄片，加入西红柿中。

红洋葱去皮，切成薄薄的半圈。辣椒去籽，切成条状。将两者加入番茄和黄瓜中。

将羊奶酪切成小块，撒在蔬菜上。

也可选择加入去核的卡拉马塔橄榄。

准备沙拉酱：

在一个小碗中，混合橄榄油、柠檬汁、干牛至、盐和胡椒粉。

装沙拉：

将沙拉酱倒在沙拉上，轻轻搅拌，直到所有食材都均匀地裹上沙拉酱。

装饰：

如果需要，用新鲜欧芹或罗勒叶装饰。

在食用前，将希腊沙拉在冰箱中放置至少 15 分钟，使其味道充分融合。

上桌后摆盘。

上桌：

将希腊沙拉作为主菜前的健康开胃菜。

这款希腊沙拉不仅健康，而且清爽可口。它非常适合作为夏季用餐的清淡开胃菜或烤肉或烤鱼的配菜。

香料烤鹰嘴豆

准备时间：约 30 分钟

份量：4

配料：

2 罐鹰嘴豆（每罐 400 克），沥干并洗净

2 汤匙橄榄油

1 茶匙孜然粉

1 茶匙辣椒粉

1 茶匙大蒜粉

1 茶匙洋葱粉

1/2 茶匙姜黄粉

盐和胡椒粉适量

用于装饰的新鲜香草（可选）

做法说明

预热烤箱并准备鹰嘴豆：

将烤箱预热至 200°C (392°F)（上火/下火）。

用两块厨房纸巾将沥干并洗净的鹰嘴豆拍干，以去除多余的水分。

给鹰嘴豆调味：

将干鹰嘴豆放入一个大碗中，淋上橄榄油。

加入香料（孜然粉、辣椒粉、大蒜粉、洋葱粉、姜黄粉、盐和胡椒粉），搅拌均匀，直到鹰嘴豆均匀裹上香料。

烤鹰嘴豆：

将香料鹰嘴豆平铺在铺有烘焙纸的烤盘上，确保它们不相碰。

将鹰嘴豆放入预热好的烤箱中烘烤约 20-25 分钟，不时翻动，直至金黄酥脆。

上桌：

将烤好的鹰嘴豆从烤箱中取出，稍稍冷却。

根据需要用新鲜香草装饰，如切碎的欧芹或香菜。

将烤鹰嘴豆作为健康爽脆的开胃菜食用。

烤鹰嘴豆富含纤维、蛋白质和健康脂肪。它们是一道美味香脆的开胃菜，非常适合在主菜上桌前品尝。它们还可以作为两餐之间的健康小吃。

菊苣配橘子和杏仁片

准备时间：约 15 分钟

份量：4

配料：

4 个菊苣头

4 个菊苣头

2 个橙子

50 克杏仁片

2 汤匙橄榄油

1 汤匙蜂蜜

1 汤匙柠檬汁

盐和胡椒粉适量

说明

准备菊苣：

去掉菊苣的外叶。将菊苣头切成两半，去掉柄。

将半根菊苣切成细条，放入一个大沙拉盆中。

准备橙子：

橙子去皮，切成薄片。确保去籽。

将切片后的果汁倒在菊苣上。

烘烤杏仁片

将杏仁片放入干燥的平底锅中，用中火烘烤至金黄色。偶尔搅拌一下，使其均匀变黄。

准备沙拉酱：

在一个小碗中，混合橄榄油、蜂蜜和柠檬汁。加入盐和胡椒调味。

组装沙拉：

在菊苣和橙子上撒上烤过的杏仁片。

将沙拉酱倒在沙拉上。

仔细搅拌：

仔细拌匀，直到所有食材都均匀地裹上沙拉酱。注意不要弄碎沙拉。

上桌：

将菊苣沙拉与橙子和杏仁片一起摆盘。

撒上现磨的黑胡椒调味。

立即享用。

这道菊苣沙拉配橘子和杏仁片是一道清爽而丰盛的沙拉。它既可以作为开胃菜，也可以作为各种主菜的配菜。

罗勒、马苏里拉芝士、番茄拌橄榄油（卡普里什沙拉）

准备时间：约 15 分钟

份量：2-3

配料：

2-3 个大番茄，切片

1-2 个马苏里拉奶酪球，切片

新鲜罗勒叶

2 瓣大蒜，切薄片或切碎

特级初榨橄榄油

盐和胡椒适量

可选：淋上香草汁或香草醋

制作说明

准备食材：

洗净番茄并切片。

将马苏里拉奶酪也切成片。

蒜瓣去皮，切成薄片。

将罗勒叶从茎上摘下备用。

上沙拉：

在一个大盘子里，交替摆放番茄片、马苏里拉奶酪片和罗勒叶。

将大蒜薄片撒在沙拉上，或将切碎的大蒜均匀地铺在上面。

调味并淋汁：

在沙拉上淋上适量的特级初榨橄榄油。

根据个人口味加入盐和胡椒调味。

如果需要，还可在沙拉上淋上少许香醋汁或香醋，以增加沙拉的风味。

上桌：

立即食用，最好在室温下食用，以充分发挥其风味。

这道卡普里沙拉是一道简单而优雅的菜肴，充分体现了地中海美食的新鲜和美味。它既可作为开胃菜，也可作为主菜的配菜。多汁的番茄、奶油马苏里拉芝士、新鲜罗勒和香辣大蒜与橄榄油的完美结合，为您带来一次又一次的味觉享受。

牛油果沙拉

准备时间：约 15 分钟

份量：2-3

配料：

2 个成熟的鳄梨，去核，切块

1 个大番茄，切丁

1/2 个红洋葱，切碎

1/2 根黄瓜，去籽切丁

1 把火箭菜或小菠菜

一个青柠或柠檬汁

2 汤匙橄榄油

盐和胡椒适量

可选：新鲜香草，如香菜或欧芹，切碎

可选 菲达奶酪碎

制作说明

准备食材：

将鳄梨对半切开，去掉果核，用勺子小心地将果肉从皮里取出。切成块状，放在一个大碗里。

番茄切丁，放入碗中的鳄梨中。

红洋葱切碎，放入碗中。

黄瓜去皮切块。与其他配料一起放入碗中。

洗净火箭菜或小菠菜，拍干水分。

准备沙拉酱：

将青柠或柠檬汁淋在碗中的鳄梨和蔬菜上。

加入橄榄油。

加入盐和胡椒调味。

可选择加入切碎的香草。

上桌：

小心搅拌碗中的所有食物，直到调味料和配料均匀分布。

如果需要，可撒上羊奶酪。

立即上桌享用！

这款牛油果沙拉制作简单，可作为正餐或其他菜肴的配菜，清爽又健康。奶油牛油果、新鲜蔬菜和简单调味料的组合使其成为一道美味均衡的菜肴。

番茄马苏里拉奶酪串配罗勒香蒜酱

准备时间：约 15 分钟

份量：4

配料：

2 个大番茄

2 个大番茄

1 块马苏里拉奶酪

新鲜罗勒叶

橄榄油

香醋酱

盐和胡椒调味

木串或鸡尾酒棒

制作罗勒香蒜酱

2 杯新鲜罗勒叶

2 瓣大蒜，切碎

1/4 杯烤松子

1/4 杯新鲜磨碎的帕尔马干酪

1/2 杯特级初榨橄榄油

盐和胡椒适量

说明

准备番茄和马苏里拉奶酪：

洗净番茄，切成约 1 厘米厚的片。

将马苏里拉奶酪切成与番茄厚度相近的片。

准备罗勒香蒜酱：

将罗勒酱的所有配料（罗勒叶、大蒜、松子、帕尔马干酪、橄榄油、盐和胡椒）放入搅拌机或食品加工机中。

将所有材料搅拌成光滑的糊状。如有必要，可添加更多橄榄油，以达到理想的稠度。用盐和胡椒调味。

组装烤串：

将一片西红柿、一片马苏里拉奶酪和一片罗勒叶均匀地穿在每根木签或鸡尾酒签上，直到串满为止。

将串好的肉串摆放在盘子里。

上桌：

在烤串上淋上橄榄油和香醋汁。

加入少许盐和胡椒调味。

将罗勒香蒜酱盛在一个小碗中，放在烤串旁边。

将番茄马苏里拉奶酪串配罗勒香蒜酱作为健康清爽的开胃菜食用。

这些番茄马苏里拉奶酪串配罗勒香蒜酱不仅健康，而且风味十足，口感丰富。它们非常适合作为美味佳肴的开胃小菜，也很容易在客人到来时做好准备。

南瓜汤

准备时间：约 45 分钟

份量：4

配料：

1 个中等大小的南瓜（北海道、黄油南瓜）：

1 个中等大小的南瓜（北海道南瓜、肉豆蔻南瓜或肉豆蔻南瓜），约 1.5 公斤

1 个大洋葱，切碎

2 瓣大蒜，切碎

1 升蔬菜汤

200 毫升椰奶（可选）

2 汤匙橄榄油或椰子油

1 茶匙姜末

1 茶匙姜黄末

1 茶匙孜然粉

盐和胡椒粉适量

可选：烤南瓜籽或面包丁作为点缀

制作说明

准备南瓜：

将南瓜切成两半，用勺子去籽。

将南瓜肉切成块，如果需要可去皮。

煎洋葱和大蒜：

在一个大平底锅中，加热橄榄油或椰子油。

加入切碎的洋葱和大蒜，用中火炒至半透明。

加入南瓜和香料：

将南瓜丁放入锅中，与洋葱和大蒜一起翻炒约 5 分钟，直至微黄。

加入姜末、姜黄和孜然粉，再翻炒 2 分钟，不断搅拌以释放香味。

煮汤：

加入蔬菜汤，盖过南瓜。

将汤煮沸，然后转小火慢炖。

炖煮约 20-25 分钟，直至南瓜变软。

将汤搅碎：

将汤从火上移开，用手动搅拌器或果汁机搅打至顺滑。

可选择加入椰奶：加入椰奶，再次简单搅拌，使汤更细腻。

在南瓜汤中加入盐和胡椒调味。

上桌：

趁热食用，如果需要，还可以用烤南瓜籽或面包丁点缀。

这款美味的南瓜汤非常适合秋冬季节食用，而且制作简单。它温暖舒适，味道浓郁。可将汤作为开胃菜或主菜，配上新鲜面包或沙拉。

马苏里拉甜菜塔

准备时间：约 25 分钟

份量：2

配料：

2 个中等大小的甜菜，煮熟去皮

2 个马苏里拉奶酪球

2 个大番茄

1 束新鲜罗勒

2 汤匙香醋

2 汤匙橄榄油

盐和胡椒适量

可选：用于装饰的香醋汁

制作说明

准备食材：

将煮熟去皮的甜菜切成约 1 厘米厚的片。

马苏里拉奶酪球也切成片。

西红柿洗净切片。

将罗勒叶从茎上摘下备用。

组装高塔：

先在盘子里放一片甜菜作为底座。

在上面放一片马苏里拉奶酪，再放一片西红柿。

撒上几片罗勒叶，用少许盐和胡椒调味。

根据食材的大小和想把塔做多高，重复这个过程，直到有 2-3 层为止。

最后再放一片甜菜。

制作沙拉酱：

在一个小碗中，混合香醋和橄榄油。加入盐和胡椒调味。

上桌：

将塔摆放在盘子里。

在塔上淋上调味汁。

如果需要，还可以用少许香醋釉装饰。

立即享用！

这款马苏里拉芝士甜菜塔不仅是一场视觉盛宴，甜美的甜菜、奶油马苏里拉芝士、多汁的番茄和新鲜的罗勒组合在一起，更是一种味觉享受。它是一道简单而优雅的开胃菜或配菜，适用于特殊场合或清淡的午餐。

主菜

炸鲭鱼片配蒸蔬菜

准备时间：约 25 分钟

份量：2

配料：

2 块鲭鱼片（每块约 150-200 克）

1 个柠檬的汁

盐和胡椒粉适量

2 汤匙橄榄油

2 瓣大蒜，切碎

1 个洋葱，切成薄圈

1 个甜椒，切成条状

1 个西葫芦，切片

1 根胡萝卜，去皮切薄片

1 把新鲜菠菜叶

新鲜香草作为点缀（可选）

说明

准备鲭鱼片：

将鲭鱼片在冷水中冲洗干净，用厨房用纸拍干。

在鱼片上撒上柠檬汁，用盐和胡椒调味。

准备蔬菜：

蒜瓣去皮并切细。

准备洋葱、甜椒、西葫芦和胡萝卜，切成所需的形状。

蒸蔬菜：

在煎锅中加热 1 汤匙橄榄油。

加入切碎的大蒜，略煎至出香味。

加入洋葱圈，翻炒至半透明。

加入青椒、西葫芦和胡萝卜，翻炒约 5-7 分钟，直到蔬菜变软，但咬起来仍然很结实。

最后，加入新鲜菠菜叶，略微翻炒，直至菠菜叶变软。将锅从火上拿开，保温。

煎鲭鱼片：

在另一个平底锅中加热剩余的橄榄油。

将鲭鱼片皮朝下放入平底锅中，煎约 3-4 分钟，直至鱼皮变脆、肉熟透。

小心地将鱼片翻面，再煎 1-2 分钟，直到另一面的肉也熟透。

上桌：

将蒸好的蔬菜摆盘。将煎好的鲭鱼片放在上面。

根据需要用新鲜香草点缀。

立即上桌，尽情享用！

这道菜不仅健康，而且味道鲜美，营养丰富。非常适合作为清淡的晚餐或健康的午餐小吃。

烤鸡肉配红薯泥

准备时间：约 45 分钟

份量：2

配料：

烤鸡肉

2 块鸡胸肉

半个柠檬的汁

2 瓣大蒜，切碎

新鲜或干迷迭香和百里香叶

盐和胡椒粉适量

2 汤匙橄榄油

制作红薯泥

2 个大红薯

2 汤匙黄油

1/4 杯牛奶或奶油（可选）

盐和胡椒粉适量

说明

准备烤鸡肉：

洗净鸡胸肉并拍干。

在碗中加入柠檬汁、蒜蓉、迷迭香、百里香、盐、胡椒粉和橄榄油。

将鸡胸肉片放入腌料中翻转，腌制至少 15-20 分钟。

准备红薯泥：

红薯去皮切块。

在平底锅中加水并煮沸。煮约 15-20 分钟，直到红薯变软。

烤鸡：

在煮红薯的同时，预热烤架。

将腌制好的鸡胸肉放在烤架上，每面烤约 6-8 分钟，视厚度而定，直至烤熟并烤出漂亮的痕迹。具体烤制时间视烤架而定。

准备红薯泥：

将煮熟的红薯沥干水分，放回锅中。

在红薯中加入黄油，用土豆泥机或叉子捣成泥状。

如有必要，可加入牛奶或奶油，以达到理想的稠度。用盐和胡椒调味。

上桌：

将烤好的鸡肉和红薯泥一起装盘。

如果需要，用新鲜香草点缀。

立即享用！

这道菜将鲜嫩多汁的烤鸡肉和奶香浓郁的红薯泥完美地结合在一起，让人回味无穷。

炒蔬菜配全麦意大利面

准备时间：约 25 分钟

份量：2-3

配料：

200 克全谷物意大利面

200 克全谷物意大利面（如全谷物意大利面或全谷物笔管面）

2 汤匙橄榄油

2 瓣大蒜，切碎

1 个洋葱，切薄片

1 个甜椒，切条

1 个西葫芦，切片

1 根胡萝卜，切薄片

1 把樱桃番茄，切半

2 杯小菠菜

盐和胡椒适量

可选：新鲜香草，如罗勒或欧芹，切碎

可选 帕尔马干酪

制作说明

准备全麦意大利面：

按照包装上的说明，在沸腾的盐水中煮全麦意大利面至软硬适中。沥干后搁置一旁。

准备炒蔬菜：

在大煎锅中加入橄榄油，用中火加热。

加入切碎的大蒜和洋葱片，翻炒 1-2 分钟，直至散发出香味并呈浅金黄色。

在锅中加入青椒、西葫芦和胡萝卜，再翻炒 5-7 分钟，直到蔬菜变软但仍有脆感。

加入切半的樱桃番茄，再煮 2-3 分钟直至变软。

加入菠菜，边煮边不断搅拌，直至菠菜变软。

用盐和胡椒调味，并加入新鲜香草调味。

将意大利面和蔬菜混合：

将煮熟的全麦意大利面放入蔬菜锅中，搅拌均匀，使味道均匀分布。

将锅离火。

上桌：

将炒好的蔬菜和全麦意面分装在盘中。

撒上香草碎调味，再配上新鲜磨碎的帕尔马干酪。

立即享用！

这道蔬菜炒全谷物意大利面不仅健康美味，而且制作简单，是一道营养均衡的美味佳肴。

豆腐炒饭

准备时间：约 30 分钟

份量：2-3

配料：

炒豆腐

200 克豆腐，切块

2 汤匙酱油

1 汤匙芝麻油或中性植物油

2 瓣大蒜，切碎

1 个洋葱，切薄片

1 个红甜椒，切成条状

1 个黄甜椒，切成条

1 根胡萝卜，切成细条

100 克糖豆

2 个葱，切片

可选：姜，切碎

可选：辣椒，切碎（取决于所需的辣度）

盐和胡椒适量

米饭

1 杯茉莉香米（或其他大米）

2 杯水

说明

准备米饭：

用冷水彻底淘米，直到水变得清澈。

将洗净的米放入锅中，加入 2 杯水。

将米煮沸，然后转小火，盖上锅盖，焖煮约 15-20 分钟，直至米变软并吸
干水分。将锅离火，盖上锅盖让米饭静置约 5 分钟。

腌制和煎炸豆腐

将豆腐块放入碗中，加酱油腌制几分钟。

在大煎锅中加入芝麻油（或中性油），用中火加热。

将腌制好的豆腐块放入锅中，煎 5-7 分钟直至金黄酥脆。偶尔搅拌一下，以确保煎得均匀。将煎好的豆腐从锅中取出，放在一边。

准备炒菜：

如果需要，在同一平底锅中再烧热一点油。

将切碎的大蒜、洋葱片和切碎的生姜放入锅中，翻炒约 1 分钟至出香味。

加入青椒、胡萝卜和芒果，再煎 5-7 分钟，直到蔬菜变软但仍有脆感。

将煎好的豆腐倒回锅中，与蔬菜混合。

如果使用，加入葱和切碎的辣椒。加入盐和胡椒调味。

上桌：

将炒好的豆腐和米饭一起装盘。

根据需要用新鲜香草或额外的酱油进行装饰。

请立即享用！

这道豆腐炒饭既美味又营养，口感丰富。它很好地平衡了蛋白质、碳水化合物和蔬菜，是周末快餐的理想选择。

咖喱蔬菜配鸡肉

准备时间：约 40 分钟

份量：4

配料：

500 克鸡胸肉，切块

2 汤匙植物油（如葵花籽油）

1 个洋葱，切碎

3 瓣大蒜，切碎

1 汤匙鲜姜，切碎

2-3 汤匙咖喱酱（视口味和辣度而定）

1 罐（400 毫升）无糖椰奶

2 根胡萝卜，切薄片

1 个红甜椒，切成条状

1 个黄甜椒，切成条

1 个西葫芦，切块

1 杯豌豆

盐和胡椒粉适量

可选：新鲜香菜或欧芹作为点缀

可选：青柠片

煮熟的米饭或馕（印度扁面包），供食用

做法说明

煎鸡肉：

在大煎锅或炒锅中加热植物油。

加入鸡块，用中高火煎约 5-7 分钟，直至呈金黄色并熟透。偶尔搅拌一下，以确保烤得均匀。

将炸好的鸡块从锅中取出，放在一边。

准备咖喱蔬菜：

在同一平底锅中，用中火翻炒切碎的洋葱、切碎的大蒜和切碎的生姜约 2-3 分钟，直至变软并散发出香味。

加入咖喱酱，再炒 1-2 分钟，使味道释放出来。

加入胡萝卜、甜椒和西葫芦块，翻炒约 5 分钟，直到蔬菜稍微变软。

加入椰奶并充分搅拌，使咖喱酱均匀分布。

加入豌豆，再煮 5 分钟，直到蔬菜煮熟，汤汁略微变稠。

加入盐和胡椒调味。

组装咖喱：

将炒好的鸡块放回锅中，与蔬菜和酱汁充分混合。

再次短暂加热，直到鸡肉再次热透。

上桌：

将咖喱蔬菜和鸡肉一起盛在温热的盘子里。

根据需要用香菜或欧芹等新鲜香草装饰。

佐以青柠片、熟米饭或馕饼。

立即享用！

咖喱蔬菜配鸡肉风味浓郁、香气扑鼻，鲜嫩的鸡肉、五颜六色的蔬菜和奶油椰奶酱混合在一起，味道鲜美。

藜麦沙拉配牛油果和黑豆

准备时间：约 30 分钟

份量：4

配料：

1 杯藜麦

1 杯藜麦

2 杯水或蔬菜汤

1 罐（约 400 克）黑豆，沥干并洗净

2 个成熟的鳄梨，去核切丁

1 个大番茄，切丁

1/2 个红洋葱，切碎

1 个红甜椒，切丁

半束新鲜香菜，切碎

2 个酸橙汁

3 汤匙橄榄油

盐和胡椒粉适量

可选：1 个墨西哥辣椒（中辣甜椒）或青椒，去皮切碎

可选：1 瓣大蒜，切碎

可选 新鲜菠菜或火箭菜

做法说明

煮熟藜麦：

用冷水彻底冲洗藜麦，去除苦涩的亚种物质。

在锅中将水或蔬菜汤煮沸。

加入洗净的藜麦并煮沸。转小火，盖上锅盖，将藜麦煮约 15 分钟，直至
其变软并完全吸收水分。

将锅离火，用叉子将藜麦弄蓬松。晾凉。

准备配料：

在烹煮和冷却藜麦时，将黑豆沥干并彻底冲洗干净。

将鳄梨对半切开，去掉果核，用勺子小心地将果肉从皮里挖出来。切成块状备用。

准备好番茄、红洋葱、红甜椒和新鲜香菜，放入一个大碗中。

准备沙拉酱：

在一个小碗中，将 2 个青柠的汁液、橄榄油、盐和胡椒粉混合在一起。

如果需要，还可加入蒜蓉、墨西哥辣椒或绿辣椒，搅拌均匀。

组装沙拉：

将冷却的藜麦加入碗中准备好的配料中。

加入沥干的黑豆。

将沙拉酱倒在沙拉上，轻轻拌匀，直到所有材料都充分混合。

上桌：

将藜麦沙拉、牛油果和黑豆放在盘子或餐盘中。

根据需要用新鲜菠菜或火箭菜装饰。

立即享用！

这道藜麦沙拉配牛油果和黑豆是一道美味营养的佳肴，富含蛋白质、纤维素和健康脂肪。它既可作为午餐或晚餐的主菜，也可作为烧烤的配菜。

烤蔬菜塔布勒

准备时间：约 40 分钟

份量：4

配料：

烤蔬菜

2 杯切成小块的混合蔬菜（如甜椒、西葫芦、茄子、樱桃番茄等）

2 汤匙橄榄油

盐和胡椒粉适量

可选：大蒜粉、辣椒粉、孜然粉以增加风味

制作塔布勒

1 杯粗麦粒

2 杯开水或蔬菜汤

1/4 杯橄榄油

1-2 个柠檬的汁

1/2 杯新鲜欧芹，切碎

1/4 杯新鲜薄荷，切碎

2 个葱，切碎

1/2 根黄瓜，去籽，切成小块

盐和胡椒适量

制作方法

准备烤蔬菜：

将烤箱预热至 200°C (392°F)。

将混合蔬菜切成小块，铺在烤盘上。

在蔬菜上淋上橄榄油，用盐、胡椒和可选香料调味。

将蔬菜放入预热好的烤箱中烘烤 20-25 分钟，直至变软并微微变黄。偶尔搅拌一下，使蔬菜均匀变色。

准备塔布勒：

在一个碗中，将沸水或蔬菜汤倒在茎叶上。

盖上盖子，让牛杂粮浸泡约 15-20 分钟，直到它变软并完全吸收水分。

用叉子将粗麦粒弄松，晾凉。

组装沙拉：

在一个大碗中，将冷藏过的粗麦粉与烤蔬菜混合。

加入切碎的欧芹、薄荷、葱和黄瓜。

将橄榄油和柠檬汁倒在沙拉上，搅拌均匀。

用盐和胡椒调味。

上桌：

将烤蔬菜塔布勒装入碗中。

根据需要用其他新鲜香草点缀。

可立即食用，也可冷藏后作为配菜或清淡的主菜享用！

这道烤蔬菜塔布勒是对经典塔布勒食谱的一种美味改良，具有丰富的风味和口感。这道菜用途广泛，既可作为配菜，也可作为清淡的主菜，冷热皆宜。

希腊藜麦沙拉

准备时间：约 25 分钟

份量：4

配料：

1 杯藜麦

2 杯水或蔬菜汤

1 根黄瓜，切丁

1 个红甜椒，切丁

1 个黄甜椒，切丁

1/2 个红洋葱，切碎

1 杯樱桃番茄，切半

1/2 杯去核卡拉马塔橄榄

200 克菲达奶酪，切块

1/4 杯新鲜欧芹，切碎

1/4 杯新鲜牛至，切碎

1-2 个柠檬的汁

3 汤匙橄榄油

盐和胡椒适量

说明

煮藜麦：

用冷水彻底冲洗藜麦，去除苦味物质。

在平底锅中将水或蔬菜汤煮沸。

加入洗净的藜麦，煮沸后转小火，盖上锅盖，煮约 15 分钟，直到液体被吸收，藜麦变软。

将锅离火，用叉子将藜麦弄蓬松。晾凉。

准备配料：

在烹煮和冷却藜麦的同时，准备蔬菜和羊奶酪。

将黄瓜、红椒、黄椒、红洋葱和樱桃番茄放入一个大碗中。

加入卡拉马塔橄榄。

将羊奶酪切成块状，放入碗中。

将新鲜欧芹和牛至切碎备用。

组装沙拉：

将冷却的藜麦加入碗中准备好的配料中。

在沙拉上浇上柠檬汁和橄榄油。

仔细搅拌，直到所有配料充分混合。

加入盐和胡椒调味。

上桌：

将希腊藜麦沙拉放在盘子或餐盘中。

如果需要，还可以用欧芹和牛至做装饰。

立即食用或冷藏后享用！

这道希腊藜麦沙拉味道鲜美，营养丰富，口感丰富。它非常适合作为午餐或晚餐的主菜，或烧烤时的配菜。

羊奶酪茄子沙拉

准备时间：约 30 分钟

份量：4

配料：

2 个中等大小的茄子

2 个中等大小的茄子

200 克羊乳干酪，切碎

2 个西红柿，切薄片

1/4 杯橄榄油

2 瓣大蒜，切碎

2 汤匙新鲜欧芹，切碎

1 汤匙新鲜牛至，切碎（或 1 茶匙干牛至）

盐和胡椒粉适量

说明

准备茄子：

洗净茄子，切去两端。

将茄子纵向切成约 1 厘米厚的片。

在茄子片上撒盐：

将茄子片放在烤盘上，撒上少许盐。

静置约 15 分钟，让茄子吸收一些水分，减少苦味。

烧烤或烘焙茄子片：

在茄子片静置期间，预热烤架或加热烤盘或普通煎锅，加入少许橄榄油。

轻轻擦拭茄子片，去除多余水分。

在茄子片的两面刷上橄榄油，然后在烤架上或平底锅中每面烤或煎约 3-4 分钟，直到茄子片变软并微微变黄。根据平底锅或烤架的大小，茄子片可能需要分几次烤制。

将烤好的茄子片放在一边，晾凉。

准备馅料：

冷却茄子片时，将羊奶酪放在碗中揉碎。

在羊奶酪中加入切碎的蒜瓣、香菜和牛至。

加入盐和胡椒调味，搅拌均匀。

组装茄子条：

每次取一片茄子，将一些羊奶酪混合物放在中间。

在上面放一片西红柿。

在上面再放一片茄子，形成一个薄片。

继续放入剩余的茄子片和馅料，直到所有的薄饼都做好。

上桌：

将茄子条摆放在盘子里。

如果需要，再用香菜或罗勒和柠檬汁装饰。

立即享用！

羊奶酪茄子是一道充满地中海风味的美味素菜。可作为开胃菜、配菜或清淡的主菜，是享用茄子的绝佳方式。

洋葱配羊奶酪、意大利面和核桃

准备时间：约 25 分钟

份量：2-3

配料：

200 克扁面或其他自选面食

2 束葱花，切成薄片

100 克羊乳干酪，切碎

1/2 杯核桃仁，切碎

2 瓣大蒜，切碎

2 汤匙橄榄油

1 个柠檬的汁

盐和胡椒粉适量

可选 新鲜欧芹或罗勒作点缀

操作说明

煮意大利面：

在大锅中烧水，按照包装上的说明将意大利面煮至软烂。

沥干煮好的意大利面，放在一边。保留少许煮面的水，以备日后制作酱汁时使用。

炒香葱花：

在一个大煎锅中，用中火加热橄榄油。

加入切碎的蒜瓣，翻炒约 1 分钟至出香味。

加入切片的葱，再翻炒 3-4 分钟直至变软。

加入羊奶酪和核桃：

在锅中加入碎菲达奶酪和切碎的核桃，稍加搅拌，直至菲达奶酪略微融化。

准备酱汁：

将柠檬汁倒在洋葱、羊奶酪和核桃上。

如果需要，可加入一些烹煮意大利面时保留的水，以稀释和增稠酱汁。

加入盐和胡椒调味，搅拌均匀。

将意大利面和酱汁混合在一起：

将煮熟的意面与酱汁一起放入锅中，轻轻搅拌，直到意面均匀地裹上酱汁。

上桌：

将葱花、羊奶酪、意大利面和核桃装入盘中或碗中。

根据需要用新鲜香菜或罗勒作点缀。

请立即享用！

这道春葱配羊奶芝士、意大利面和核桃的菜肴是咸鲜口味和不同质地的美味组合。这道菜制作简单快捷，可作为快餐的主菜或其他菜肴的配菜。

烤土豆配鼠尾草、奶酪和火腿包

准备时间：约 30 分钟

份量：2-3

配料：

500 克蜡质土豆，去皮切片

100 克烟熏火腿

6-8 片新鲜鼠尾草叶

100 克辣奶酪（如高达奶酪、山地奶酪或艾门塔尔奶酪），切成薄片

2 汤匙橄榄油或黄油

盐和胡椒适量

制作说明

准备土豆：

将去皮的土豆切成薄片。薄片的厚度应大致相同，以便烹制均匀。

包火腿：

摊开熏火腿，在每片火腿上放一片奶酪，用胡椒调味。

在奶酪上放一片鼠尾草叶，然后将火腿包在奶酪和鼠尾草叶周围，形成一个包裹。用剩下的火腿、奶酪和鼠尾草叶重复这一过程。

煎包好的火腿

用中火加热煎锅，融化橄榄油或黄油。

将裹好涂层的火腿包放入平底锅中，两面煎约 3-4 分钟，直至火腿酥脆、奶酪融化。确保奶酪不会流出来。

煎烤土豆：

在煎裹好涂层的火腿时，在另一个平底锅中加热一些橄榄油或黄油。

将土豆片放入平底锅中，用中火煎约 10-15 分钟，不时翻面，直至金黄酥脆。确保土豆片在煎炸过程中不会粘在一起。

上桌：

将煎好的烤土豆放在盘子里。

将裹上涂层的火腿放在煎土豆旁边。

如果需要，用新鲜鼠尾草装饰。

立即上桌享用！

这道鼠尾草芝士火腿烤土豆是对经典菜肴的美味改良，是酥脆的土豆、香浓的芝士和芬芳的鼠尾草的完美结合。这是一道丰盛的菜肴，是美味午餐或晚餐的理想选择。

煎鸡蛋和烤土豆

准备时间：约 30 分钟

份量：2-3

配料：

4 个中等大小的土豆，最好是腊制的

2 汤匙油或黄油

1 个洋葱，切碎（可选）

盐和胡椒适量

4 枚鸡蛋

可选：用于装饰的新鲜香草（如欧芹或韭菜）

做法说明

准备土豆：

彻底清洗土豆并去皮。然后切成均匀的小方块。

煎烤土豆：

在一个大煎锅中，用中火加热油或黄油。

加入切碎的洋葱（如果使用），翻炒约 2 分钟至半透明。

在平底锅中加入土豆丁，均匀铺开。

不时翻动土豆，煎至金黄酥脆，约 15-20 分钟。

用盐和胡椒调味。

煎荷包蛋

在另一个煎锅中倒入少许油加热。

小心地将鸡蛋一个个打入锅中，注意不要打碎蛋黄。

用中火煎鸡蛋，直到蛋白凝固，边缘酥脆。如果需要，蛋黄可以保持略微流动。

加入盐和胡椒调味。

上桌：

将煎好的土豆放在盘子里。

将煎好的鸡蛋小心地放在煎好的土豆上。

根据需要用新鲜香草装饰。

立即上桌享用！

煎蛋和煎土豆的组合是一道经典而丰盛的菜肴，既可作为早餐，也可作为美味的晚餐。酥脆的炸土豆与多汁的煎蛋完美协调，让人吃得美味又饱腹。

烤三文鱼片配芦笋和柠檬莳萝酱

准备时间：约 30 分钟

份量：2-3

配料：

2 块三文鱼片（每块约 150-200 克）

500 克新鲜绿芦笋，去掉木质末端

2 汤匙橄榄油

盐和胡椒适量

柠檬莳萝酱

1/2 杯希腊酸奶

1 个柠檬的汁和皮

1 汤匙新鲜莳萝，切碎

1 瓣大蒜，切碎（可选）

盐和胡椒粉适量

制作说明

准备烧烤：

将烤架预热至中高火。

准备柠檬莳萝酱：

在一个小碗中，将希腊酸奶与柠檬汁、柠檬皮、莳萝碎和切碎的大蒜（如果使用）混合。

用盐和胡椒调味。

盖上盖子，放入冰箱冷藏待用。

准备三文鱼和芦笋：

在三文鱼片上涂上橄榄油，用盐和胡椒调味。

在绿芦笋上淋上少许橄榄油，并用盐和胡椒粉调味。

烤三文鱼和芦笋：

将三文鱼片和芦笋放在烤架上。

每面烤三文鱼约 4-6 分钟，直至烤熟并微微变色。具体烤制时间取决于三文鱼片的厚度。

烤芦笋约 6-8 分钟，不时翻动，直至变软并微微变色。

上桌：

将烤好的三文鱼摆盘。

将烤芦笋放在三文鱼旁边。

将柠檬莳萝酱淋在三文鱼和芦笋上，或单独食用。

如果需要，用新鲜的莳萝做装饰。

立即上桌，尽情享用！

这道烤三文鱼片配芦笋和柠檬莳萝酱的菜谱是享受春天的一种清淡美味的方式。多汁的三文鱼、鲜嫩的芦笋和清爽的柠檬莳萝酱组合在一起，制作简单，是一道健康美味的主菜。

椰奶咖喱蔬菜

准备时间：约 30 分钟

份量：4

配料：

2 汤匙植物油（如椰子油或菜籽油）

1 个洋葱，切碎

2 瓣大蒜，切碎

1 汤匙鲜姜，切碎或磨碎

2-3 汤匙咖喱酱（取决于所需的辣度和口味）

400 毫升无糖椰奶

500 克自选混合蔬菜（如胡萝卜、青椒、西兰花、豌豆、西葫芦），切成一口大小的块状

盐和胡椒粉适量

新鲜香菜或欧芹作为点缀（可选）

煮熟的米饭或馕（印度扁面包）供食用

说明

准备蔬菜：

蔬菜洗净去皮，切成一口大小的块。

煎葱、蒜和姜：

在大煎锅或平底锅中加热油。

加入切碎的洋葱，用中火炒至半透明。

加入切碎的大蒜和生姜，再翻炒 1-2 分钟，直至出香味。

加入咖喱酱：

在锅中加入咖喱酱，充分搅拌，使其与洋葱、大蒜和生姜混合。翻炒约 1-2 分钟，使味道释放出来。

加入蔬菜：

将准备好的蔬菜放入锅中，充分搅拌，使其裹上咖喱酱。

翻炒蔬菜约 5-7 分钟，直至蔬菜稍微变软。

加入椰奶：

将不加糖的椰奶倒入蔬菜中，充分搅拌，使其混合均匀。

小火慢炖，直至蔬菜煮熟，汤汁变浓，约 10-15 分钟。

上桌：

用盐和胡椒调味咖喱蔬菜。

可选择用新鲜香菜或欧芹点缀。

将咖喱蔬菜热后浇在煮好的米饭上，或与馕饼一起享用。

这道椰奶蔬菜咖喱饭既美味又营养，而且制作简单快捷。它是素食主义者，不含麸质，香料和椰奶味道浓郁。可作为健康晚餐的主菜，也可作为其他印度菜的配菜。

酿辣椒配藜麦和蔬菜

准备时间：约 60 分钟

份量：4

配料：

4 个大辣椒（最好是红色或黄色，以增加颜色）

1 杯藜麦

2 杯蔬菜汤或水

1 个洋葱，切碎

2 瓣大蒜，切碎

1 根胡萝卜，切丁

1 个西葫芦，切丁

1 个红甜椒，切丁

1 罐切碎的西红柿（约 400 克）

1 茶匙孜然粉

1 茶匙辣椒粉

盐和胡椒粉适量

1/2 杯奶酪碎（可选）

新鲜欧芹或香菜作为点缀

说明

准备辣椒：

将烤箱预热至 180°C (356°F)。

将甜椒对半切开，去籽和白膜。

将半边甜椒放入烤盘或烤盘中备用。

烹煮藜麦

用冷水彻底冲洗藜麦，去除苦味。

在锅中加入蔬菜汤或水煮沸。

加入洗净的藜麦，煮沸后转小火，盖上锅盖，煮大约 15-20 分钟，直到液体被吸收，藜麦变软。

将锅从火上移开，用叉子将藜麦弄蓬松，然后放在一边。

准备蔬菜：

在煎锅中倒入少许油，将切碎的洋葱和大蒜炒香。

加入切块的胡萝卜、西葫芦和红甜椒，翻炒约 5-7 分钟，直至蔬菜变软。

准备馅料：

将煮熟的藜麦与炒熟的蔬菜一起放入锅中。

加入切碎的番茄、孜然粉和辣椒粉，搅拌均匀。

加入盐和胡椒调味。

塞入馅料并烘烤辣椒：

将藜麦和蔬菜混合物均匀地塞入准备好的半边甜椒中。

也可选择在馅料辣椒上撒上奶酪碎。

将馅料甜椒放入预热好的烤箱中，烘烤约 25-30 分钟，直至甜椒变软、奶酪融化。

上桌：

将带馅甜椒摆盘。

用新鲜欧芹或香菜点缀。

配上蘸酱或调味汁。

立即享用！

这道藜麦蔬菜酿辣椒是一道美味营养的素食菜肴，不含麸质，风味十足。无论是作为健康晚餐的主菜，还是作为其他菜肴的配菜，它们都是完美的选择。

烤鸡配蔬菜

准备时间：约 40 分钟

份量：2-3

配料：

鸡肉

2 块鸡胸肉

2 汤匙橄榄油

1 茶匙辣椒粉

1 茶匙大蒜粉

盐和胡椒粉适量

蔬菜

2 个辣椒，切成条状

1 个西葫芦，切成片

1 个茄子，切块

1 个红洋葱，切成楔形

2 汤匙橄榄油

1 茶匙干牛至

1 茶匙干百里香

盐和胡椒粉适量

操作说明

准备烤架

将烤架预热至中高火。

准备鸡肉

用纸巾将鸡胸肉拍干。

在碗中加入橄榄油、辣椒粉、大蒜粉、盐和胡椒粉。

将腌泡汁涂抹在鸡胸肉上，然后放在一边吸收味道。

准备蔬菜：

将切好的蔬菜放在烤盘上。

将橄榄油倒在蔬菜上，搅拌均匀，确保蔬菜均匀裹上橄榄油。

在蔬菜上撒上牛至干、百里香、盐和胡椒粉，再次搅拌，使香料均匀分布。

烤鸡：

将腌制好的鸡胸肉放在预热好的烤架上。

将鸡胸肉每面烤 6-8 分钟，直到烤熟并有漂亮的烤痕。具体烤制时间取决于鸡胸肉片的厚度。

烤蔬菜

将装有准备好的蔬菜的烤盘放入预热至 200°C（392°F）的烤箱中。

烤蔬菜约 20-25 分钟，不时翻动，直至蔬菜变软并微微变黄。

上桌：

将烤鸡肉和烤蔬菜分装在盘子里。

根据需要用香菜或韭菜等新鲜香草点缀。

立即上桌享用！

这道烤鸡肉配烤蔬菜是一道美味健康的菜肴，制作简单，既可作为主菜，也可作为其他菜肴的配菜。它将多汁的鸡肉和芳香的烤蔬菜美味地结合在一起，适合任何场合。

焗三文鱼配蒸菠菜

准备时间：约 30 分钟

份量：2

配料：

烤三文鱼

2 块三文鱼片（每块约 150-200 克）

2 汤匙橄榄油

1 茶匙柠檬汁

盐和胡椒粉适量

可选：莳萝或欧芹等新鲜香草作为点缀

蒸菠菜

500 克新鲜菠菜，洗净并切碎

2 瓣大蒜，切碎

1 汤匙橄榄油

盐和胡椒适量

可选 少许肉豆蔻调味

操作说明

准备烤箱

将烤箱预热至 180°C (356°F)。

准备三文鱼：

用纸巾将三文鱼片拍干，放在铺有烤盘纸的烤盘中。

淋上橄榄油和柠檬汁，均匀涂抹在三文鱼片上。

用盐和胡椒调味。

烘烤三文鱼：

将三文鱼片放入预热好的烤箱中，烘烤约 15-20 分钟，直至三文鱼熟透并能用叉子轻易分开。具体烹制时间取决于三文鱼片的厚度。

准备蒸菠菜：

在一个大煎锅中，用中火加热橄榄油。

加入切碎的大蒜，翻炒约 1 分钟，直至发出香味。

将洗净切碎的菠菜放入锅中。根据平底锅的大小，可能需要分批加入菠菜并等待其倒伏。

翻炒菠菜，不时搅拌，直至菠菜塌陷并略微变蔫。

加入盐、胡椒和少许肉豆蔻调味。

上桌：

将烤好的三文鱼分装在盘子里，旁边摆上蒸熟的菠菜。

根据需要用莳萝或欧芹等新鲜香草点缀。

立即上桌享用！

这道焗三文鱼配蒸菠菜的菜谱是一道健康美味的菜肴，而且制作简单。鲜嫩的三文鱼与新鲜的菠菜和香浓的蒜香味调和得恰到好处。它是一道完美的主菜，可作为清淡而又令人满意的晚餐。

素菜豆腐锅

准备时间：约 30 分钟

份量：2-3

配料：

200 克豆腐，切块

2 汤匙酱油

2 汤匙橄榄油或芝麻油

1 个洋葱，切薄片

2 瓣大蒜，切碎

1 个甜椒，切条

1 根胡萝卜，切薄片

1 个小西葫芦，切片

100 克蘑菇，切片

2 杯菠菜或芥蓝，切碎

2 汤匙酱油

1 汤匙米醋或苹果醋

1 茶匙蜂蜜或枫糖浆（可选）

盐和胡椒粉适量

葱或新鲜香菜作为点缀（可选）

煮好的米饭或面条

说明

腌制豆腐：

将豆腐块放入碗中，加入 2 汤匙酱油腌制。静置至少 10 分钟。

煎豆腐：

在一个大煎锅中加热 1 汤匙油。

加入腌制好的豆腐块，四面煎至金黄色。然后从锅中取出，搁置一旁。

煎蔬菜：

在同一平底锅中加热 1 汤匙油。

加入洋葱片和切碎的大蒜，翻炒约 2 分钟至出香味。

加入甜椒条、胡萝卜片、西葫芦片和香菇。翻炒约 5-7 分钟，不时搅拌，直至蔬菜微微变黄并开始变软。

加入豆腐和菠菜：

将煎好的豆腐放回锅中。

加入切碎的菠菜或芥蓝，搅拌至稍微变软。

给菜锅调味：

将剩余的 2 汤匙酱油和醋倒在蔬菜上。

也可加入蜂蜜或枫糖浆使酱汁变甜。

加入盐和胡椒调味，搅拌均匀。

上桌：

将素菜炒豆腐盛入盘中。

根据需要用葱花或新鲜香菜点缀。

配上煮熟的米饭或面条。

立即享用！

这道素菜炒豆腐是一道健康美味的菜肴，富含风味和营养。它以各种蔬菜和豆腐中的蛋白质为特色，与香辣酱油完美结合。这道菜简单又多变，可以根据个人喜好或手头的蔬菜进行调整。

橄榄油拌飞达奶酪、土豆和罗勒西葫芦

准备时间：约 45 分钟

份量：2-3

配料：

2 个中等大小的西葫芦

2 个大土豆

100 克菲达奶酪

2 瓣大蒜，切碎

新鲜罗勒叶，切碎

3 汤匙橄榄油

盐和胡椒适量

制作说明

准备食材：

洗净西葫芦，切成薄片。

土豆去皮，切成薄片。

将羊奶酪切成小块。

大蒜切细。

罗勒叶切碎。

煎炸配料：

在大煎锅中加入 2 汤匙橄榄油，用中火加热。

加入切碎的大蒜，略煎至出香味。

将马铃薯片放入锅中，煎约 10 分钟，不时搅拌，直至金黄酥脆。如果土豆变干，必要时可添加更多橄榄油。

加入西葫芦：

将西葫芦片加入锅中的土豆中，再煎 5-7 分钟，直至变软并微微变黄。偶尔搅拌一下。

调味并品尝：

用盐和胡椒调味烤西葫芦和土豆。

在蔬菜上撒上切碎的罗勒并搅拌均匀。

加入羊奶酪：

在烤蔬菜上撒上羊奶酪块。

将锅从火上拿开，让羊奶酪稍微融化。

上桌：

将带菲达奶酪、土豆、大蒜和罗勒的橄榄油拌黄瓜装盘。

如果需要，还可以用切碎的罗勒做装饰。

立即上桌享用！

这道美味的橄榄油拌西葫芦、土豆、菲达奶酪、大蒜和罗勒，是一道既可作为主菜又可作为配菜的佳肴。新鲜食材的味道和香浓的菲达奶酪结合在一起，创造出令人难忘的美食体验。

奶油酱意面配碎杏仁

准备时间：约 20 分钟

份量：2-3

配料：

250 克意大利面（例如：意大利面条

250 克意大利面（如扁面、意粉、通心粉）

1 汤匙橄榄油或黄油

2 瓣大蒜，切碎

200 毫升奶油

50 克切碎的杏仁

盐和胡椒适量

新鲜欧芹或罗勒作为点缀（可选）

磨碎的帕尔马干酪（可选）

烹饪说明

煮意大利面：

在一口大锅中将水烧开，放适量盐。按照包装说明将意大利面煮至软烂。沥干后放在一旁，保留一些煮面的水。

准备奶油酱

在一个大煎锅中，用中火加热橄榄油或黄油。

加入切碎的大蒜，翻炒约 1 分钟直至变色。

将奶油倒入锅中煮沸。小火慢炖约 2-3 分钟，直至奶油略微变稠。

加入切碎的杏仁：

在奶油酱中加入切碎的杏仁，搅拌均匀。

用盐和胡椒调味。

将意大利面与奶油酱混合：

将煮熟的意大利面与奶油酱一起放入锅中，轻轻搅拌，直到意大利面完全裹上酱汁。

如果酱汁太稠，可加入一些保留的意面水，以达到理想的稠度。

上桌：

将奶油酱意面和切碎的杏仁一起装入盘中。

根据需要用新鲜欧芹或罗勒点缀。

如果需要，还可以撒上磨碎的帕尔马干酪。

立即享用！

这道奶油酱杏仁碎意大利面既美味又简单，既快捷又令人满意。蒜香味为酱汁增添了浓郁的风味，而杏仁碎则增加了质感和坚果香味。无论是周末快餐还是特殊场合，这都是一个不错的选择。

橄榄油裹土豆配凝乳和韭菜

准备时间：约 30 分钟

份量：2-3

配料：

500 克小型蜡质马铃薯（如三胞胎马铃薯）

200 克凝乳

2-3 汤匙橄榄油

2-3 汤匙切碎的新鲜韭菜

盐和胡椒适量

制作说明

煮土豆

彻底清洗马铃薯，在锅中加入盐水。

将土豆煮沸，然后转小火。将土豆煮至软烂。具体烹煮时间取决于土豆的大小，但通常需要 20-25 分钟。

准备凝乳：

煮土豆时，将凝乳放入碗中。

加入橄榄油，搅拌均匀直至顺滑。

准备韭菜：

洗净新鲜韭菜，拍干并切碎。

沥干马铃薯，装盘：

土豆变软后，立即沥干水分，将土豆放在盘子里。

上桌：

将热夹心土豆与准备好的夸克一起上桌。在凝乳上撒上切碎的韭菜。

如果需要，再淋上一点橄榄油。

根据口味加入盐和胡椒调味。

立即享用！

这道橄榄油凝乳韭菜夹心土豆既美味又简单，是午餐或晚餐的完美选择。奶油凝乳、新鲜韭菜和优质橄榄油的组合为土豆带来了美妙的深度风味。这道菜做法简单，却能让人感到无比满足，是周中快餐的理想选择。

中式炒菜

准备时间：约 30 分钟

份量：2-3

配料：

250 克瘦肉（鸡肉、牛肉

250 克瘦肉（鸡肉、牛肉、猪肉或大虾），切薄片或丁状

2-3 杯切片蔬菜（如青椒、西兰花、胡萝卜、豆角、蘑菇、洋葱）

3 瓣大蒜，切碎

1 块生姜（约 2 厘米），去皮切碎

2-3 个葱，切片

2-3 汤匙酱油

1 汤匙蚝油（可选）

1 汤匙芝麻油

2 汤匙煎炸用植物油

盐和胡椒粉适量

可选：辣椒片或新鲜辣椒增加热度

煮熟的米饭或面条

使用说明

准备食材：

将肉切成细条或方块。

准备蔬菜：洗净、去皮并切成一口大小的块。

将大蒜和生姜切成细末。

葱切片。

加热炒锅：

用大火加热炒锅或大煎锅。

加入植物油，确保炒锅充分加热后再开始烹饪。

煎肉：

将肉放入热锅中快速翻炒至熟。这通常只需要 2-3 分钟，取决于肉的厚度。

将肉从炒锅中取出，放在一边。

炒蔬菜：

如有必要，可在炒锅中再加少许油，然后加入切碎的大蒜和生姜。略炒至出香味。

加入切碎的蔬菜，翻炒约 3-5 分钟，直至变脆。

混合并调味：

将炒好的肉放回炒锅，与蔬菜混合。加入酱油、蚝油（如使用）和芝麻油。根据个人口味加入盐、胡椒粉和辣椒片调味。

拌匀后小火慢炖约 1-2 分钟，让各种味道融合，完成烹饪。

上桌：

将中式炒菜放在煮熟的米饭或面条上，趁热食用。

根据需要，再用葱花或芝麻点缀。

请立即享用！

本食谱提供了中式炒菜的基本要素，可根据个人喜好或手头的食材进行调整。这是一道快速、美味、健康的家常菜，充满了各种风味和新鲜食材。

羊肉配四季豆和土豆

准备时间：约 60 分钟

份量：4

配料：

500 克羊肉（如肩肉或腿肉），切块

500 克青豆，切去两端，对半切开

500 克土豆，去皮，切成小块

1 个洋葱，切碎

3 瓣大蒜，切碎

2 个番茄，切碎

2 汤匙番茄酱

2 汤匙橄榄油

1 茶匙孜然粉

1 茶匙姜黄粉

1 茶匙辣椒粉

使用说明

准备配料：

用盐、胡椒、孜然粉、姜黄和辣椒粉对羊肉进行调味，然后放在一边。

土豆去皮，切成小块。

青豆洗净，切去两端，对半切开。

切碎洋葱和大蒜。

番茄切碎。

煎羊肉

在大平底锅或煎锅中加热橄榄油。

加入切碎的洋葱和大蒜，炒至香味四溢。

加入调味好的羊肉，翻炒，不断搅拌，直至羊肉全部变色。

加入番茄和番茄酱：

在煎好的羊肉中加入切碎的西红柿和西红柿泥。搅拌均匀后炖煮几分钟，直到番茄变软，味道融合。

加入土豆和水：

将切好的土豆片放入锅中，加入足够的水。大约 1-2 杯水就足够了。

盖上锅盖，用中火煮至土豆半熟，约 15-20 分钟。

加入青豆：

将切成两半的青豆放入锅中，继续炖煮，直至青豆变软，土豆煮熟，约 10-15 分钟。

上桌：

用盐和胡椒调味。

趁热享用！

这道羊肉配四季豆和土豆菜肴丰盛美味，是温暖晚餐的完美选择。它将鲜嫩的羊肉、新鲜的蔬菜和芳香的香料融合在一起，创造出一道令家人和朋友都满意的美味佳肴。

南美午夜汤

准备时间：约 45 分钟

份量：4

配料：

2 汤匙橄榄油

1 个洋葱，切碎

2 瓣大蒜，切碎

1 个红甜椒，切丁

1 个青椒，切丁

2 个胡萝卜，切片

2 个土豆，切丁

1 罐（400 克）切碎的番茄

1 升蔬菜汤

1 罐（400 克）黑豆，沥干并洗净

1 罐（400 克）玉米，沥干水分

1 茶匙孜然粉

1 茶匙辣椒粉

盐和胡椒粉适量

一个青柠的汁

新鲜香菜或欧芹作为点缀

可选：牛油果（切片）、酸奶油或奶酪碎备用

制作说明

准备汤：

在一个大锅中，用中火加热橄榄油。

加入切碎的洋葱和蒜蓉，翻炒，不时搅拌，直至变软并散发出香味，约 3-
4 分钟。

加入蔬菜：

将切成丁的红椒、青椒、胡萝卜和土豆片放入锅中。再煎 5 分钟，不时搅
拌，直到蔬菜微微变色。

加入西红柿和高汤：

将切碎的西红柿连汁一起加入锅中，搅拌均匀后与蔬菜混合。

加入蔬菜汤并将汤煮沸。

加入豆子和玉米：

在汤中加入沥干并洗净的黑豆和沥干的玉米，搅拌均匀。

加入孜然粉和辣椒粉，用盐和胡椒粉轻轻调味。

烹煮并根据口味调味：

将汤煮约 20-25 分钟，直到蔬菜变软、味道融合。

品尝汤的味道，并根据口味进行调味。

在汤中挤入青柠汁，搅拌均匀。

上桌：

将南美午夜汤盛入汤碗中。

根据需要用新鲜香菜或欧芹装饰。

趁热享用！

南美午夜汤又称《Sopa de Medianoche》，是一道既能饱腹又能取暖的菜肴，非常适合在寒冷的夜晚食用。

柯尼斯堡肉丸

准备时间：约 60 分钟

份量：4

配料：

肉丸

500 克混合肉糜（牛肉和猪肉）

1 个洋葱，切碎

1 个鸡蛋

3 汤匙面包屑

盐和胡椒粉适量

1/2 茶匙肉豆蔻粉

1 汤匙切碎的欧芹

1 汤匙芥末

制作酱汁

1 升蔬菜汤

2 片月桂叶

6 粒胡椒粒

2 汤匙黄油

2 汤匙面粉

200 毫升奶油

半个柠檬汁

盐和胡椒适量

制作酸豆酱

50 克酸豆

1 汤匙黄油

1 汤匙面粉

制作说明

准备肉丸：

在碗中加入混合肉馅、切碎的洋葱、鸡蛋、面包屑、盐、胡椒粉、肉豆蔻、切碎的香菜和芥末。

将混合物揉匀，直到所有成分均匀分布。

取出一小部分肉馅混合物，捏成肉丸。肉丸大小应与高尔夫球差不多。

煮肉丸：

在大锅中将蔬菜汤煮沸。

加入月桂叶和花椒。

小心地将肉丸放入煮沸的高汤中，用中火慢慢炖煮约 15-20 分钟，直至肉丸煮熟。当肉丸紧实且熟透时就可以了。

制作酱汁：

在另一个平底锅中融化黄油。

加入面粉，翻炒约 2-3 分钟，不断搅拌，直至呈金黄色（这就是所谓的《面糊》）。

慢慢加入蔬菜汤，不断搅拌，使汤汁顺滑。

加入奶油搅拌，小火慢炖约 10 分钟，直至汤汁稍微变稠。

加入盐、胡椒和柠檬汁调味。

制作酸豆酱（可选）

将酸豆沥干。

在小平底锅中融化黄油，加入面粉制成面糊。

慢慢加入蔬菜高汤，不断搅拌，直至形成光滑的酱汁。

加入沥干的酸豆，煮约 5 分钟。

上桌：

将柯尼斯堡肉丸放在温热的盘子里，浇上酱汁。

根据需要配上土豆或土豆泥。

也可在肉丸上淋上水瓜子酱。

趁热享用！

柯尼斯堡肉丸是一道经典的德国菜肴，是丰盛而令人满意的晚餐的完美选择。鲜嫩的肉丸和带有柠檬香味的奶油酱汁结合在一起，简直美味极了。

鸡肉蔬菜汤

准备时间：约 60 分钟

份量：4-6

配料：

500 克去皮鸡胸肉或鸡腿肉

2 升鸡汤

2 根胡萝卜，去皮切片

2 根芹菜，切碎

1 个洋葱，切碎

2 瓣大蒜，切碎

1 杯青豆，切块

1 杯玉米粒（新鲜、冷冻或罐装）

1 杯豌豆（新鲜或冷冻）

2 个土豆，去皮切块

1 茶匙干百里香叶

1 茶匙干牛至

1 片月桂叶

盐和胡椒粉适量

新鲜欧芹或韭菜作为点缀（可选）

制作说明

准备鸡汤：

将鸡胸肉或鸡腿肉与鸡汤一起放入大锅中。

将锅烧开，然后转小火，让鸡汤慢慢炖煮。

煮大约 30-40 分钟，直到鸡肉熟透，可以用叉子轻松地切成丝。

将鸡肉切成丝：

将煮熟的鸡肉从肉汤中取出，在砧板上用两把叉子切成丝，或切成一口大小的块。

将鸡肉丝放在一边。

准备蔬菜：

同时准备蔬菜：胡萝卜去皮切片，芹菜切碎，洋葱和大蒜切细，青豆切碎，土豆切丁。

加入蔬菜：

将准备好的蔬菜（胡萝卜、芹菜、洋葱、大蒜、青豆、甜角、豌豆和土豆）加入高汤中。

加入干百里香叶、牛至叶和月桂叶。

用盐和胡椒调味。

烹煮：

用中火煮汤，直至蔬菜变软，约 15-20 分钟。

将鸡丝放回汤中，再加热几分钟。

上桌：

上桌前去掉月桂叶。

将鸡肉蔬菜汤盛入汤碗中。

根据需要用新鲜香菜或韭菜装饰。

趁热享用！

这道鸡肉蔬菜汤不仅美味温暖，还富含健康蔬菜和蛋白质丰富的鸡肉。这道菜非常适合在寒冷的日子或想吃丰盛食物的时候食用。

奶油酱蘑菇意大利面

准备时间：约 30 分钟

份量 4

配料：350 克意大利面（如意大利面）、蘑菇、蘑菇酱和蘑菇：

350 克意大利面（如意大利面、通心粉或意大利长面条）

300 克蘑菇，切片

2 瓣大蒜，切碎

1 个洋葱，切碎

2 汤匙黄油或橄榄油

250 毫升奶油

100 毫升 蔬菜汤

50 克磨碎的帕尔马干酪或佩科里诺干酪

盐和胡椒适量

新鲜欧芹或韭菜作为点缀（可选）

烹饪说明

煮意大利面：

将一大锅加盐的水烧开。

按照包装上的说明将意大利面煮至软烂。

意面煮熟后，沥干水分，但要保留大约一杯煮意面的水。

准备蘑菇：

在平底锅中，用中火加热 1 汤匙黄油或橄榄油。

加入切碎的洋葱和蒜蓉，翻炒几分钟，直至变软并散发出香味。

加入蘑菇片，继续翻炒至微黄，液体蒸发。大约需要 5-7 分钟。

将煎好的蘑菇放在一边。

准备奶油酱：

在同一平底锅中，加热剩余的黄油或橄榄油。

加入蔬菜汤和奶油并煮沸。

加入磨碎的帕尔马干酪并充分搅拌，直至其融化，酱汁略微变稠。

加入盐和胡椒调味。

将意大利面与酱汁混合：

将煮熟的意大利面放入盛有奶油酱的平底锅中，充分搅拌，直到意大利面均匀地裹上酱汁。

如有必要，可加入少许保留的意面水，以稀释和乳化酱汁。

上桌：

将意大利面与奶油蘑菇酱一起装盘。

将炸好的蘑菇片放在意大利面上。

根据需要用新鲜欧芹或韭菜做装饰。

趁热享用！

这道奶油蘑菇酱意面是一道美味又令人满意的菜肴，制作简单，一定会让每个人都满意。它非常适合作为一周内的快餐，或在特殊场合享用美味佳肴。

鸡油菌和百里香烤土豆

准备时间：约 30 分钟

份量：2

配料：

500 克蜡质土豆

200 克新鲜鸡油菌

2 汤匙橄榄油或黄油

2 瓣大蒜，切碎

几枝新鲜百里香

盐和胡椒适量

可选：切碎的欧芹作为点缀

制作说明

准备土豆：

彻底清洗土豆并去皮。然后切成约 1 厘米厚的片。

烤土豆：

在大煎锅中加入橄榄油或黄油，用中火加热。

将马铃薯片放入锅中，均匀地铺成一层。

不时翻动，直到土豆呈金黄色并变得酥脆，这可能需要 15-20 分钟。确保土豆的颜色不会太深。

准备鸡油菌：

同时，用厨房毛巾彻底清洁鸡油菌。将大的切成两半或四分之一。

加入大蒜和鸡油菌：

将切碎的大蒜放入煎土豆的平底锅中，翻炒约 1 分钟，直至发出香味。

将准备好的鸡油菌放入锅中，再翻炒 5-7 分钟，不时搅拌，直至鸡油菌变软并开始流出液体。

根据个人口味调味，并作为点缀：

用盐和胡椒调味烤土豆和鸡油菌。

摘下新鲜的百里香叶，撒在烤土豆和鸡油菌上。

如果需要，还可以用切碎的香菜作为点缀。

上桌：

将鸡油菌和百里香烤土豆摆盘，趁热立即食用。

鸡油菌和百里香烤土豆是一道美味的配菜或清淡的主菜，准备快捷，新鲜食材风味十足。它们非常适合在家中享用温馨的晚餐，或作为烤肉或烤鱼的配菜。

酸菜配培根和土豆

准备时间：约 45 分钟

份量：4

配料：

500 克腌制土豆

200 克培根，切丁

500 克酸菜（罐装或瓶装）

1 个洋葱，切碎

2 汤匙黄油或猪油

盐和胡椒适量

可选：胡荽籽、月桂叶、苹果块（用于提炼

制作说明

准备土豆：

土豆去皮，切成约 1 厘米厚的片。

煎培根：

在一个大平底锅中，不添加任何油脂，用中火煎培根丁，直到培根酥脆并
释放出油脂。

从锅中取出脆培根，用厨房用纸沥干水分，放在盘子里备用。

煎洋葱并加入酸菜：

在同一锅中，用少许黄油或猪油将切碎的洋葱炒至半透明。

加入酸菜，用中火加热约 10-15 分钟，不时搅拌。这将使酸菜变软，并产生焦香味。

烤土豆

在烹制酸菜的同时，在另一个平底锅中加热剩余的黄油或猪油。

将土豆片放入锅中煎炸，不时翻动，直至呈金黄色并变得酥脆。

混合并调味：

土豆变脆后，将脆培根放回平底锅，与土豆一起略煎，以加热培根。

将煎好的酸菜与土豆和培根一起放入锅中，搅拌均匀。

用盐、胡椒和其他香料（如茴香籽和月桂叶）调味。还可以加入几片苹果来平衡酸菜的酸度。

上桌：

将酸菜、土豆和培根混合物摆盘，趁热食用。

这道丰盛的菜肴适合搭配一杯啤酒或白葡萄酒。

享受这道由酸菜、培根和土豆组成的乡村菜肴吧，它非常适合在寒冷的日子里食用，其浓郁的风味和温暖的口感能将人包围。

印度风味白卷心菜

准备时间：约 30 分钟

份量：4

配料：

1 棵小卷心菜（约 600-800 克

1 白菜（约 600-800 克）

2 汤匙椰子油或中性植物油

2 茶匙姜黄粉

1 茶匙孜然粉

半茶匙芜荽末

半茶匙生姜末

1-2 个辣椒，切碎（取决于所需的辣度）

50 克磨碎的椰子

盐适量

现磨黑胡椒（适量

新鲜香菜或欧芹装饰（可选）

青柠片佐餐

做法说明

准备白卷心菜：

将白卷心菜切成四等分，去掉菜梗，将卷心菜切成细条。彻底清洗卷心菜并沥干。

炒白菜：

在大煎锅或炒锅中，用中火加热椰子油。

加入切碎的辣椒，略炒至出香味。

将准备好的白卷心菜放入锅中，翻炒约 5-7 分钟，不时搅拌，直至微微变色并开始变软。

加入香料和椰蓉：

将姜黄碎、孜然粉、香菜粉和姜粉撒在卷心菜上，搅拌均匀，使香料均匀分布。

加入椰子片，再煎 2-3 分钟，直至微微烤熟，释放出椰子的香味。

上桌：

用盐和现磨黑胡椒调味。

根据需要用新鲜香菜或欧芹点缀。

配上青柠片，风味更佳。

白甘蓝混合物可作为烤肉、烤鱼或素菜的配菜，趁热食用。

也可与米饭一起食用，或作为包子（卷在扁面包中）的馅料。

这道拌有姜黄、椰蓉和辣椒的白卷心菜不仅美味可口，而且健康、风味十足。它既可以作为配菜，也可以作为主菜，是一种以全新的、吸引人的方式烹制卷心菜的方法。

牛油果芸豆奶油饭

准备时间：约 30 分钟

份量：4

配料：

1 杯长粒大米

2 个牛油果，去皮、去核、切片

一罐芸豆，沥干并洗净

1/2 杯奶油乳酪

1 个柠檬，榨汁

2 瓣大蒜，切碎

2 汤匙橄榄油

盐和胡椒适量

新鲜欧芹或香菜作点缀（可选）

烹饪说明

煮米饭：

按照包装上的说明将长粒大米煮至熟透。将煮好的米饭放在一边。

准备鳄梨：

将鳄梨对半切开，去掉果核，用勺子小心地挖出果肉。切成片，撒上柠檬汁以防变色。

准备菜豆：

将沥干并洗净的菜豆放入碗中。

制作奶油酱汁：

在一个小碗中，将奶油酱与半个柠檬的汁混合。用盐和胡椒调味。

煎蒜：

在煎锅中加热橄榄油，加入切碎的大蒜。用中火翻炒，直至大蒜变香但不变色。

装盘：

将煮熟的米饭、鳄梨片和菜豆放入一个大碗中。

将温热的大蒜和油混合物倒在米饭、牛油果和豆子上，轻轻拌匀，让所有食材都沾上。

装盘：

将米饭、牛油果、菜豆和奶油奶酪装入盘中。

根据需要用新鲜欧芹或香菜点缀。

请立即享用！

这道牛油果、菜豆和奶油蛋黄酱盖浇饭既美味又营养，冷热皆宜。它充满了各种风味和口感，提供了碳水化合物、蛋白质和健康脂肪的均衡组合。

罗马生菜配奶油酱鲱鱼、洋葱和苹果和苹果

准备时间：约 20 分钟

份量：4

配料：

1 份莴苣

1 份罗马生菜

200 克奶油酱鲱鱼片（罐装或瓶装）

1 个大洋葱，切薄片

2 个苹果，去皮、去核、切薄片

2 汤匙醋（如苹果醋）

2 汤匙橄榄油

盐和胡椒适量

可选：用于装饰的新鲜香草（如欧芹或莳萝）

制作说明

准备莴苣：

彻底清洗并擦干莴苣。将莴苣叶摘下或切成一口大小，放入一个大沙拉盆中。

准备洋葱和苹果：

洋葱去皮，切成薄片。

苹果去皮去核，切成薄片。

准备沙拉酱：

在一个小碗中，混合橄榄油和醋。加入盐和胡椒调味。

组装沙拉：

将洋葱和苹果片放入沙拉碗中的莴苣中。

将奶油酱鲱鱼片切碎，加入沙拉中。

仔细拌匀：

将沙拉酱倒入沙拉中。

仔细搅拌，直到所有配料都均匀地裹上沙拉酱。注意不要弄碎沙拉。

上桌：

将沙拉摆盘。

根据需要用新鲜香草装饰。

立即享用。

这道罗马生菜配奶油酱鲱鱼、洋葱和苹果是一道清爽而丰盛的沙拉组合。它非常适合在温暖的日子里作为简餐，或作为其他菜肴的配菜。

波斯风味米饭配鸡肉、浆果和腰果

准备时间：约 40 分钟

份量：4

配料：

300 克玄米

300 克巴斯马蒂大米

500 克鸡胸肉片，切成一口大小的块状

1 个洋葱，切碎

2 瓣大蒜，切碎

100 克干芭乐

50 克腰果

2 汤匙橄榄油或中性植物油

1 茶匙姜黄粉

1 茶匙孜然粉

1 茶匙辣椒粉

盐和胡椒粉适量

新鲜欧芹或香菜作为点缀（可选）

做法说明

煮米饭：

将巴斯马蒂大米彻底洗净，直到水变得清澈。然后按照包装上的说明煮至米熟。通常的比例是 1 杯米兑 1.5 杯水。将米饭放在一旁保温。

煎鸡肉

在一个大平底锅或炒锅中，加热橄榄油。

加入切碎的洋葱和大蒜，煎至半透明。

加入鸡块，煎至四面金黄并熟透，不时搅拌。

加入香料：

在鸡肉上撒上姜黄粉、孜然粉和辣椒粉，搅拌均匀，使香料分布均匀。

加入越橘和腰果：

在平底锅中加入干巴莓和腰果，再煎 2-3 分钟，直到干巴莓略微膨胀，腰果烤熟。

装盘：

将煮好的米饭加入锅中的鸡肉混合物中，轻轻搅拌，直至所有食物充分混合。

用盐和胡椒调味。

根据需要用新鲜欧芹或香菜点缀。

将米饭与鸡肉、芭乐和腰果一起装盘，立即上桌。

这道菜将鲜嫩的鸡肉、芳香的米饭、酸甜的芭乐和香脆的腰果完美地结合在一起。是一道既美味又营养的绝佳主菜。

甜点

蜂蜜肉桂烤菠萝

准备时间：约 20 分钟

份量：4

配料：

1 个熟菠萝

1 个熟菠萝

2 汤匙蜂蜜

1 茶匙肉桂

2 汤匙黄油或椰子油

可选：香草冰淇淋或酸奶适量

制作方法

准备菠萝：

将菠萝纵向切成四瓣，去掉硬核。

切掉菠萝的外皮，将果肉切成厚片。

准备蜂蜜和肉桂混合物：

在一个小碗中，混合蜂蜜和肉桂粉，直至完全混合。

煎菠萝：

用中火加热平底锅，加入黄油或椰子油。

将菠萝片放入锅中，每面煎 2-3 分钟，直至金黄色并略带焦糖味。

转小火，将蜂蜜和肉桂的混合物倒在菠萝上。

让菠萝再煎 2-3 分钟，直到蜂蜜焦糖化，菠萝上光。

上桌：

将烤好的菠萝从平底锅中取出，放在盘子里。

将菠萝温热后食用，既可单独作为甜点，也可搭配一勺香草冰淇淋或一勺酸奶。

还可以在烤菠萝上点缀一挤柠檬汁或一小撮海盐，使菠萝的味道更加浓郁。

这道简单美味的菠萝菜肴是一种令人愉悦的享受，既可温热食用，也可清爽可口。它既可作为清淡的甜点，也可作为特别早餐或早午餐的甜点。

巧克力脆片焗香蕉

准备时间：约 20 分钟

份量：2

配料：

2 根熟香蕉

30 克黑巧克力（可可含量 70% 或更高），切碎或粗碎

2 茶匙蜂蜜或枫糖浆（可选）

肉桂适量（可选）

椰子片或坚果碎装饰（可选）

制作说明

准备香蕉：

将烤箱预热至 180℃（356°F）。

香蕉去皮，纵向切成两半。将两半香蕉放入烤盘或铺有烤盘纸的烤盘中。

加入巧克力：

将巧克力片均匀撒在香蕉半片上。

根据个人口味淋上蜂蜜或枫糖浆，如果需要，还可加入少许肉桂调味。

烘烤：

将烤好的香蕉放入预热至 180°C （356°F）的烤箱中，烤 10-12 分钟左右，直到巧克力融化，香蕉变软。

食用：

将烤好的香蕉从烤箱中取出，立即食用。

根据需要撒上椰子片或坚果碎。

趁热享用！

这款巧克力脆片烤香蕉是一道美味的甜点，既容易制作，又能满足爱吃甜食的人。香蕉可以单独享用，也可以配上一勺酸奶，让味觉更加完美。

酸奶水果层盘

准备时间：约 15 分钟

份量：4

配料：

500 克希腊酸奶（低脂或根据口味）

2 汤匙蜂蜜或枫糖浆

1 茶匙香草精（可选）

自选新鲜水果（如浆果、芒果、菠萝等）

坚果或种子装饰（如切碎的杏仁、核桃、奇亚籽等）

新鲜薄荷叶点缀（可选）

制作说明

准备酸奶：

将希腊酸奶放入一个中等大小的碗中。

加入蜂蜜或枫糖浆和香草精。

充分搅拌，直到甜味均匀分布。

准备水果：

自选新鲜水果，洗净去皮，切成一口大小的块。

浆果可以不切。

组装分层盘

取四个甜点杯或碗，先在底部放一层酸奶。

然后在上面放一层准备好的新鲜水果。

重复这一过程，直到杯子装满，最后再放一层酸奶。

装饰：

在最上面一层酸奶上撒上切碎的坚果或种子。

如果需要，还可以用新鲜薄荷叶点缀层叠甜点，增加新鲜感。

甜点可立即食用，也可放入冰箱冷藏至少 30 分钟，使其稍稍凝固。

上桌：

将健康酸奶水果夹层甜点装入甜品杯或甜品碗中，立即享用！

这道健康酸奶水果分层甜点是一道美味清新的甜点或甜食，富含美味和营养。它制作简单，可根据个人喜好和新鲜水果的供应情况进行变化。

浆果冰沙

准备时间：约 5 分钟

份量：1-2

配料：

1 根香蕉，去皮切块

1 杯混合浆果（如草莓、覆盆子、蓝莓等）

1/2 杯菠菜或羽衣甘蓝（可选）

1/2 杯希腊酸奶或杏仁奶（素食者可选）

1 汤匙蜂蜜或枫糖浆（可选，视所需甜度而定）

冰块（可选，以达到冰镇效果）

制作说明

准备食材：

香蕉去皮切块。

准备混合浆果，洗净，必要时去蒂。

如果使用菠菜或羽衣甘蓝，请彻底清洗。

制作冰沙：

在搅拌机或食品加工机中，加入香蕉块、混合浆果、菠菜或羽衣甘蓝（如使用）、希腊酸奶或杏仁牛奶以及可选的蜂蜜或枫糖浆。

如果喜欢冰镇的冰沙，可加入几块冰块。

搅拌：

将所有配料放入搅拌机或食品加工机中搅拌至顺滑均匀。可根据所需浓度添加或多或少的液体。

品尝并调整：

品尝冰沙的味道，如果需要，可加入更多蜂蜜或枫糖浆来调整甜度。

还可以添加更多浆果或菠菜，以增加风味和营养。

饮用：

将冰沙倒入玻璃杯中，立即饮用。

如果需要，可以用新鲜浆果或挤柠檬汁来装饰冰沙。

这款浆果冰沙不仅美味可口，还富含抗氧化剂、维生素和矿物质。它非常适合作为快速早餐、两餐之间的点心或一天中任何时候的清爽饮品。您可以尝试用不同的浆果和绿叶蔬菜来制作自己喜欢的冰沙！

冷冻西瓜冰糕片

准备时间：约 10 分钟（加上冷冻时间）

份量：4

配料：

1 个小西瓜

1 个小西瓜

1 个青柠汁

2 汤匙蜂蜜或枫糖浆（可选）

用于装饰的新鲜薄荷叶（可选）

说明

准备西瓜：

将西瓜切成约 1.5 厘米厚的片。

去掉西瓜皮。

制作西瓜冰糕：

将去皮的西瓜块切成小块，放入搅拌机或食品加工机中。

加入青柠汁和蜂蜜或枫糖浆。

将所有材料搅拌在一起，直至达到光滑均匀的稠度。

将冰糕层层冷冻：

在浅烤盘中铺上烘焙纸。

将西瓜冰糕混合物倒入烤盘中，用勺子将表面抹平。

将烤盘放入冰箱冷冻室至少 4 小时或过夜，直到冰糕变硬。

分装冰糕片：

将冷冻西瓜冰糕层从冰箱中取出，切成均匀的长方形或正方形。

将切好的冰糕片放在甜点盘或小碗中。

上桌：

根据需要用新鲜薄荷叶装饰冰糕片。

将冷冻西瓜冰糕作为清爽健康的甜点立即食用。

这些冷冻西瓜冰糕片是美味清爽的甜点，非常适合炎炎夏日或作为两餐之间的健康小吃。制作方法简单，是将新鲜水果变为美味点心的绝佳方式。

希腊酸奶配蜂蜜和烤无花果

准备时间：约 15 分钟

份量：4

配料：

500 克希腊酸奶（低脂或根据个人口味）

4 个成熟的无花果

2 汤匙蜂蜜

1 汤匙切碎的坚果（如核桃、杏仁）或燕麦片（可选）

新鲜薄荷叶点缀（可选）

制作方法

准备无花果：

洗净无花果，对半切开，去掉果柄。

烘烤无花果：

用中火加热煎锅。

将无花果切面朝下放入平底锅中，烤约 2-3 分钟直至微焦。

准备希腊酸奶：

将希腊酸奶放入盛碗中。

加入蜂蜜和坚果：

在酸奶上淋上蜂蜜。

在上面撒上切碎的坚果或燕麦片。

上桌：

将烤无花果放在希腊酸奶上。

如果需要，用新鲜薄荷叶装饰。

立即享用！

这款健康甜点制作简单，将奶油希腊酸奶、香甜的烤无花果以及少许蜂蜜和坚果美味地融合在一起。它富含蛋白质、纤维和健康脂肪，是任何一餐的完美甜点。

水果杏仁奇亚布丁

准备时间：约 10 分钟（加上膨胀时间）

份量：2

配料：

4 汤匙奇异籽

1 杯不加糖的杏仁牛奶（或自选的其他植物性牛奶）

1 汤匙枫糖浆或蜂蜜（可选）

1 茶匙香草精（可选）

自选新鲜水果（如浆果、芒果、菠萝等）

杏仁碎或杏仁片装饰

制作方法

准备奇亚籽布丁：

将奇亚籽放入碗中。

倒入无糖杏仁牛奶，充分搅拌，确保奇异籽完全被液体覆盖。

如果需要，可加入枫糖浆或蜂蜜和香草精，然后再次搅拌。

待其膨胀：

将奇异籽牛奶混合物冷藏至少 4 小时或过夜，让奇异籽膨胀，形成布丁状。偶尔搅拌一下以避免结块。

准备水果：

自选新鲜水果，洗净去皮，切成一口大小的块。

组装奇异果布丁：

将膨胀的奇亚果布丁平均分配到两个甜品杯或碗中。

在奇亚布丁上放上准备好的新鲜水果。

装饰：

在甜点上撒上杏仁碎或杏仁片，增加口感和风味。

上桌：

立即食用水果杏仁奇亚菌布丁，尽享美味！

这道奇亚果杏仁布丁是一道美味营养的甜点，富含纤维、蛋白质和健康脂肪。它既可作为餐后甜点，也可作为两餐之间的健康零食。

椰子奇亚布丁配新鲜浆果

准备时间：约 10 分钟（加上膨胀时间）

份量：2

配料：

4 汤匙奇亚籽

1 杯无糖椰奶

1 汤匙枫糖浆或蜂蜜（可选）

1 茶匙香草精（可选）

自选新鲜浆果（如草莓、覆盆子、蓝莓等）

椰子屑点缀（可选）

新鲜薄荷叶点缀（可选）

制作方法

准备奇亚籽布丁：

将奇亚籽放入碗中。

倒入无糖椰奶，充分搅拌，确保奇异籽完全被液体覆盖。

如果需要，可加入枫糖浆或蜂蜜和香草精，然后再次搅拌。

待其膨胀：

将奇异籽和椰奶的混合物放入冰箱至少 4 小时或过夜，让奇异籽膨胀，形成类似布丁的稠度。偶尔搅拌一下，避免结块。

准备新鲜浆果：

洗净所选的新鲜浆果并拍干。

制作椰果奇亚籽布丁：

将膨胀的奇亚果布丁平均分配到两个甜品杯或碗中。

与新鲜浆果一起食用：

将新鲜浆果倒在奇亚果布丁上，轻轻按压，挤出一些果汁。

装饰：

根据需要撒上椰丝。

用新鲜薄荷叶点缀甜点。

上桌：

将椰子奇亚果布丁配新鲜浆果立即上桌享用！

这款椰子奇亚果布丁配新鲜浆果是一道美味营养的甜点，富含纤维、健康脂肪和抗氧化剂。无论是作为餐后甜点，还是餐间健康小吃，它都是完美的选择。

牛油果巧克力慕斯

准备时间：约 15 分钟（加上冷却时间）

份量：2

配料：

1 个成熟牛油果

2 汤匙无糖可可粉

2-3 汤匙枫糖浆或蜂蜜

1 茶匙香草精

一小撮盐

可选 用于装饰的新鲜浆果

制作说明

准备牛油果：

将成熟的鳄梨纵向切片，去核，挖出果肉。

准备慕斯：

将牛油果肉与不加糖的可可粉、枫糖浆或蜂蜜、香草精和一小撮盐一起放入搅拌机或食品加工机中。

将所有材料搅拌在一起，直至达到光滑细腻的稠度。必要时，用刮刀刮下搅拌器的边缘，再次搅拌，以确保所有东西都混合均匀。

冷却时间

盖上牛油果巧克力慕斯，放入冰箱冷藏至少 1 小时，使其稍稍冷却并凝固。

上桌：

将冷却后的牛油果巧克力慕斯分装在甜点杯或碗中。

可选择用新鲜浆果或其他水果点缀慕斯。

将牛油果巧克力慕斯作为美味健康的甜点食用。

这款牛油果巧克力慕斯是传统巧克力慕斯的健康替代品。牛油果让慕斯口感细腻，同时还能提供健康脂肪。将这款甜点作为餐后美味或两餐之间的甜点享用。

结论

以下规则适用：

- 在家做饭让人更健康
- 在家做饭让人省钱省时
- 在家做饭让人更快乐

总结

本书内容以最新的科学数据为基础，展示了健康生活方式无可争议的益处，包括有规律的体育活动、必要的休息时间和健康的睡眠、健康的饮食、有前途的生活补充剂以及尽可能避免的有害物质。在家里自己做饭通常更健康、更便宜、更省时，甚至可以很有趣。

事实证明，即使是小剂量的运动也是有效的《药丸》。每天只需锻炼 10 分钟，就能预防健康问题、控制压力和提高生活质量。有了健身操、跳绳和瑜伽，训练几乎可以随时随地进行，无需健身房、器械或重量。这些运动不受天气影响，既省钱又省时。

睡眠、放松和音乐是被低估的保健支柱。应尽量避免使用支持睡眠的药物和膳食补充剂，因为它们的副作用不小。即使是简单的措施也能促进睡眠卫生。聆听音乐和积极制作音乐都是促进健康的辅助措施。

尽管研究形势发生了变化，但某些营养迷思依然存在。例如，鸡蛋、脂肪和盐的坏形象应该部分被抹去，糖的危险不应被忽视。通过酮类和低碳水化合物饮食，长寿的各个方面似乎都可以通过分子水平的研究结果得到验证和重现。原则上，肉类不应被贬低为不好的食物。

生活方式补充剂对健康长寿大有可为，但并非所有广告中的膳食补充剂和奇特植物似乎都有意义，因为已证实的成功经验还有很多不足之处，最糟糕的情况甚至可能对健康有害。相反，均衡饮食和定期锻炼才是首选。

原则上，为了获得良好的健康和可能的延年益寿，均衡的地方食品和时令水果饮食比经常摄入生活方式补充剂或贴有《超级食品》营销标签的外来植物产品更好。

维生素是人体必需的物质，因此必须从食物中摄取，均衡的饮食应提供足量的维生素。在某些情况下，例如维生素 D，人体也可以通过将皮肤暴露在阳光下产生维生素。缺乏维生素会导致各种健康问题，而某些维生素过量也可能有害。

如果想服用膳食补充剂、维生素和/或超级食品，应与医生或营养师讨论，因为它们也可能对健康有害。二甲双胍和塞马鲁肽等药物需要处方，在没有医生指导的情况下不得服用。

危险的生活方式、漠视健康风险以及经常酗酒、吸毒和吸烟等有害物质会对健康和生活产生负面影响。必要时，需要专业人员的支持，因为受影响的人并不总是能够自助。除了身体健康，心理健康也是长寿的关键。

展望未来

未来，应进一步研究经验医学的新发现。进一步研究。

中医

中医使用针灸已有数千年的历史，自 1979 年以来，针灸已被世界卫生组织（WHO）认定为治疗 43 种疾病的替代方法。[677]穴位位于经络系统中，其中一些穴位可以通过电阻抗测量（皮肤电阻点）来确定。[678]经过中医诊断后，在穴位上施以细小的无菌针灸针，或施以艾灸，即用燃烧的干艾草（艾蒿）有控制地释放热量，治疗时间为 20 分钟。[679]针灸的效果似乎可以用人体自身释放的各种信使物质来解释，这些物质可以扩张血管，具有抑制疼痛的作用。[679,680]

目前正在对以下穴位进行研究，以促进健康、支持免疫系统和延年益寿：
足三里 Zúsānlǐ（胃俞-36）：
该穴位于膝盖骨外侧下方一掌宽处，也被称为《长寿穴》，似乎具有保护神经、抗癌和消炎的作用。[681,682,683] 长寿效应可能是由于抑制了 mTOR 信号通路。[684]

百会 Bǎihuì（督脉-20）：
刺激位于颅骨中央的这个穴位似乎具有抗氧化、保护神经（尤其是中风后）和长寿（通过 mTOR 信号通路）的作用。和延年益寿（通过 mTOR 信号通路）。[684,685,686]

涌泉 Yǒngquán（肾俞-1）：

这个穴位位于脚底两拇趾之间，最好用艾灸治疗，可通过 mTOR 信号通路帮助治疗高血压和延年益寿。[684,687]

膻中 Shānzhōng（督脉-17）：

该穴位于太阳神经丛（胸骨水平），与肾俞-1穴一样，最好用艾灸治疗，具有抗抑郁和保护心脏的作用。[679,688]

内关穴 Nèiguān（心包经-6）：
该穴位位于手臂内侧距手腕两拇指宽处，似乎对心脏病患者有心脏保护作用，并能改善癌症患者的生活质量。[689,690]

曲池 Qūchí（大肠俞-11）：
据说刺激位于肘弯顶端的这个穴位有降压（降血脂）、保护神经和延年益寿的作用。[682,684,690]

合谷 Hégǔ（大肠俞-4）：

这个穴位位于拇指和食指之间的凹陷处，也经常被用来刺激穴位进行自我治疗（无针灸），可以提高免疫力，并有延年益寿的功效。[691]

传统藏医学

传统藏医学受中医、阿育吠陀医学、古希腊或古波斯医学的影响，在营养学（营养医学）领域提供了一个与经验医学不同的视角。[692]我的研究小组采用了一种有趣的方法，即根据传统藏医体系，帮助冠心病患者达到理想的减重效果，尽管迄今为止的调查尚未涉及多中心研究。[693,694] 2022 年，中国的一项横断面研究在代谢综合征患者身上证实了我们研究结果的某些方面。[695]

自愈能力

约翰-沃尔夫冈-冯-歌德曾因酒精导致肝硬化、心脏病发作和抑郁症，但他仍以 83 岁的高龄活到了当时值得尊敬的年纪。[696] 歌德相信人的自愈能力《Natura sanat，medicus curat》（自然治愈，医生医治），或者正如他在《乌尔法斯特》和《浮士德》第一部中让梅菲斯特说的那样：《医学的精神很容易掌握，你研究这个伟大而渺小的世界，最后让它随上帝的意愿而去》。[696]

因此，只要在日常生活中遵循合理的生活方式，就能实现长寿。无需魔鬼契约！饮食和生活方式对健康和寿命有着重要影响。均衡的饮食、有规律的体育锻炼、充足的睡眠、压力管理以及避免吸烟和过度饮酒等有害行为，对于促进健康和延年益寿至关重要。建议在开始任何锻炼计划、服用保健品或改变饮食计划之前，寻求医生、药剂师、理疗师和/或持证健身教练的专业建议。

时间现象

导言中已经讨论过时间年龄。《Chronos》（时间）是一种难以把握的现象。众所周知，时间是相对的，并不是在任何地方都以相同的速度运行（爱因斯坦狭义相对论中的时间膨胀原理），还有一种新提出的理论，即衰老过程可能会导致时间的相对性。[697]在萨尔瓦多-达利的超现实主义画作《记忆的持续》中，《融化的时钟》象征着时间是短暂的、主观的（取决于观众的感知）和非线性的。[698]

从α到Ω，时间在时间轴上流动的线性时间观很可能必须让位于周期性时间观，正如中美洲的奥尔梅克人和玛雅人或西藏人等先进文明已经将《时间之轮》形象化一样。[699,700]

思维过程也可以是线性的或循环的，而线性思维被认为是逻辑的、二元的（《是或否》）、固定的和有组织的，与循环思维相比，线性思维缺乏《独创性、创新性和原创性》。[701]

无论是在微观世界（DNA 螺旋线）还是在宏观世界（银河系），大自然都创造了周期性而非线性的形式。在现代物理学中，有证据表明时间是一种幻觉，过去、现在和未来是同时发生的。[702]

本书的书名《永生不朽的饮食》颇具煽动性，可视为人生的座右铭。

空间、时间和年龄模糊成宇宙的维度：

《即使我们这些神灵被遗弃或遗忘，星星也永远不会褪色。永不褪色。它们将燃烧到时间的尽头！》[703]

参考文献

1. Johnson AA, English BW, Shokhirev MN, Sinclar DA, Cuellar TL. Human age reversal: Fact or fiction? *Aging Cell.* 2022;21(8):e13664.

2. Inoue K, Tsugawa Y, Mayeda ER, Ritz B. Association of Daily Step Patterns With Mortality in US Adults. *JAMA Netw Open.* 2023;6(3):e235174.

3. Paluch AE, Bajpai S, Bassett DR, Carnethon MR, Ekelund U, Evenson KR, Galuska DA, Jefferis BJ, Kraus WE, Lee IM, Matthews CE, Omura JD, Patel AV, Pieper CF, Rees-Punia E, Dallmeier D, Klenk J, Whincup PH, Dooley EE, Pettee Gabriel K, Palta P, Pompeii LA, Chernofsky A, Larson MG, Vasan RS, Spartano N, Ballin M, Nordström P, Nordström A, Anderssen SA, Hansen BH, Cochrane JA, Dwyer T, Wang J, Ferrucci L, Liu F, Schrack J, Urbanek J, Saint-Maurice PF, Yamamoto N, Yoshitake Y, Newton RL Jr, Yang S, Shiroma EJ, Fulton JE; Steps for Health Collaborative. Daily steps and all-cause mortality: a meta-analysis of 15 international cohorts. *Lancet Public Health.* 2022;7(3):e219-e228.

4. Paluch AE, Bajpai S, Ballin M, Bassett DR, Buford TW, Carnethon MR, Chernofsky A, Dooley EE, Ekelund U, Evenson KR, Galuska DA, Jefferis BJ, Kong L, Kraus WE, Larson MG, Lee IM, Matthews CE, Newton RL Jr, Nordström A, Nordström P, Palta P, Patel AV, Pettee Gabriel K, Pieper CF, Pompeii L, Rees-Punia E, Spartano NL, Vasan RS, Whincup PH, Yang S, Fulton JE; Steps for Health Collaborative. Prospective Association of Daily Steps With Cardiovascular Disease: A Harmonized Meta-Analysis. *Circulation.* 2023;147(2):122-131.

5. Matthews CE, Moore SC, Arem H, Cook MB, Trabert B, Håkansson N, Larsson SC, Wolk A, Gapstur SM, Lynch BM, Milne RL, Freedman ND, Huang WY, Berrington de Gonzalez A, Kitahara CM, Linet MS, Shiroma EJ, Sandin S, Patel AV, Lee IM. Amount and Intensity of Leisure-Time Physical Activity and Lower Cancer Risk. *J Clin Oncol.* 2020;38(7):686-697.

6. Steinberg B. You only need to walk this many steps per week to add 3 years to your life. *New York Post.* 2024;12 March. https://nypost.com/2024/03/12/lifestyle/you-only-need-to-walk-this-many-steps-per-week-to-add-3-years-to-your-life/.

7. Mok A, Khaw KT, Luben R, Wareham N, Brage S. Physical activity trajectories and mortality: population based cohort study. *BMJ.* 2019;365:l2323.

8. Garber CE, Blissmer B, Deschenes MR, Franklin BA, Lamonte MJ, Lee IM, Nieman DC, Swain DP; American College of Sports Medicine. American College of Sports Medicine position stand. Quantity and quality of exercise for developing and maintaining cardiorespiratory, musculoskeletal, and neuromotor fitness in apparently healthy adults: guidance for prescribing exercise. *Med Sci Sports Exerc.* 2011;43(7):1334-59.

9.   Li VL, He Y, Contrepois K, Liu H, Kim JT, Wiggenhorn AL, Tanzo JT, Tung AS, Lyu X, Zushin PH, Jansen RS, Michael B, Loh KY, Yang AC, Carl CS, Voldstedlund CT, Wei W, Terrell SM, Moeller BC, Arthur RM, Wallis GA, van de Wetering K, Stahl A, Kiens B, Richter EA, Banik SM, Snyder MP, Xu Y, Long JZ. An exercise-inducible metabolite that suppresses feeding and obesity. *Nature*. 2022;606(7915):785-790.

10.   Schumann M, Feuerbacher JF, Sünkeler M, Freitag N, Rønnestad BR, Doma K, Lundberg TR. Compatibility of Concurrent Aerobic and Strength Training for Skeletal Muscle Size and Function: An Updated Systematic Review and Meta-Analysis. *Sports Med*. 2022;52(3):601-612.

11.   Guseh JS, Figueroa JF. Evaluating the Health Benefits of Low-Frequency Step-Based Physical Activity-The "Weekend Warrior" Pattern Revisited. *JAMA Netw Open*. 2023;6(3):e235184.

12.   Khurshid S, Al-Alusi MA, Churchill TW, Guseh JS, Ellinor PT. Accelerometer-Derived "Weekend Warrior" Physical Activity and Incident Cardiovascular Disease. *JAMA*. 2023;330(3):247-252.

13.   Hollingsworth JC, Young KC, Abdullah SF, Wadsworth DD, Abukhader A, Elfenbein B, Holley Z.
Protocol for Minute Calisthenics: a randomized controlled study of a daily, habit-based, bodyweight resistance training program. *BMC Public Health*. 2020;20(1):1242.

14.   Baker JA. Comparison of Rope Skipping and Jogging as Methods of Improving Cardiovascular Efficiency of College Men. *Res Q*. 1968;39(2):240-3.

15.   Zhang L, Wang D, Liu S, Ren FF, Chi L, Xie C. Effects of Acute High-Intensity Interval Exercise and High-Intensity Continuous Exercise on Inhibitory Function of Overweight and Obese Children. *Int J Environ Res Public Health*. 2022;19(16):10401.

16.   Town GP, Sol N, Sinning WE. The effect of rope skipping rate on energy expenditure of males and females. *Med Sci Sports Exerc*. 1980;12(4):295-8.

17.   Harrell JS, McMurray RG, Baggett CD, Pennell ML, Pearce PF, Bangdiwala SI. Energy costs of physical activities in children and adolescents. *Med Sci Sports Exerc*. 2005;37(2):329-36.

18.   Ajjimaporn A, Rachiwong S, Sikipoknpanich V. Effects of 8 weeks of modified hatha yoga traiing on resting-state brain activity and the p300 ERP in patients with physical disability-related stress. *J Phys Ther Sci*. 2018;30(9):1187-1192.

19.   Hofmann SG, Andreoli G, Carpenter JK, Curtiss J. Effect of Hatha Yoga on Anxiety: A Meta-Analysis. *J Evid Based Med*. 2016:9(3):116-124.

20.   Cramer H, Sellin C, Schumann D, Dobos G. Yoga in Arterial Hypertension. *Dtsch Arztebl Int*. 2018;115(50):833-9.

21. Vilaval T, Sasinan W, Mayuree C, Chananun P, Somchai S. Effect of acupuncture on blood pressure control in hypertensive patients. *J Tradit Chin Med.* 2019;39(2):246-250.

22. Datta K, Bhutambara A, Narawa Y, Srinath R, Kanitkar M. Improved sleep, cognitive processing and enhanced learning and memory task accuracy with Yoga nidra practice in novices. *PLoS ONE.* 2023;18(12):e0294678.

23. Noetel M, Sanders T, Gallardo-Gómez D, Taylor P, Del Pozo Cruz B, van den Hoek D, Smith JJ, Mahoney J, Spathis J, Moresi M, Pagano R, Pagano L, Vasconcellos R, Arnott H, Varley B, Parker P, Biddle S, Lonsdale C. Effect of exercise for depression: systematic review and network meta-analysis of randomised controlled trials. *BMJ.* 2024;384:e075847.

24. Veerabrahmachar R, Bista S, Bokde R, Jasti N, Bhargav H, Bista S. Immediate Effect of Nada Yoga Meditation on Energy Levels and Alignment of Seven Chakras as Assessed by Electro-photonic Imaging: A Randomized Controlled Crossover Pilot Study. *Adv Mind Body Med.* 2023;37(1):11-16.

25. Kelder P, Salvesen C. In: Die Fünf Tibeter / Der Sechste Tibeter in einem Band. *Fischer Taschenbuch Verlag*; 5. Ed. 2010:1-336.

26. Lobsang T. In: Lu Jong: die älteste tibetische Bewegungslehre zur Heilung von Körper und Geist. *O.W. Barth*; 10. Ed. 2010:1-176.

27. Sahu R. In: Yoga For Beginners: Hatha Yoga: The Complete Guide to Master Hatha Yoga; Benefits, Essentials, Asanas (with Pictures), Hatha Meditation, Common Mistakes, FAQs, and Common Myths. *Independently published.* 2020:1-189.

28. **Dimitrov S**, Lange T, Gouttefangeas C, Jensen ATR, Szczepanski M, Lehnnolz J, Soekadar S, Rammensee HG, Born J, Besedovsky L. Gα_s-coupled receptor signaling and sleep regulate integrin activation of human antigen-specific T cells. *J Exp Med.* 2019;216(3):517-526.

29. Wang C, Bangdiwala SI, Rangarajan S, Lear SA, AlHabib KF, Mohan V, Teo K, Poirier P, Tse LA, Liu Z, Rosengren A, Kumar R, Lopez-Jaramillo P, Yusoff K, Monsef N, Krishnapillai V, Ismail N, Seron P, Dans AL, Kruger L, Yeates K, Leach L, Yusuf R, Orlandini A, Wolyniec M, Bahonar A, Mohan I, Khatib R, Temizhan A, Li W, Yusuf S. Association of estimated sleep duration and naps with mortality and cardiovascular events: a study of 116 632 people from 21 countries. *Eur Heart J.* 2019;40(20):1620-1629.

30. Li J, Cao D, Huang Y, Chen Z, Wang R, Dong Q, Wei Q, Liu L. Sleep duration and health outcomes: an umbrella review. *Sleep Breath.* 2022;26(3):1479-1501.

31. Mitter P, De Crescenzo F, Loo Yong Kee K, Xia J, Roberts S, Chi W, Kurtulmus A, Kyle SD, Geddes JR, Cipriani A. Sleep deprivation as a treatment for major depressive episodes: A systematic review and meta-analysis. *Sleep Med Rev.* 2022;64:101647.

32. Dhand R, Sohal H. Good sleep, bad sleep! The role of daytime naps in healthy adults. *Curr Opin Pulm Med.* 2006;12(6):379-82.

33. Ong JL, Lau TY, Lee XK, van Rijn E, Chee MWL. A daytime nap restores hippocampal function and improves declarative learning. *Sleep.* 2020;43(9):zsaa058.

34. Zheng B, Yu C, Lv J, Guo Y, Bian Z, Zhou M, Yang L, Chen Y, Li X, Zou J, Ning F, Chen J, Chen Z, Li L; China Kadoorie Biobank Collaborative Group.
Insomnia symptoms and risk of cardiovascular diseases among 0.5 million adults: A 10-year cohort. *Neurology.* 2019;93(23):e2110-e2120.

35. McAlpine CS, Kiss MG, Rattik S, He S, Vassalli A, Valet C, Anzai A, Chan CT, Mindur JE, Kahles F, Poller WC, Frodermann V, Fenn AM, Gregory AF, Halle L, Iwamoto Y, Hoyer FF, Binder CJ, Libby P, Tafti M, Scammell TE, Nahrendorf M, Swirski FK. Sleep modulates haematopoiesis and protects against atherosclerosis. *Nature.* 2019;566(7744):383-387.

36. Benz F, Meneo D, Baglioni C, Hertenstein E. Insomnia symptoms as risk factor for somatic disorders: An umbrella review of systematic reviews and meta-analyses. *J Sleep Res.* 2023;32(6):e13984.

37. Le Bon O. Relationships between REM and NREM in the NREM-REM sleep cycle: a review on competing concepts. *Sleep Med.* 2020;70:6-16.

38. Ackermann S, Rasch B. Differential effects of non-REM and REM sleep on memory consolidation? *Curr Neurol Neurosci Rep.* 2014;14(2):430.

39. Chinoy ED, Cuellar JA, Huwa KE, Jameson JT, Watson CH, Bessman SC, Hirsch DA, Cooper AD, Drummond SPA, Markwald RR. Performance of seven consumer sleep-tracking devices compared with polysomnography. *Sleep.* 2021;44(5):zsaa291.

40. Hussey KD. Timeless spaces: Field experiments in the physiological study of circadian rhythms, 1938-1963. *Hist Philos Life Sci.* 2023;45(2):17.

41. Boivin DB, Boudreau P, Kosmadopoulos A. Disturbance of the Circadian System in Shift Work and Its Health Impact. *J Biol Rhythms.* 2022;37(1):3-28.

42. Touitou Y, Reinberg A, Touitou D. Association between light at night, melatonin secretion, sleep deprivation, and the internal clock: Health impacts and mechanisms of circadian disruption. *Life Sci.* 2017;173:94-106.

43. Lopresti AL, Smith SJ, Drummond PD. An investigation into an evening intake of a saffron extract (affron®) on sleep quality, cortisol, and melatonin concentrations in adults with poor sleep: a randomised, double-blind, placebo-controlled, multi-dose study. *Sleep Med.* 2021;86:7-18.

44. Shinjyo N, Waddell G, Green J. Valerian Root in Treating Sleep Problems and Associated Disorders-A Systematic Review and Meta-Analysis. *J Evid Based Integr Med.* 2020;25:2515690X20967323.

45. DeKosky ST, Williamson JB. The Long and the Short of Benzodiazepines and Sleep Medications: Short-Term Benefits, Long-Term Harms? *Neurotherapeutics.* 2020;17(1):153-155.

46. Irish LA, Kline CE, Gunn HE, Buysse DJ, Hall MH. The role of sleep hygiene in promoting public health: A review of empirical evidence. *Sleep Med Rev.* 2015;22:23-36.

47. Harvey DL, Milton K, Jones AP, Atkin AJ. International trends in screen-based behaviours from 2012 to 2019. *Prev Med.* 2022;154:106909.

48. Moszeik EN, von Oertzen T, Renner KH. Effectiveness of a short Yoga Nidra meditation on stress, sleep, and well-being in a large and diverse sample. *Curr Psychology.* 2022;41:5272-5286.

49. Song I, Baek K, Kim C, Song C. Effects of nature sounds on the attention and physiological and psychological relaxation. *Urban For Urban Gree.* 2023;86:127987.

50. Precht LM, Mertens F, Brickau DS, Kramm RJ, Margraf J, Stirnberg J, Brailovskaia J. Engaging in physical activity instead of (over)using the smartphone: An experimental investigation of lifestyle interventions to prevent problematic smartphone use and to promote mental health. *Z Gesundh Wiss.* 2023:1-19.

51. Hallam S, Creech A. Can active music making promote health and well-being in older citizens? Findings of the music for life project. *London J Prim Care (Abingdon).* 2016;8(2):21-25.

52. Daykin N, de Viggiani N, Pilkington P, Moriarty Y. Music making for health, well-being and behaviour change in youth justice settings: a systematic review. *Health Promot Int.* 2013;28(2):197-210.

53. Sutcliffe R, Du K, Ruffman T. Music Making and Neuropsychological Aging: A Review. *Neurosci Biobehav Rev.* 2020;113:479-491.

54. de la Rubia Ortí JE, García-Pardo MP, Iranzo CC, Madrigal JJC, Castillo SS, Rochina MJ, Gascó VJP. Does Music Therapy Improve Anxiety and Depression in Alzheimer's Patients? *J Altern Complement Med.* 2018;24(1):33-36.

55. Pauwels EK, Volterrani D, Mariani G, Kostkiewics M. Mozart, music and medicine. *Med Princ Pract.* 2014;23(5):403-12.

56. Sanfilippo KRM, Stewart L, Glover V. How music may support perinatal mental health: an overview. *Arch Womens Ment Health.* 2021;24(5):831-839.

57. Araújo LS, Wasley D, Redding E, Atkins L, Perkins R, Ginsborg J, Williamon A. Fit to Perform: A Profile of Higher Education Music Students' Physical Fitness. *Front Psychol.* 2020;11:298.

58. Kulinski J, Ofori EK, Visotcky A, Smith A, Sparapani R, Fleg JL. Effects of music on the cardiovascular system. *Trends Cardiovasc Med.* 2022;32(6):390-398.

59. Krucoff MW, Crater SW, Green CL, Maas AC, Seskevich JE, Lane JD, Loeffler KA, Morris K, Bashore TM, Koenig HG. Integrative noetic therapies as adjuncts to percutaneous intervention during unstable coronary syndromes: Monitoring and Actualization of Noetic Training (MANTRA) feasibility pilot. *Am Heart J*. 2001;142(5):760-9.

60. Krucoff MW, Crater SW, Gallup D, Blankenship JC, Cuffe M, Guarneri M, Krieger RA, Kshettry VR, Morris K, Oz M, Pichard A, Sketch MH Jr, Koenig HG, Mark D, Lee KL. Music, imagery, touch, and prayer as adjuncts to interventional cardiac care: the Monitoring and Actualisation of Noetic Trainings (MANTRA) II randomised study. *Lancet*. 2005;366(9481):211-7.

61. Koelsch S, Jäncke L. Music and the heart. *Eur Heart J*. 2015;36(44):3043-9.

62. Bittman B, Croft DT Jr, Brinker J, van Laar R, Vernalis MN, Ellsworth DL. Recreational Music-Making alters gene expression pathways in patients with coronary heart disease. *Med Sci Monit*. 2013;19:139-47.

63. Wong MM, Tahir T, Wong MM, Baron A, Finnerty R. Biomarkers of Stress in Music Interventions: A Systematic Review. *Music Ther*. 2021;58(3):241-277.

64. Linnemann A, Ditzen B, Strahler J, Doerr JM, Nater UM. Music listening as a means of stress reduction in daily life. *Psychoneuroendocrinology*. 2015;60:82-90.

65. Zhao B, Gan L, Graubard BI, Männistö S, Albanes D, Huang J. Associations of Dietary Cholesterol, Serum Cholesterol, and Egg Consumption With Overall and Cause-Specific Mortality: Systematic Review and Updated Meta-Analysis. *Circulation*. 2022;145(20):1506-1520.

66. Zhong VW, Van Horn L, Cornelis MC, Wilkins JT, Ning H, Carnethon MR, Greenland P, Mentz RJ, Tucker KL, Zhao L, Norwood AF, Lloyd-Jones DM, Allen NB. Associations of Dietary Cholesterol or Egg Consumption With Incident Cardiovascular Disease and Mortality. *JAMA*. 2019;321(11):1081-1095.

67. Weggemans RM, Zock PL, Katan MB. Dietary cholesterol from eggs increases the ratio of total cholesterol to high-density lipoprotein cholesterol in humans: a meta-analysis. *Am J Clin Nutr*. 2001;73(5):885-91.

68. Dehghan M, Mente A, Rangarajan S, Mohan V, Lear S, Swaminathan S, Wielgosz A, Seron P, Avezum A, Lopez-Jaramillo P, Turbide G, Chifamba J, AlHabib KF, Mohammadifard N, Szuba A, Khatib R, Altuntas Y, Liu X, Iqbal R, Rosengren A, Yusuf R, Smuts M, Yusufali A, Li N, Diaz R, Yusoff K, Kaur M, Soman B, Ismail N, Gupta R, Dans A, Sheridan P, Teo K, Anand SS, Yusuf S. Association of egg intake with blood lipids, cardiovascular disease, and mortality in 177,000 people in 50 countries. *Am J Clin Nutr*. 2020;111(4):795-803.

69. Carson JAS, Lichtenstein AH, Anderson CAM, Appel LJ, Kris-Etherton PM, Meyer KA, Petersen K, Polonsky T, Van Horn L; American Heart Association Nutrition Committee of the Council on Lifestyle and Cardiometabolic Health; Council on Arteriosclerosis, Thrombosis and Vascular Biology; Council on Cardiovascular and Stroke Nursing; Council on Clinical Cardiology; Council on Peripheral Vascular Disease; and Stroke Council. Dietary Cholesterol and Cardiovascular Risk: A Science Advisory From the American Heart Association. *Circulation*. 2020;141(3):e39-e53.

70. Shin JY, Xun P, Nakamura Y, He K. Egg consumption in relation to risk of cardiovascular disease and diabetes: a systematic review and meta-analysis. *Am J Clin Nutr*. 2013;98(1):146-59.

71. Liu C, Song Z, Li Z, Boon MR, Schönke M, Rensen PCN, Wang Y. Dietary choline increases brown adipose tissue activation markers and improves cholesterol metabolism in female APOE*3-Leiden.CETP mice. *Int J Obes (Lond)*. 2023;47(3):236-243.

72. DiBella M, Thomas MS, Alyousef H, Millar C, Blesso C, Malysheva O, Caudill MA, Fernandez ML. Choline Intake as Supplement or as a Component of Eggs Increases Plasma Choline and Reduces Interleukin-6 without Modifying Plasma Cholesterol in Participants with Metabolic Syndrome. *Nutrients*. 2020;12(10):3120.

73. Tsoupras A, Lordan R, Zabetakis I. Inflammation, not Cholesterol, Is a Cause of Chronic Disease. *Nutrients*. 2018;10(5):604.

74. Grčević M, Kralik Z, Kralik G, Galović O. Effects of dietary marigold extract on lutein content, yolk color and fatty acid profile of omega-3 eggs. *J Sci Food Agric*. 2019;99(5):2292-2299.

75. Mach F, Baigent C, Catapano AL, Koskinas KC, Casula M, Badimon L, Chapman MJ, De Backer GG, Delgado V, Ference BA, Graham IM, Halliday A, Landmesser U, Mihaylova B, Pedersen TR, Riccardi G, Richter DJ, Sabatine MS, Taskinen MR, Tokgozoglu L, Wiklund O; ESC Scientific Document Group. 2019 ESC/EAS Guidelines for the management of dyslipidaemias: lipid modification to reduce cardiovascular risk. *Eur Heart J*. 2020;41(1):111-188.

76. Eckel RH, Jakicic JM, Ard JD, de Jesus JM, Houston Miller N, Hubbard VS, Lee IM, Lichtenstein AH, Loria CM, Millen BE, Nonas CA, Sacks FM, Smith SC Jr, Svetkey LP, Wadden TA, Yanovski SZ, Kendall KA, Morgan LC, Trisolini MG, Velasco G, Wnek J, Anderson JL, Halperin JL, Albert NM, Bozkurt B, Brindis RG, Curtis LH, DeMets D, Hochman JS, Kovacs RJ, Ohman EM, Pressler SJ, Sellke FW, Shen WK, Smith SC Jr, Tomaselli GF; American College of Cardiology/American Heart Association Task Force on Practice Guidelines. 2013 AHA/ACC guideline on lifestyle management to reduce cardiovascular risk: a report of the American College of Cardiology/American Heart Association Task Force on Practice Guidelines. *Circulation*. 2014;129(25 Suppl 2):S76-99.

77. BGH *GesR*. 2008;361.

78. BGH *NJW-RR*. 2014;1053.

79. Peou S, Milliard-Hasting B, Shah SA. Impact of avocado-enriched diets on plasma lipoproteins: A meta-analysis. *J Clin Lipidol*. 2016;10(1):161-71.

80. Estruch R, Ros E, Salas-Salvadó J, Covas MI, Corella D, Arós F, Gómez-Gracia E, Ruiz-Gutiérrez V, Fiol M, Lapetra J, Lamuela-Raventos RM, Serra-Majem L, Pintó X, Basora J, Muñoz MA, Sorlí JV, Martínez JA, Martínez-González MA; PREDIMED Study Investigators. Primary prevention of cardiovascular disease with a Mediterranean diet. *N Engl J Med*. 2013;368(14):1279-90.

81. Del Gobbo LC, Falk MC, Feldman R, Lewis K, Mozaffarian D. Effects of tree nuts on blood lipids, apolipoproteins, and blood pressure: systematic review, meta-analysis, and dose-response of 61 controlled intervention trials. *Am J Clin Nutr*. 2015;102(6):1347-56.

82. O'Neil CE, Fulgoni VL 3rd, Nicklas TA. Tree Nut consumption is associated with better adiposity measures and cardiovascular and metabolic syndrome health risk factors in U.S. Adults: NHANES 2005-2010. *Nutr J*. 2015;14:64.

83. Opie LH, Lecour S. The red wine hypothesis: from concepts to protective signalling molecules. *Eur Heart J*. 2007;28(14):1683-93.

84. Windler E, Beil FU, Berthold HK, Gouni-Berthold I, Kassner U, Klose G, Lorkowski S, März W, Parhofer KG, Plat J, Silbernagel G, Steinhagen-Thiessen E, Weingärtner O, Zyriax BC, Lütjohann D. Phytosterols and Cardiovascular Risk Evaluated against the Background of Phytosterolemia Cases-A German Expert Panel Statement. *Nutrients*. 2023;15(4):828.

85. Kreuzer J. Phytosterols and phytostanols: is it time to rethink that supplemented margarine? *Cardiovasc Res*. 2011;90(3):397-8.

86. Glenn AJ, Guasch-Ferré M, Malik VS, Kendall CWC, Manson JE, Rimm EB, Willett WC, Sun Q, Jenkins DJA, Hu FB, Sievenpiper JL. Portfolio Diet Score and Risk of Cardiovascular Disease: Findings From 3 Prospective Cohort Studies. *Circulation*. 2023;148(22):1750-1763.

87. Makhmudova U, Schulze PC, Lütjohann D, Weingärtner O. Phytosterols and Cardiovascular Disease. *Curr Atheroscler Rep*. 2021;23(11):68.

88. Cheng WW, Liu GQ, Wang LQ, Liu ZS. Glycidyl Fatty Acid Esters in Refined Edible Oils: A Review on Formation, Occurrence, Analysis, and Elimination Methods. *Compr Rev Food Sci Food Saf*. 2017;16(2):263-281.

89. Gavrilova O, Marcus-Samuels B, Graham D, Kim JK, Shulman GI, Castle AL, Vinson C, Eckhaus M, Reitman ML. Surgical implantation of adipose tissue reverses diabetes in lipoatrophic mice. *J Clin Invest*. 2000;105(3):271-8.

90. Shai I, Schwarzfuchs D, Henkin Y, Shahar DR, Witkow S, Greenberg I, Golan R, Fraser D, Bolotin A, Vardi H, Tangi-Rozental O, Zuk-Ramot R, Sarusi B, Brickner D, Schwartz Z, Sheiner E, Marko R, Katorza E, Thiery

J, Fiedler GM, Blüher M, Stumvoll M, Stampfer MJ; Dietary Intervention Randomized Controlled Trial (DIRECT) Group. Weight loss with a low-carbohydrate, Mediterranean, or low-fat diet. *N Engl J Med.* 2008;359(3):229-41.

91. Mozaffarian D, Hao T, Rimm EB, Willett WC, Hu FB. Changes in diet and lifestyle and long-term weight gain in women and men. *N Engl J Med.* 2011;364(25):2392-404.

92. Jensen JD, Smed S. State-of-the-art for food taxes to promote public health. *Proc Nutr Soc.* 2018;77(2):100-105.

93. Sargsyan A, Dubasi HB. Milk Consumption and Prostate Cancer: A Systematic Review. *World J Mens Health.* 2021;39(3):419-428.

94. Savaiano DA, Hutkins RW. Yogurt, cultured fermented milk, and health: a systematic review. *Nutr Rev.* 2021;79(5):599-614.

95. McGandy RB, Hegsted DM, Stare FJ. Dietary fats, carbohydrates and atherosclerotic vascular disease. *N Engl J Med.* 1967;277(5):242-7.

96. Kearns CE, Schmidt LA, Glantz SA. Sugar Industry and Coronary Heart Disease Research: A Historical Analysis of Internal Industry Documents. *JAMA Intern Med.* 2016;176(11):1680-1685.

97. Catapano AL, Graham I, De Backer G, Wiklund O, Chapman MJ, Drexel H, Hoes AW, Jennings CS, Landmesser U, Pedersen TR, Reiner Ž, Riccardi G, Taskinen MR, Tokgozoglu L, Verschuren WMM, Vlachopoulos C, Wood DA, Zamorano JL, Cooney MT; ESC Scientific Document Group. 2016 ESC/EAS Guidelines for the Management of Dyslipidaemias. *Eur Heart J.* 2016;37(39):2999-3058.

98. Sofi F, Dinu M, Pagliai G, Cesari F, Gori AM, Sereni A, Becatti M, Fiorillo C, Marcucci R, Casini A. Low-Calorie Vegetarian Versus Mediterranean Diets for Reducing Body Weight and Improving Cardiovascular Risk Profile: CARDIVEG Study (Cardiovascular Prevention With Vegetarian Diet). *Circulation.* 2018;137(11):1103-1113.

99. Link VM, Subramanian P, Cheung F, Han KL, Stacy A, Chi L, Sellers BA, Koroleva G, Courville AB, Mistry S, Burns A, Apps R, Hall KD, Belkaid Y. Differential peripheral immune signatures elicited by vegan versus ketogenic diets in humans. *Nat Med.* 2024;30(2):560-572.

100. Gohari S, Ghobadi S, Jafari A, Ahangar H, Gohari S, Mahjani M. The effect of dietary approaches to stop hypertension and ketogenic diets intervention on serum uric acid concentration: a systematic review and meta-analysis of randomized controlled trials. *Sci Rep.* 2023;13(1):10492.

101. Shan Z, Guo Y, Hu FB, Liu L, Qi Q. Association of Low-Carbohydrate and Low-Fat Diets With Mortality Among US Adults. *JAMA Intern Med.* 2020;180(4):513-523.

102. McGaugh E, Barthel B. A Review of Ketogenic Diet and Lifestyle. *Mo Med.* 2022;119(1):84-88.

103. Barghouthy Y, Corrales M, Somani B. The Relationship between Modern Fad Diets and Kidney Stone Disease: A Systematic Review of Literature. *Nutrients.* 2021;13(12):4270.

104. Lagiou P, Sandin S, Lof M, Trichopoulos D, Adami HO, Weiderpass E. Low carbohydrate-high protein diet and incidence of cardiovascular diseases in Swedish women: prospective cohort study. *BMJ.* 2012;344:e4026.

105. Lee MB, Hill CM, Bitto A, Kaeberlein M. Antiaging diets: Separating fact from fiction. *Science.* 2021;374(6570):eabe7365.

106. Mao B, Zhang Q, Ma L, Zhao DS, Zhao P, Yan P. Overview of Research into mTOR Inhibitors. *Molecules.* 2022;27(16):5295.

107. Zhang X, Kapoor D, Jeong SJ, Fappi A, Stitham J, Shabrish V, Sergin I, Yousif E, Rodriguez-Velez A, Yeh YS, Park A, Yurdagul Jr A, Rom O, Epelman S, Schilling JD, Sardiello M, Diwan A, Cho J, Stitziel NA, Javaheri A, Lodhi IJ, Mittendorder B, Razani B. Identification of a leucine-mediated threshold effect governing macrophage mTOR signalling and cardiovascular risk. *Nat Metab.* 2024;6:359-377.

108. Zheng Y, Li Y, Satija A, Pan A, Sotos-Prieto M, Rimm E, Willett WC, Hu FB. Association of changes in red meat consumption with total and cause specific mortality among US women and men: two prospective cohort studies. *BMJ.* 2019;365:l2110.

109. Genoni A, Christophersen CT, Lo J, Coghlan M, Boyce MC, Bird AR, Lyons-Wall P, Devine A. Long-term Paleolithic diet is associated with lower resistant starch intake, different gut microbiota composition and increased serum TMAO concentrations. *Eur J Nutr.* 2020;59(5):1845-1858.

110. Zeraatkar D, Han MA, Guyatt GH, Vernooij RWM, El Dib R, Cheung K, Milio K, Zworth M, Bartoszko JJ, Valli C, Rabassa M, Lee Y, Zajac J, Prokop-Dorner A, Lo C, Bala MM, Alonso-Coello P, Hanna SE, Johnston BC. Red and Processed Meat Consumption and Risk for All-Cause Mortality and Cardiometabolic Outcomes: A Systematic Review and Meta-analysis of Cohort Studies. *Ann Intern Med.* 2019;171(10):703-710.

111. Han MA, Zeraatkar D, Guyatt GH, Vernooij RWM, El Dib R, Zhang Y, Algarni A, Leung G, Storman D, Valli C, Rabassa M, Rehman N, Parvizian MK, Zworth M, Bartoszko JJ, Lopes LC, Sit D, Bala MM, Alonso-Coello P, Johnston BC. Reduction of Red and Processed Meat Intake and Cancer Mortality and Incidence: A Systematic Review and Meta-analysis of Cohort Studies. *Ann Intern Med.* 2019;171(10):711-720.

112. Vernooij RWM, Zeraatkar D, Han MA, El Dib R, Zworth M, Milio K, Sit D, Lee Y, Gomaa H, Valli C, Swierz MJ, Chang Y, Hanna SE, Brauer PM, Sievenpiper J, de Souza R, Alonso-Coello P, Bala MM, Guyatt GH, Johnston BC. Patterns of Red and Processed Meat Consumption and Risk for Cardiometabolic and Cancer Outcomes: A Systematic Review and Meta-analysis of Cohort Studies. *Ann Intern Med.* 2019;171(10):732-741.

113. Ramel A, Nwaru BI, Lamberg-Allardt C, Thorisdottir B, Bärebring L, Söderlund F, Arnesen EK, Dierkes J, Åkesson A. White meat consumption and risk of cardiovascular disease and type 2 diabetes: a systematic review and meta-analysis. *Food Nutr Res.* 2023;67:10.29219/fnr.v67.9543.

114. Sebastiani G, Herranz Barbero A, Borrás-Novell C, Alsina Casanova M, Aldecoa-Bilbao V, Andreu-Fernández V, Pascual Tutusaus M, Ferrero Martínez S, Gómez Roig MD, García-Algar O. The Effects of Vegetarian and Vegan Diet during Pregnancy on the Health of Mothers and Offspring. *Nutrients.* 2019;11(3):557.

115. Leung AKC, Lam JM, Wong AHC, Hon KL, Li X. Iron Deficiency Anemia: An Updated Review. *Curr Pediatr Rev.* 2024;20(3):339-356.

116. Coy A, Medina A, Rivera A, Sánchez P. Calcium intake in Colombia: are we still in deficit? *Arch Osteoporos.* 2020;15(1):71.

117. Keefe JA, Moore OM, Ho KS, Wehrens XHT. Role of Ca^{2+} in healthy and pathologic cardiac function: from normal excitation-contraction coupling to mutations that cause inherited arrhythmia. *Arch Toxicol.* 2023;97(1):73-92.

118. Miyajima M. Amino acids: key sources for immunometabolites and immunotransmitters. *Int Immunol.* 2020;32(7):435-446.

119. Che D, Nyingwa PS, Ralinala KM, Maswanganye GMT, Wu G. Amino Acids in the Nutrition, Metabolism, and Health of Domestic Cats. *Adv Exp Med Biol.* 2021;1285:217-231.

120. Soice E, Johnston J. Immortalizing Cells for Human Consumption. *Int J Mol Sci.* 2021;22(21):11660.

121. Mateti T, Laha A, Shenoy P. Artificial Meat Industry: Production Methodology, Challenges, and Future. *JOM.* 2022;74(9):3428-3444.

122. Queiroz LS, Nogueira Silva NF, Jessen F, Mohammadifar MA, Stephani R, Fernandes de Carvalho A, Perrone ÍT, Casanova F. Edible insect as an alternative protein source: a review on the chemistry and functionalities of proteins under different processing methods. *Heliyon.* 2023;9(4):e14831.

123. Bisconsin-Junior A, Feitosa BF, Silva FL, Mariutti LRB. Mycotoxins on edible insects: Should we be worried? *Food Chem Toxicol.* 2023;177:113845.

124. Harris E. WHO: Nations Must Do More to Reduce Salt Consumption by 2025 *JAMA.* 2023;329(14):1143.

125. Mozaffarian D, Fahimi S, Singh GM, Micha R, Khatibzadeh S, Engell RE, Lim S, Danaei G, Ezzati M, Powles J; Global Burden of Diseases Nutrition and Chronic Diseases Expert Group. Global sodium consumption and death from cardiovascular causes. *N Engl J Med.* 2014;371(7):624-34.

126. Wan L, Ogrinz B, Vigo D, Bersenev E, Tuerlinckx F, Van den Bergh O, Aubert AE. Cardiovascular autonomic adaptation to long-term confinement during a 105-day simulated Mars mission. *Aviat Space Environ Med.* 2011;82(7):711-6.

127. He FJ, Tan M, Ma Y, MacGregor GA. Salt Reduction to Prevent Hypertension and Cardiovascular Disease: JACC State-of-the-Art Review. *J Am Coll Cardiol.* 2020;75(6):632-647.

128. DiNicolantonio JJ, Mehta V, Zaman SB, O'Keefe JH. Not Salt But Sugar As Aetiological In Osteoporosis: A Review. *Mo Med.* 2018;115(3):247-252.

129. Wu X, Chen L, Cheng J, Qian J, Fang Z, Wu J. Effect of Dietary Salt Intake on Risk of Gastric Cancer: A Systematic Review and Meta-Analysis of Case-Control Studies. *Nutrients.* 2022;14(20):4260.

130. Braam B, Huang X, Cupples WA, Hamza SM. Understanding the Two Faces of Low-Salt Intake. *Curr Hypertens Rep.* 2017;19(6):49.

131. Yuan Y, Jin A, Neal B, Feng X, Qiao Q, Wang H, Zhang R, Li J, Duan P, Cao L, Zhang H, Hu S, Li H, Gao P, Xie G, Yuan J, Cheng L, Wang S, Zhang H, Niu W, Fang H, Zhao M, Gao R, Chen J, Elliott P, Labarthe D, Wu Y. Salt substitution and salt-supply restriction for lowering blood pressure in elderly care facilities: a cluster-randomized trial. *Nat Med.* 2023;29(4):973-981.

132. de Cabo R, Mattson MP. Effects of Intermittent Fasting on Health, Aging, and Disease. *N Engl J Med.* 2019;381(26):2541-2551.

133. Devrim-Lanpir A, Hill L, Knechtle B. Efficacy of Popular Diets Applied by Endurance Athletes on Sports Performance: Beneficial or Detrimental? A Narrative Review. *Nutrients.* 2021;13(2):491.

134. Song DK, Kim YW. Beneficial effects of intermittent fasting: a narrative review. *J Yeungnam Med Sci.* 2023;40(1):4-11.

135. Pietzner M, Uluvar B, Kolnes KJ, Jeppesen PB, Frivold SV, Skattebo Ø, Johansen EI, Skålhegg BS, Wojtaszewski JFP, Kolnes AJ, Yeo GSH, O'Rahilly S, Jensen J, Langenberg C. Systemic proteome adaptions to 7-day complete caloric restriction in humans. *Nat Metab.* 2024 Mar 1. doi: 10.1038/s42255-024-01008-9. Online ahead of print.

136. Brooks M. Intermittent fasting linked to higher CVD death risk. *Medscape.* 2024;19 March. https://www.medscape.com/viewarticle/intermittent-fasting-linked-higher-cvd-death-risk-2024a1000559.

137. Boccardi V, Pigliautile M, Guazzarini AG, Mecocci P. The Potential of Fasting-Mimicking Diet as a Preventive and Curative Strategy for Alzheimer's Disease. *Biomolecules.* 2023;13(7):1133.

138. Wei M, Brandhorst S, Shelehchi M, Mirzaei H, Cheng CW, Budniak J, Groshen S, Mack WJ, Guen E, Di Biase S, Cohen P, Morgan TE, Dorff T, Hong K, Michalsen A, Laviano A, Longo VD. Fasting-mimicking diet and markers/risk factors for aging, diabetes, cancer, and cardiovascular disease. *Sci Transl Med.* 2017;9(377):eaai8700.

139. Brandhorst S, Levine ME, Wei M, Shelehchi M, Morgan TE, Nayak KS, Dorff T, Hong K, Crimmins EM, Cohen P, Longo VD. Fasting-mimicking diet causes hepatic and blood markers changes indicating reduced biological age and disease risk. *Nat Commun.* 2024;15(1):1309.

140. Bleakley CM, Bieuzen F, Davison GW, Costello JT. Whole-body cryotherapy: empirical evidence and theoretical perspectives. *Open Access J Sports Med.* 2014;5:25-36.

141. Miller KC, Launstein ED, Glovatsky RM. Rectal Temperature Cooling Using 2 Cold-Water Immersion Preparation Strategies. *J Athl Train.* 2023;58(4):355-360.

142. Loap S, Lathe R. Mechanism Underlying Tissue Cryotherapy to Combat Obesity/Overweight: Triggering Thermogenesis. *J Obes.* 2018;2018:5789647.

143. Marlatt KL, Ravussin E. Brown Adipose Tissue: an Update on Recent Findings. *Curr Obes Rep.* 2017;6(4):389-396.

144. Galic S, Loh K, Murray-Segal L, Steinberg GR, Andrews ZB, Kemp BE. AMPK signaling to acetyl-CoA carboxylase is required for fasting- and cold-induced appetite but not thermogenesis. *Elife.* 2018;7:e32656.

145. Bakal K, Danckers M, Denson JL, Sauthoff H. Therapeutic hypothermia after cardiac arrest in a patient with systemic sclerosis and Raynaud phenomenon. *Chest.* 2015;147(2):e27-e30.

146. van den Driessche JJ, Plat J, Mensink RP. Effects of superfoods on risk factors of metabolic syndrome: a systematic review of human intervention trials. *Food Funct.* 2018;9(4):1944-1966.

147. Gulcin İ. Antioxidants and antioxidant methods: an updated overview. *Arch Toxicol.* 2020;94(3):651-715.

148. Price C. The Age of Scurvy. *Distillations Magazine.* 2017;3(2):12-23.

149. Stubbs BJ. Captain Cook's Beer; the anti-scorbutic effects of malt and beer in late 18th century sea voyages. *Asia and Pacific Journal of Clinical Nutrition.* 2003;12(2):129-37.

150. Xu K, Peng R, Zou Y, Jiang X, Sun Q, Song C. Vitamin C intake and multiple health outcomes: an umbrella review of systematic reviews and meta-analyses. *Int J Food Sci Nutr.* 2022;73(5):588-599.

151. Magrì A, Germano G, Lorenzato A, Lamba S, Chilà R, Montone M, Amodio V, Ceruti T, Sassi F, Arena S, Abrignani S, D'Incalci M, Zucchetti M, Di Nicolantonio F, Bardelli A. High-dose vitamin C enhances cancer immunotherapy. *Sci Transl Med.* 2020;12(532):eaay8707.

152. Shaw G, Lee-Barthel A, Ross ML, Wang B, Baar K. Vitamin C-enriched gelatin supplementation before intermittent activity augments collagen synthesis. *Am J Clin Nutr.* 2017;105(1):136-143.

153. Lbban E, Kwon K, Ashor A, Stephan B, Idris I, Tsintzas K, Siervo M. Vitamin C supplementation showed greater effects on systolic blood pressure in hypertensive and diabetic patients: an updated systematic review and meta-analysis of randomised clinical trials. *Int J Food Sci Nutr.* 2023;74(8):814-825.

154. Kook SY, Lee KM, Kim Y, Cha MY, Kang S, Baik SH, Lee H, Park R, Mook-Jung I. High-dose of vitamin C supplementation reduces amyloid plaque burden and ameliorates pathological changes in the brain of 5XFAD mice. *Cell Death Dis.* 2014;5(2):e1083.

155. Santos RD. Vitamin C and primary prevention of cardiovascular disease: the case for Mendelian randomization. *Eur J Prev Cardiol.* 2022;28(16):1838-1839.

156. Kangisser L, Tan E, Bellomo R, Deane AM, Plummer MP. Neuroprotective Properties of Vitamin C: A Scoping Review of Pre-Clinical and Clinical Studies. *J Neurotrauma.* 2021;38(16):2194-2205.

157. Doseděl M, Jirkovský E, Macáková K, Krčmová LK, Javorská L, Pourová J, Mercolini L, Remião F, Nováková L, Mladěnka P, On Behalf Of The Oemonom. Vitamin C-Sources, Physiological Role, Kinetics, Deficiency, Use, Toxicity, and Determination. *Nutrients.* 2021;13(2):615.

158. Olechnowicz J, Tinkov A, Skalny A, Suliburska J. Zinc status is associated with inflammation, oxidative stress, lipid, and glucose metabolism. *J Physiol Sci.* 2018;68(1):19-31.

159. Wessels I, Maywald M, Rink L. Zinc as a Gatekeeper of Immune Function. *Nutrients.* 2017;9(12):1286.

160. Jia S, Wang J, Li S, Wang X, Liu Q, Li Y, Shad M, Ma B, Wang L, Li C, Li X. Genetically encoded zinc-binding collagen-like protein hybrid hydrogels for wound repair. *Int J Biol Macromol.* 2024;254(Pt 1):127592.

161. Baltaci AK, Mogulkoc R, Baltaci SB. Review: The role of zinc in the endocrine system. *Pak J Pharm Sci.* 2019;32(1):231-239.

162. Bolke L, Schlippe G, Gerß J, Voss W. A Collagen Supplement Improves Skin Hydration, Elasticity, Roughness, and Density: Results of a Randomized, Placebo-Controlled, Blind Study. *Nutrients.* 2019;11(10):2494.

163. Sun R, Wang J, Feng J, Cao B. Zinc in Cognitive Impairment and Aging. *Biomolecules.* 2022;12(7):1000.

164. Singh JK, van Attikum H. DNA double-strand break repair: Putting zinc fingers on the sore spot. *Semin Cell Dev Biol.* 2021;113:65-74.

165. Ceballos-Rasgado M, Lowe NM, Mallard S, Clegg A, Moran VH, Harris C, Montez J, Xipsiti M. Adverse Effects of Excessive Zinc Intake in Infants and Children Aged 0-3 Years: A Systematic Review and Meta-Analysis. *Adv Nutr.* 2022;13(6):2488-2518.

166. Nguyen TTU, Yeom JH, Kim W. Beneficial Effects of Vitamin E Supplementation on Endothelial Dysfunction, Inflammation, and Oxidative Stress Biomarkers in Patients Receiving Hemodialysis: A Systematic Review and Meta-Analysis of Randomized Controlled Trials. *Int J Mol Sci.* 2021;22(21):11923.

167. Rychter AM, Hryhorowicz S, Słomski R, Dobrowolska A, Krela-Kaźmierczak I. Antioxidant effects of vitamin E and risk of cardiovascular

disease in women with obesity - A narrative review. *Clin Nutr.* 2022;41(7):1557-1565.

168. Lewis ED, Meydani SN, Wu D. Regulatory role of vitamin E in the immune system and inflammation. *IUBMB Life.* 2019;71(4):487-494.

169. Zainal Z, Khaza'ai H, Kutty Radhakrishnan A, Chang SK. Therapeutic potential of palm oil vitamin E-derived tocotrienols in inflammation and chronic diseases: Evidence from preclinical and clinical studies. *Food Res Int.* 2022;156:111175.

170. Michalak M. Plant-Derived Antioxidants: Significance in Skin Health and the Ageing Process. *Int J Mol Sci.* 2022;23(2):585.

171. US Preventive Services Task Force; Mangione CM, Barry MJ, Nicholson WK, Cabana M, Chelmow D, Coker TR, Davis EM, Donahue KE, Doubeni CA, Jaén CR, Kubik M, Li L, Ogedegbe G, Pbert L, Ruiz JM, Stevermer J, Wong JB. Vitamin, Mineral, and Multivitamin Supplementation to Prevent Cardiovascular Disease and Cancer: US Preventive Services Task Force Recommendation Statement. *JAMA.* 2022;327(23):2326-2333.

172. Zheng WV, Xu W, Li Y, Qin J, Zhou T, Li D, Xu Y, Cheng X, Xiong Y, Chen Z. Anti-aging effect of β-carotene through regulating the KAT7-P15 signaling axis, inflammation and oxidative stress process. *Cell Mol Biol Lett.* 2022;27(1):86.

173. Liu S, Wu Q, Wang S, He Y. Causal associations between circulation β-carotene and cardiovascular disease: A Mendelian randomization study. *Medicine (Baltimore).* 2023;102(48):e36432.

174. Honda M. Z-Isomers of lycopene and β-carotene exhibit greater skin-quality improving action than their all-E-isomers. *Food Chem.* 2023;421:135954.

175. Johra FT, Bepari AK, Bristy AT, Reza HM. A Mechanistic Review of β-Carotene, Lutein, and Zeaxanthin in Eye Health and Disease. *Antioxidants (Basel).* 2020;9(11):1046.

176. Omenn GS. Chemoprevention of lung cancers: lessons from CARET, the beta-carotene and retinol efficacy trial, and prospects for the future. *Eur J Cancer Prev.* 2007;16(3):184-91.

177. Kavalappa YP, Gopal SS, Ponesakki G. Lutein inhibits breast cancer cell growth by suppressing antioxidant and cell survival signals and induces apoptosis. *Cell Physiol.* 2021;236(3):1798-1809.

178. Satia JA, Littman A, Slatore CG, Galanko JA, White E. Long-term use of beta-carotene, retinol, lycopene, and lutein supplements and lung cancer risk: results from the VITamins And Lifestyle (VITAL) study. *Am J Epidemiol.* 2009;169(7):815-28.

179. Li N, Wu X, Zhuang W, Xia L, Chen Y, Wu C, Rao Z, Du L, Zhao R, Yi M, Wan Q, Zhou Y. Tomato and lycopene and multiple health outcomes: Umbrella review. *Food Chem.* 2021;343:128396.

180. Khan UM, Sevindik M, Zarrabi A, Nami M, Ozdemir B, Kaplan DN, Selamoglu Z, Hasan M, Kumar M, Alshehri MM, Sharifi-Rad J. Lycopene: Food Sources, Biological Activities, and Human Health Benefits. *Oxid Med Cell Longev.* 2021;2021:2713511.

181. Kulawik A, Cielecka-Piontek J, Zalewski P. The Importance of Antioxidant Activity for the Health-Promoting Effect of Lycopene. *Nutrients.* 2023;15(17):3821.

182. Razaghi A, Poorebrahim M, Sarhan D, Björnstedt M. Selenium stimulates the antitumour immunity: Insights to future research. *Eur J Cancer.* 2021;155:256-267.

183. Bjørklund G, Shanaida M, Lysiuk R, Antonyak H, Klishch I, Shanaida V, Peana M. Selenium: An Antioxidant with a Critical Role in Anti-Aging. *Molecules.* 2022;27(19):6613.

184. Wang F, Li C, Li S, Cui L, Zhao J, Liao L. Selenium and thyroid diseases. *Front Endocrinol (Lausanne).* 2023;14:1133000.

185. Xiang S, Dai Z, Man C, Fan Y. Circulating Selenium and Cardiovascular or All-Cause Mortality in the General Population: a Meta-Analysis. *Biol Trace Elem Res.* 2020;195(1):55-62.

186. Zhang F, Li X, Wei Y. Selenium and Selenoproteins in Health. *Biomolecules.* 2023;13(5):799.

187. Hariharan S, Dharmaraj S. Selenium and selenoproteins: it's role in regulation of inflammation. *Inflammopharmacology.* 2020;28(3):667-695.

188. Vinceti M, Filippini T, Del Giovane C, Dennert G, Zwahlen M, Brinkman M, Zeegers MP, Horneber M, D'Amico R, Crespi CM. Selenium for preventing cancer. *Cochrane Database Syst Rev.* 2018;1(1):CD005195.

189. Yuan S, Mason AM, Carter P, Vithayathil M, Kar S, Burgess S, Larsson SC. Selenium and cancer risk: Wide-angled Mendelian randomization analysis. *Int J Cancer.* 2022;150(7):1134-1140.

190. Ferreira RLU, Sena-Evangelista KCM, de Azevedo EP, Pinheiro FI, Cobucci RN, Pedrosa LFC. Selenium in Human Health and Gut Microflora: Bioavailability of Selenocompounds and Relationship With Diseases. *Front Nutr.* 2021;8:685317.

191. Deepika, Maurya PK. Health Benefits of Quercetin in Age-Related Diseases. *Molecules.* 2022;27(8):2498.

192. Qi W, Qi W, Xiong D, Long M. Quercetin: Its Antioxidant Mechanism, Antibacterial Properties and Potential Application in Prevention and Control of Toxipathy. *Molecules.* 2022;27(19):6545.

193. Li Y, Yao J, Han C, Yang J, Chaudhry MT, Wang S, Liu H, Yin Y. Quercetin, Inflammation and Immunity. *Nutrients.* 2016;8(3):167.

194. Hosseini A, Razavi BM, Banach M, Hosseinzadeh H. Quercetin and metabolic syndrome: A review. *Phytother Res.* 2021;35(10):5352-5364.

195. Dabeek WM, Marra MV. Dietary Quercetin and Kaempferol: Bioavailability and Potential Cardiovascular-Related Bioactivity in Humans. *Nutrients.* 2019;11(10):2288.

196. Reyes-Farias M, Carrasco-Pozo C. The Anti-Cancer Effect of Quercetin: Molecular Implications in Cancer Metabolism. *Int J Mol Sci.* 2019;20(13):3177.

197. Zu G, Sun K, Li L, Zu X, Han T, Huang H. Mechanism of quercetin therapeutic targets for Alzheimer disease and type 2 diabetes mellitus. *Sci Rep.* 2021;11(1):22959.

198. Alizadeh SR, Ebrahimzadeh MA. Quercetin derivatives: Drug design, development, and biological activities, a review. *Eur J Med Chem.* 2022;229:114068.

199. Burkina V, Zamaratskaia G, Rasmussen MK. Curcumin and quercetin modify warfarin-induced regulation of porcine CYP1A2 and CYP3A expression and activity *in vitro. Xenobiotica.* 2022;52(5):435-441.

200. Diao M, Liang Y, Zhao J, Zhao C, Zhang J, Zhang T. Enhanced cytotoxicity and antioxidant capacity of kaempferol complexed with α-lactalbumin. *Food Chem Toxicol.* 2021;153:112265.

201. Chagas MDSS, Behrens MD, Moragas-Tellis CJ, Penedo GXM, Silva AR, Gonçalves-de-Albuquerque CF. Flavonols and Flavones as Potential anti-Inflammatory, Antioxidant, and Antibacterial Compounds. *Oxid Med Cell Longev.* 2022;2022:9966750.

202. Nejabati HR, Roshangar L. Kaempferol: A potential agent in the prevention of colorectal cancer. *Physiol Rep.* 2022;10(20):e15488.

203. Imran M, Salehi B, Sharifi-Rad J, Aslam Gondal T, Saeed F, Imran A, Shahbaz M, Tsouh Fokou PV, Umair Arshad M, Khan H, Guerreiro SG, Martins N, Estevinho LM. Kaempferol: A Key Emphasis to Its Anticancer Potential. *Molecules.* 2019;24(12):2277.

204. Jin S, Zhang L, Wang L. Kaempferol, a potential neuroprotective agent in neurodegenerative diseases: From chemistry to medicine. *Biomed Pharmacother.* 2023;165:115215.

205. Al-Nour MY, Ibrahim MM, Elsaman T. Ellagic Acid, Kaempferol, and Quercetin from *Acacia nilotica*: Promising Combined Drug With Multiple Mechanisms of Action. *Curr Pharmacol Rep.* 2019;5(4):255-280.

206. Franza L, Carusi V, Nucera E, Pandolfi F. Luteolin, inflammation and cancer: Special emphasis on gut microbiota. *Biofactors.* 2021;47(2):181-189.

207. Huang L, Kim MY, Cho JY. Immunopharmacological Activities of Luteolin in Chronic Diseases *Int J Mol Sci.* 2023;24(3):2136.

208. Imran M, Rauf A, Abu-Izneid T, Nadeem M, Shariati MA, Khan IA, Imran A, Orhan IE, Rizwan M, Atif M, Gondal TA, Mubarak MS. Luteolin, a flavonoid, as an anticancer agent: A review. *Biomed Pharmacother.* 2019;112:108612.

209. Hussain Y, Cui JH, Khan H, Aschner M, Batiha GE, Jeandet P. Luteolin and cancer metastasis suppression: focus on the role of epithelial to mesenchymal transition. *Med Oncol.* 2021;38(6):66.

210. Kempuraj D, Thangavel R, Kempuraj DD, Ahmed ME, Selvakumar GP, Raikwar SP, Zaheer SA, Iyer SS, Govindarajan R, Chandrasekaran PN, Zaheer A. Neuroprotective effects of flavone luteolin in neuroinflammation and neurotrauma. *Biofactors.* 2021;47(2):190-197.

211. Swaminathan A, Basu M, Bekri A, Drapeau P, Kundu TK. The Dietary Flavonoid, Luteolin, Negatively Affects Neuronal Differentiation. *Front Mol Neurosci.* 2019;12:41.

212. Musial C, Kuban-Jankowska A, Gorska-Ponikowska M. Beneficial Properties of Green Tea Catechins. *Int J Mol Sci.* 2020;21(5):1744.

213. Baranwal A, Aggarwal P, Rai A, Kumar N. Pharmacological Actions and Underlying Mechanisms of Catechin: A Review. *Mini Rev Med Chem.* 2022;22(5):821-833.

214. Kerimi A, Williamson G. The cardiovascular benefits of dark chocolate. *Vascul Pharmacol.* 2015;71:11-5.

215. Ohishi T, Miyoshi N, Mori M, Sagara M, Yamori Y. Health Effects of Soy Isoflavones and Green Tea Catechins on Cancer and Cardiovascular Diseases Based on Urinary Biomarker Levels. *Molecules.* 2022;27(24):8899.

216. Sirotkin AV, Kolesárová A. The anti-obesity and health-promoting effects of tea and coffee. *Physiol Res.* 2021;70(2):161-168.

217. Sesso HD, Manson JE, Aragaki AK, Rist PM, Johnson LG, Friedenberg G, Copeland T, Clar A, Mora S, Moorthy MV, Sarkissian A, Carrick WR, Anderson GL; COSMOS Research Group. Effect of cocoa flavanol supplementation for the prevention of cardiovascular disease events: the COcoa Supplement and Multivitamin Outcomes Study (COSMOS) randomized clinical trial. *Am J Clin Nutr.* 2022;115(6):1490-1500.

218. Sesso HD, Rist PM, Aragaki AK, Rautiainen S, Johnson LG, Friedenberg G, Copeland T, Clar A, Mora S, Moorthy MV, Sarkissian A, Wactawski-Wende J, Tinker LF, Carrick WR, Anderson GL, Manson JE; COSMOS Research Group. Multivitamins in the prevention of cancer and cardiovascular disease: the COcoa Supplement and Multivitamin Outcomes Study (COSMOS) randomized clinical trial. *Am J Clin Nutr.* 2022;115(6):1501-1510.

219. Khalatbary AR, Khademi E. The green tea polyphenolic catechin epigallocatechin gallate and neuroprotection. *Nutr Neurosci.* 2020;23(4):281-294.

220. Brickman AM, Yeung LK, Alschuler DM, Ottaviani JI, Kuhnle GGC, Sloan RP, Luttmann-Gibson H, Copeland T, Schroeter H, Sesso HD, Manson JE, Wall M, Small SA. Dietary flavanols restore hippocampal-dependent memory in older adults with lower diet quality and lower habit-

ual flavanol consumption. *Proc Natl Acad Sci U S A.* 2023;120(23):e2216932120.

221. Satoh T, Fujisawa H, Nakamura A, Takahashi N, Watanabe K. Inhibitory Effects of Eight Green Tea Catechins on Cytochrome P450 1A2, 2C9, 2D6, and 3A4 Activities. *J Pharm Pharm Sci.* 2016;19(2):188-97.

222. Mandal B, Das R, Mondal S. Anthocyanin: A Potential Phytochemical Candidate for the Amelioration of Non-Alcoholic Fatty Liver Disease. *Ann Pharm Fr.* 2024:S0003-4509(24)00023-3.

223. Sahoo DK, Heilmann RM, Paital B, Patel A, Yadav VK, Wong D, Jergens AE. Oxidative stress, hormones, and effects of natural antioxidants on intestinal inflammation in inflammatory bowel disease. *Front Endocrinol (Lausanne).* 2023;14:1217165.

224. Kalt W, Cassidy A, Howard LR, Krikorian R, Stull AJ, Tremblay F, Zamora-Ros R. Recent Research on the Health Benefits of Blueberries and Their Anthocyanins. *Adv Nutr.* 2020;11(2):224-236.

225. Krikorian R, Skelton MR, Summer SS, Shidler MD, Sullivan PG. Blueberry Supplementation in Midlife for Dementia Risk Reduction. *Nutrients.* 2022;14(8):1619.

226. Khoo HE, Ng HS, Yap WS, Goh HJH, Yim HS. Nutrients for Prevention of Macular Degeneration and Eye-Related Diseases. *Antioxidants (Basel).* 2019;8(4):85.

227. Gómez-Garduño J, León-Rodríguez R, Alemón-Medina R, Pérez-Guillé BE, Soriano-Rosales RE, González-Ortiz A, Chávez-Pacheco JL, Solorio-López E, Fernandez-Pérez P, Rivera-Espinosa L. Phytochemicals That Interfere With Drug Metabolism and Transport, Modifying Plasma Concentration in Humans and Animals. *Dose Response.* 2022;20(3):15593258221120485.

228. Chung KT, Wong TY, Wei CI, Huang YW, Lin Y. Tannins and human health: a review. *Crit Rev Food Sci Nutr.* 1998;38(6):421-64.

229. Maugeri A, Lombardo GE, Cirmi S, Süntar I, Barreca D, Laganà G, Navarra M. Pharmacology and toxicology of tannins. *Arch Toxicol.* 2022;96(5):1257-1277.

230. Yuan H, Zhou P, Peng Z, Wang C. Antioxidant and Antibacterial Activities of Dodecyl Tannin Derivative Linked with 1,2,3-Triazole. *Chem Biodivers.* 2022;19(1):e202100558.

231. Vendrame S, Adekeye TE, Klimis-Zacas D. The Role of Berry Consumption on Blood Pressure Regulation and Hypertension: An Overview of the Clinical Evidence. *Nutrients.* 2022;14(13):2701.

232. Nishida S, Katsumi N, Matsumoto K. Prevention of the rise in plasma cholesterol and glucose levels by kaki-tannin and characterization of its bile acid binding capacity. *Sci Food Agric.* 2021;101(5):2117-2124.

233. Rajasekar N, Sivanantham A, Ravikumar V, Rajasekaran S. An overview on the role of plant-derived tannins for the treatment of lung cancer. *Phytochemistry*. 2021;188:112799.

234. Fu F, Song C, Wen C, Yang L, Guo Y, Yang X, Shu Z, Li X, Feng Y, Liu B, Sun M, Zhong Y, Chen L, Niu Y, Chen J, Wang G, Yin T, Chen S, Xue L, Cao F. The Metasequoia genome and evolutionary relationships among redwoods. *Plant Commun*. 2023;4(6):100643.

235. Petroski W, Minich DM. Is There Such a Thing as "Anti-Nutrients"? A Narrative Review of Perceived Problematic Plant Compounds. *Nutrients*. 2020;12(10):2929.

236. Abera S, Yohannes W, Chandravanshi BS. Effect of Processing Methods on Antinutritional Factors (Oxalate, Phytate, and Tannin) and Their Interaction with Minerals (Calcium, Iron, and Zinc) in Red, White, and Black Kidney Beans. *Int J Anal Chem*. 2023;2023:6762027.

237. Brito AF, Zang Y. A Review of Lignan Metabolism, Milk Enterolactone Concentration, and Antioxidant Status of Dairy Cows Fed Flaxseed. *Molecules*. 2018;24(1):41.

238. Rattanaburee T, Tanawattanasuntorn T, Thongpanchang T, Tipmanee V, Graidist P. Trans-(-)-Kusunokinin: A Potential Anticancer Lignan Compound against HER2 in Breast Cancer Cell Lines? *Molecules*. 2021;26(15):4537.

239. Jenkins DJA, Kendall CWC, Sievenpiper JL. Plant Polyphenols Lignans and Cardiovascular Disease. *J Am Coll Cardiol*. 2021;78(7):679-682.

240. Parikh M, Maddaford TG, Austria JA, Aliani M, Netticadan T, Pierce GN. Dietary Flaxseed as a Strategy for Improving Human Health. *Nutrients*. 2019;11(5):1171.

241. Ren Y, Xu Z, Qiao Z, Wang X, Yang C. Flaxseed Lignan Alleviates the Paracetamol-Induced Hepatotoxicity Associated with Regulation of Gut Microbiota and Serum Metabolome. *Nutrients*. 2024;16(2):295.

242. Aishwarya V, Solaipriya S, Sivaramakrishnan V. Role of ellagic acid for the prevention and treatment of liver diseases. *Phytother Res*. 2021;35(6):2925-2944.

243. Cota D, Patil D. Antibacterial potential of ellagic acid and gallic acid against IBD bacterial isolates and cytotoxicity against colorectal cancer. *Nat Prod Res*. 2023;37(12):1998-2002.

244. Possamai Rossatto FC, Tharmalingam N, Escobar IE, d'Azevedo PA, Zimmer KR, Mylonakis E. Antifungal Activity of the Phenolic Compounds Ellagic Acid (EA) and Caffeic Acid Phenethyl Ester (CAPE) against Drug-Resistant *Candida auris*. *J Fungi (Basel)*. 2021;7(9):763.

245. Naraki K, Ghasemzadeh Rahbardar M, Ajiboye BO, Hosseinzadeh H. The effect of ellagic acid on the metabolic syndrome: A review article. *Heliyon*. 2023;9(11):e21844.

246. Zhu H, Yan Y, Jiang Y, Meng X. Ellagic Acid and Its Anti-Aging Effects on Central Nervous System. *Int J Mol Sci.* 2022;23(18):10937.

247. Borrelli F, Posadas I, Capasso R, Aviello G, Ascione V, Capasso F. Effect of caffeic acid phenethyl ester on gastric acid secretion in vitro. *Eur J Pharmacol.* 2005;521(1-3):139-43.

248. Purushothaman A, Babu SS, Naroth S, Janardanan D. Antioxidant activity of caffeic acid: thermodynamic and kinetic aspects on the oxidative degradation pathway. *Free Radic Res.* 2022;56(9-10):617-630.

249. Khan F, Bamunuarachchi NI, Tabassum N, Kim YM. Caffeic Acid and Its Derivatives: Antimicrobial Drugs toward Microbial Pathogens. *J Agric Food Chem.* 2021;69(10):2979-3004.

250. Pavlíková N. Caffeic Acid and Diseases-Mechanisms of Action. *Int J Mol Sci.* 2022;24(1):588.

251. Sun R, Wu T, Xing S, Wei S, Bielicki JK, Pan X, Zhou M, Chen J. Caffeic acid protects against atherosclerotic lesions and cognitive decline in ApoE$^{-/-}$ mice. *J Pharmacol Sci.* 2023;151(2):110-118.

252. Muhammad Abdul Kadar NN, Ahmad F, Teoh SL, Yahaya MF. Caffeic Acid on Metabolic Syndrome: A Review. *Molecules.* 2021;26(18):5490.

253. Salau VF, Erukainure OL, Bharuth V, Islam MS. Caffeic acid improves glucose utilization and maintains tissue ultrastructural morphology while modulating metabolic activities implicated in neurodegenerative disorders in isolated rat brains. *J Biochem Mol Toxicol.* 2021;35(1):e22610.

254. Zia A, Farkhondeh T, Pourbagher-Shahri AM, Samarghandian S. The role of curcumin in aging and senescence: Molecular mechanisms. *Biomed Pharmacother.* 2021;134:111119.

255. Dehzad MJ, Ghalandari H, Nouri M, Askarpour M. Antioxidant and anti-inflammatory effects of curcumin/turmeric supplementation in adults: A GRADE-assessed systematic review and dose-response meta-analysis of randomized controlled trials. *Cytokine.* 2023;164:156144.

256. Ming T, Tao Q, Tang S, Zhao H, Yang H, Liu M, Ren S, Xu H. Curcumin: An epigenetic regulator and its application in cancer. *Biomed Pharmacother.* 2022;156:113956.

257. Pourbagher-Shahri AM, Farkhondeh T, Ashrafizadeh M, Talebi M, Samargahndian S. Curcumin and cardiovascular diseases: Focus on cellular targets and cascades. *Biomed Pharmacother.* 2021;136:111214.

258. Askarizadeh A, Barreto GE, Henney NC, Majeed M, Sahebkar A. Neuroprotection by curcumin: A review on brain delivery strategies. *Int J Pharm.* 2020;585:119476.

259. Zhou DD, Luo M, Huang SY, Saimaiti A, Shang A, Gan RY, Li HB. Effects and Mechanisms of Resveratrol on Aging and Age-Related Diseases. *Oxid Med Cell Longev.* 2021;2021:9932218.

260. Rauf A, Imran M, Butt MS, Nadeem M, Peters DG, Mubarak MS. Resveratrol as an anti-cancer agent: A review. *Crit Rev Food Sci Nutr.* 2018;58(9):1428-1447.

261. Chudzińska M, Rogowicz D, Wołowiec Ł, Banach J, Sielski S, Bujak R, Sinkiewicz A, Grześk G. Resveratrol and cardiovascular system-the unfulfilled hopes. *Ir J Med Sci.* 2021;190(3):981-986.

262. Islam F, Nafady MH, Islam MR, Saha S, Rashid S, Akter A, Or-Rashid MH, Akhtar MF, Perveen A, Md Ashraf G, Rahman MH, Hussein Sweilam S. Resveratrol and neuroprotection: an insight into prospective therapeutic approaches against Alzheimer's disease from bench to bedside. *Mol Neurobiol.* 2022;59(7):4384-4404.

263. Galiniak S, Aebisher D, Bartusik-Aebisher D. Health benefits of resveratrol administration. *Acta Biochim Pol.* 2019;66(1):13-21.

264. Jaisamut P, Wanna S, Limsuwan S, Chusri S, Wiwattanawongsa K, Wiwattanapatapee R. Enhanced Oral Bioavailability and Improved Biological Activities of a Quercetin/Resveratrol Combination Using a Liquid Self-Microemulsifying Drug Delivery System. *Planta Med.* 2021;87(4):336-346.

265. Lee SH, Lee JH, Lee HY, Min KJ. Sirtuin signaling in cellular senescence and aging. *BMB Rep.* 2019;52(1):24-34.

266. Juang YP, Liang PH. Biological and Pharmacological Effects of Synthetic Saponins. *Molecules.* 2020;25(21):4974.

267. Diez-Simon C, Eichelsheim C, Mumm R, Hall RD. Chemical and Sensory Characteristics of Soy Sauce: A Review. *J Agric Food Chem.* 2020;68(42):11612-11630.

268. Gorissen SHM, Crombag JJR, Senden JMG, Waterval WAH, Bierau J, Verdijk LB, van Loon LJC. Protein content and amino acid composition of commercially available plant-based protein isolates. *Amino Acids.* 2018;50(12):1685-1695.

269. Ohishi T, Miyoshi N, Mori M, Sagara M, Yamori Y. Health Effects of Soy Isoflavones and Green Tea Catechins on Cancer and Cardiovascular Diseases Based on Urinary Biomarker Levels. *Molecules.* 2022;27(24):8899.

270. Takagi A, Kano M, Kaga C. Possibility of breast cancer prevention: use of soy isoflavones and fermented soy beverage produced using probiotics. *Int J Mol Sci.* 2015;16(5):10907-20.

271. Sahin I, Bilir B, Ali S, Sahin K, Kucuk O. Soy Isoflavones in Integrative Oncology: Increased Efficacy and Decreased Toxicity of Cancer Therapy. *Integr Cancer Ther.* 2019;18:1534735419835310.

272. Ramdath DD, Padhi EM, Sarfaraz S, Renwick S, Duncan AM. Beyond the Cholesterol-Lowering Effect of Soy Protein: A Review of the Effects of Dietary Soy and Its Constituents on Risk Factors for Cardiovascular Disease. *Nutrients.* 2017;9(4):324.

273. Zuo X, Zhao R, Wu M, Wan Q, Li T. Soy Consumption and the Risk of Type 2 Diabetes and Cardiovascular Diseases: A Systematic Review and Meta-Analysis. *Nutrients.* 2023;15(6):1358.

274. Wang X, Yu C, Lv J, Li L, Hu Y, Liu K, Shirai K, Iso H, Dong JY. Consumption of soy products and cardiovascular mortality in people with and without cardiovascular disease: a prospective cohort study of 0.5 million individuals. *Eur J Nutr.* 2021;60(8):4429-4438.

275. George KS, Muñoz J, Akhavan NS, Foley EM, Siebert SC, Tenenbaum G, Khalil DA, Chai SC, Arjmandi BH. Is soy protein effective in reducing cholesterol and improving bone health? *Food Funct.* 2020;11(1):544-551.

276. Chen LR, Chen KH. Utilization of Isoflavones in Soybeans for Women with Menopausal Syndrome: An Overview. *Int J Mol Sci.* 2021;22(6):3212.

277. Seth D, Poowutikul P, Pansare M, Kamat D. Food Allergy: A Review. *Pediatr Ann.* 2020;49(1):e50-e58.

278. López-Cervantes J, Sánchez-Machado D, de la Mora-López DS, Sanches-Silva A. Quinoa (Chenopodium quinoa Willd.): Exploring a Superfood from Andean Indigenous Cultures with Potential to Reduce Cardiovascular Disease (CVD) Risk Markers. *Curr Mol Pharmacol.* 2021;14(6):925-934.

279. Agarwal A, Rizwana, Tripathi AD, Kumar T, Sharma KP, Patel SKS. Nutritional and Functional New Perspectives and Potential Health Benefits of Quinoa and Chia Seeds. *Antioxidants (Basel).* 2023;12(7):1413.

280. Melini V, Melini F. Functional Components and Anti-Nutritional Factors in Gluten-Free Grains: A Focus on Quinoa Seeds. *Foods.* 2021;10(2):351.

281. Jan N, Hussain SZ, Naseer B, Bhat TA. Amaranth and quinoa as potential nutraceuticals: A review of anti-nutritional factors, health benefits and their applications in food, medicinal and cosmetic sectors. *Food Chem X.* 2023;18:100687.

282. Fan X, Guo H, Teng C, Yang X, Qin P, Richel A, Zhang L, Blecker C, Ren G. Supplementation of quinoa peptides alleviates colorectal cancer and restores gut microbiota in AOM/DSS-treated mice. *Food Chem.* 2023;408:135196.

283. Präger L, Simon JC, Treudler R. Food allergy - New risks through vegan diet? Overview of new allergen sources and current data on the potential risk of anaphylaxis. *J Dtsch Dermatol Ges.* 2023;21(11):1308-1313.

284. Hong J, Convers K, Reeves N, Temprano J. Anaphylaxis to quinoa. *Ann Allergy Asthma Immunol.* 2013;110(1):60-1.

285. Riggins CW, Mumm RH. Amaranths. *Curr Biol.* 2021;31(13):R834-R835.

286. Stetter MG, Vidal-Villarejo M, Schmid KJ. Parallel Seed Color Adaptation during Multiple Domestication Attempts of an Ancient New World Grain. *Mol Biol Evol.* 2020;37(5):1407-1419.

287. Niro S, D'Agostino A, Fratianni A, Cinquanta L, Panfili G. Gluten-Free Alternative Grains: Nutritional Evaluation and Bioactive Compounds. *Foods.* 2019;8(6):208.

288. Chmelík Z, Šnejdrlová M, Vrablík M. Amaranth as a potential dietary adjunct of lifestyle modification to improve cardiovascular risk profile. *Nutr Res.* 2019;72:36-45.

289. Nardo AE, Suárez S, Quiroga AV, Añón MC. Amaranth as a Source of Antihypertensive Peptides. *Front Plant Sci.* 2020;11:578631.

290. Gélinas B, Seguin P. Oxalate in grain amaranth. *J Agric Food Chem.* 2007;55(12):4789-94.

291. Mancuso C, Santangelo R. Panax ginseng and Panax quinquefolius: From pharmacology to toxicology. *Food Chem Toxicol.* 2017;107(Pt A):362-372.

292. Valdés-González JA, Sánchez M, Moratilla-Rivera I, Iglesias I, Gómez-Serranillos MP. Immunomodulatory, Anti-Inflammatory, and Anti-Cancer Properties of Ginseng: A Pharmacological Update. *Molecules.* 2023;28(9):3863.

293. Yoon J, Park B, Hong KW, Jung DH. The effects of Korean Red Ginseng on stress-related neurotransmitters and gene expression: A randomized, double-blind, placebo-controlled trial. *J Ginseng Res.* 2023;47(6):766-772.

294. Muñoz-Castellanos B, Martínez-López P, Bailón-Moreno R, Esquius L. Effect of Ginseng Intake on Muscle Damage Induced by Exercise in Healthy Adults. *Nutrients.* 2023;16(1):90.

295. Yang S, Li F, Lu S, Ren L, Bian S, Liu M, Zhao D, Wang S, Wang J. Ginseng root extract attenuates inflammation by inhibiting the MAPK/NF-$\varkappa$B signaling pathway and activating autophagy and p62-Nrf2-Keap1 signaling in vitro and in vivo. *J Ethnopharmacol.* 2022;283:114739.

296. Zhao L, Zhang Y, Li Y, Li C, Shi K, Zhang K, Liu N. Therapeutic effects of ginseng and ginsenosides on colorectal cancer. *Food Funct.* 2022;13(12):6450-6466.

297. Yao W, Guan Y. Ginsenosides in cancer: A focus on the regulation of cell metabolism. *Biomed Pharmacother.* 2022;156:113756.

298. de Oliveira Zanuso B, de Oliveira Dos Santos AR, Miola VFB, Guissoni Campos LM, Spilla CSG, Barbalho SM. Panax ginseng and aging related disorders: A systematic review. *Exp Gerontol.* 2022;161:111731.

299. Chen YY, Liu QP, An P, Jia M, Luan X, Tang JY, Zhang H. Ginsenoside Rd: A promising natural neuroprotective agent. *Phytomedicine.* 2022;95:153883.

300. Malík M, Tlustoš P. Nootropics as Cognitive Enhancers: Types, Dosage and Side Effects of Smart Drugs. *Nutrients.* 2022;14(16):3367.

301. Choi MK, Song IS. Interactions of ginseng with therapeutic drugs. *Arch Pharm Res.* 2019;42(10):862-878.

302. Jin S, Lee S, Jeon JH, Kim H, Choi MK, Song IS. Enhanced Intestinal Permeability and Plasma Concentration of Metformin in Rats by the Repeated Administration of Red Ginseng Extract. *Pharmaceutics.* 2019;11(4):189.

303. Ahmed A, Saleem MA, Saeed F, Afzaal M, Imran A, Nadeem M, Ambreen S, Imran M, Hussain M, Jbawi EA. *Gynostemma pentaphyllum* an immortal herb with promising therapeutic potential: a comprehensive review on its phytochemistry and pharmacological perspective. *International Journal of Food Properties.* 2023;26(1), 808-832.

304. Wang Z, Wang Z, Huang W, Suo J, Chen X, Ding K, Sun Q, Zhang H. Antioxidant and anti-inflammatory activities of an anti-diabetic polysaccharide extracted from Gynostemma pentaphyllum herb. *Int J Biol Macromol.* 2020;145:484-491.

305. Liu H, Li X, Duan Y, Xie JB, Piao XL. Mechanism of gypenosides of Gynostemma pentaphyllum inducing apoptosis of renal cell carcinoma by PI3K/AKT/mTOR pathway. *J Ethnopharmacol.* 2021;271:113907.

306. Su C, Li N, Ren R, Wang Y, Su X, Lu F, Zong R, Yang L, Ma X. Progress in the Medicinal Value, Bioactive Compounds, and Pharmacological Activities of Gynostemma pentaphyllum. *Molecules.* 2021;26(20):6249.

307. Choi EK, Won YH, Kim SY, Noh SO, Park SH, Jung SJ, Lee CK, Hwang BY, Lee MK, Ha KC, Baek HI, Kim HM, Ko MH, Chae SW. Supplementation with extract of Gynostemma pentaphyllum leaves reduces anxiety in healthy subjects with chronic psychological stress: A randomized, double-blind, placebo-controlled clinical trial. *Phytomedicine.* 2019;52:198-205.

308. Dai N, Zhao FF, Fang M, Pu FL, Kong LY, Liu JP. Gynostemma pentaphyllum for dyslipidemia: A systematic review of randomized controlled trials. *Front Pharmacol.* 2022;13:917521.

309. Shaito A, Thuan DTB, Phu HT, Nguyen THD, Hasan H, Halabi S, Abdelhady S, Nasrallah GK, Eid AH, Pintus G. Herbal Medicine for Cardiovascular Diseases: Efficacy, Mechanisms, and Safety. *Front Pharmacol.* 2020;11:422.

310. Phu HT, Thuan DTB, Nguyen THD, Posadino AM, Eid AH, Pintus G. Herbal Medicine for Cardiovascular Diseases: Efficacy, Mechanisms, and Safety. *Curr Vasc Pharmacol.* 2020;18(4):369-393.

311. Lv J, Shen X, Shen X, Zhao S, Xu R, Yan Q, Lu J, Zhu D, Zhao Y, Dong J, Wang J, Shen X. NPLC0393 from Gynostemma pentaphyllum ameliorates Alzheimer's disease-like pathology in mice by targeting protein phosphatase magnesium-dependent 1A phosphatase. *Phytother Res.* 2023;37(10):4771-4790.

312. Tan H, Liu ZL, Liu MJ. Antithrombotic effect of Gynostemma pentaphyllum. *Zhongguo Zhong Xi Yi Jie He Za Zhi.* 1993;13(5):278-80,261.

313. Siwek M, Woroń J, Wrzosek A, Gupało J, Chrobak AA. Harder, better, faster, stronger? Retrospective chart review of adverse events of interactions between adaptogens and antidepressant drugs. *Front Pharmacol.* 2023;14:1271776.

314. VGH Baden-Württemberg *openJur.* 2022,13460.

315. Seng J. Poesie und Leben: Zur Entstehung von Goethes 'Gingo biloba'-Gedicht. In: Bohnenkamp, A: Jahrbuch Freies deutsches Hochstift 2021. *Jahrbuch des Freien Deutschen Hochstifts.* 2022:94-108.

316. Lyman BS. The etymology of 'ginkgo.' *Science.* 1885;6(130):84.

317. Li Y, Zhu X, Wang K, Zhu L, Murray M, Zhou F. The potential of Ginkgo biloba in the treatment of human diseases and the relationship to Nrf2-mediated antioxidant protection. *J Pharm Pharmacol.* 2022;74(12):1689-1699.

318. Xie C, Jiang J, Liu J, Yuan G, Zhao Z. Ginkgolide B attenuates collagen-induced rheumatoid arthritis and regulates fibroblast-like synoviocytes-mediated apoptosis and inflammation. *Ann Transl Med.* 2020;8(22):1497.

319. Yu J, Wang J, Yang J, Ouyang T, Gao H, Kan H, Yang Y. New insight into the mechanisms of Ginkgo biloba leaves in the treatment of cancer. *Phytomedicine.* 2024;122:155088.

320. Kook H, Yu CW, Choi D, Ahn TH, Chang K, Cho JM, Kim SJ, Park CG, Cho DK, Kim SH, Lee HC, Jin HY, Chae IH, Kwon K, Ahn SG, Kim JH, Lee SR, Kim JS, Kim SY, Lim SW. Efficacy and Safety of SID142 in Patients With Peripheral Arterial Disease: A Multicenter, Randomized, Double-Blind, Active-Controlled, Parallel-Group, Phase III Clinical Trial. *Clin Ther.* 2022;44(4):508-528.

321. Ye W, Wang J, Little PJ, Zou J, Zheng Z, Lu J, Yin Y, Liu H, Zhang D, Liu P, Xu S, Ye W, Liu Z. Anti-atherosclerotic effects and molecular targets of ginkgolide B from *Ginkgo biloba. Acta Pharm Sin B.* 2024;14(1):1-19.

322. Silva H, Martins FG. Cardiovascular Activity of Ginkgo biloba-An Insight from Healthy Subjects. *Biology (Basel).* 2022;12(1):15.

323. Xie L, Zhu Q, Lu J. Can We Use *Ginkgo biloba* Extract to Treat Alzheimer's Disease? Lessons from Preclinical and Clinical Studies. *Cells.* 2022;11(3):479.

324. Boateng ID. A critical review of current technologies used to reduce ginkgotoxin, ginkgotoxin-5'-glucoside, ginkgolic acid, allergic glycoprotein, and cyanide in Ginkgo biloba L. seed. *Food Chem.* 2022;382:132408.

325. Diamond BJ, Bailey MR. Ginkgo biloba: indications, mechanisms, and safety. *Psychiatr Clin North Am.* 2013;36(1):73-83.

326. Arenas-Jal M, Suñé-Negre JM, García-Montoya E. Coenzyme Q10 supplementation: Efficacy, safety, and formulation challenges. *Compr Rev Food Sci Food Saf.* 2020;19(2):574-594.

327. Al Saadi T, Assaf Y, Farwati M, Turkmani K, Al-Mouakeh A, Shebli B, Khoja M, Essali A, Madmani ME. Coenzyme Q10 for heart failure. *Cochrane Database Syst Rev.* 2021;(2)(2):CD008684.

328. Tsai IC, Hsu CW, Chang CH, Tseng PT, Chang KV. Effectiveness of Coenzyme Q10 Supplementation for Reducing Fatigue: A Systematic Review and Meta-Analysis of Randomized Controlled Trials. *Front Pharmacol.* 2022;13:883251.

329. Fladerer JP, Grollitsch S. Comparison of Coenzyme Q10 (Ubiquinone) and Reduced Coenzyme Q10 (Ubiquinol) as Supplement to Prevent Cardiovascular Disease and Reduce Cardiovascular Mortality. *Curr Cardiol Rep.* 2023;25(12):1759-1767.

330. Thapa M, Dallmann G. Role of coenzymes in cancer metabolism. *Semin Cell Dev Biol.* 2020;98:44-53.

331. Mantle D, Heaton RA, Hargreaves IP. Coenzyme Q10 and Immune Function: An Overview. *Antioxidants (Basel).* 2021;10(5):759.

332. Wu H, Zhong Z, Lin S, Qiu C, Xie P, Lv S, Cui L, Wu T. Coenzyme Q_{10} Sunscreen Prevents Progression of Ultraviolet-Induced Skin Damage in Mice. *Biomed Res Int.* 2020;2020:9039843.

333. Zhou Q, Zhou S, Chan E. Effect of coenzyme Q10 on warfarin hydroxylation in rat and human liver microsomes. *Curr Drug Metab.* 2005;6(2):67-81.

334. Holick MF. The One-Hundred-Year Anniversary of the Discovery of the Sunshine Vitamin D_3: Historical, Personal Experience and Evidence-Based Perspectives. *Nutrients.* 2023;15(3):593.

335. Miller WL, Imel EA. Rickets, Vitamin D, and Ca/P Metabolism. *Horm Res Paediatr.* 2022;95(6):579-592.

336. LeBoff MS, Greenspan SL, Insogna KL, Lewiecki EM, Saag KG, Singer AJ, Siris ES. The clinician's guide to prevention and treatment of osteoporosis. *Osteoporos Int.* 2022;33(10):2049-2102.

337. Sîrbe C, Rednic S, Grama A, Pop TL. An Update on the Effects of Vitamin D on the Immune System and Autoimmune Diseases. *Int J Mol Sci.* 2022;23(17):9784.

338. Costenbader KH, Cook NR, Lee IM, Hahn J, Walter J, Bubes V, Kotler G, Yang N, Friedman S, Alexander EK, Manson JE. Vitamin D and Marine n-3 Fatty Acids for Autoimmune Disease Prevention: Outcomes at Two Years after VITAL Trial Completion. *Arthritis Rheumatol.* 2024 Jan 25. doi: 10.1002/art.42811. Online ahead of print.

339. Latic N, Erben RG. Vitamin D and Cardiovascular Disease, with Emphasis on Hypertension, Atherosclerosis, and Heart Failure. *Int J Mol Sci.* 2020;21(18):6483.

340. Akpınar Ş, Karadağ MG. Is Vitamin D Important in Anxiety or Depression? What Is the Truth? *Curr Nutr Rep.* 2022;11(4):675-681.

341. Cui X, McGrath JJ, Burne THJ, Eyles DW. Vitamin D and schizophrenia: 20 years on. *Mol Psychiatry.* 2021;26(7):2708-2720.

342. Wan M, Patel J, Rait G, Shroff R. Hypervitaminosis D and nephrocalcinosis: too much of a good thing? *Pediatr Nephrol.* 2022;37(10):2225-2229.

343. Viljoen M, Bipath P, Tosh C. Pellagra in South Africa from 1897 to 2019: a scoping review. *Public Health Nutr.* 2021;24(8):2062-2076.

344. Davidson M, Rashidi N, Nurgali K, Apostolopoulos V. The Role of Tryptophan Metabolites in Neuropsychiatric Disorders. *Int J Mol Sci.* 2022;23(17):9968.

345. Campbell JM. Supplementation with NAD$^+$ and Its Precursors to Prevent Cognitive Decline across Disease Contexts. *Nutrients.* 2022;14(15):3231.

346. Superko HR, Zhao XQ, Hodis HN, Guyton JR. Niacin and heart disease prevention: Engraving its tombstone is a mistake. *J Clin Lipidol.* 2017;11(6):1309-1317.

347. Tuteja S. Activation of HCAR2 by niacin: benefits beyond lipid lowering. *Pharmacogenomics.* 2019;20(16):1143-1150.

348. Ruparelia N, Digby JE, Choudhury RP. Effects of niacin on atherosclerosis and vascular function. *Curr Opin Cardiol.* 2011;26(1):66-70.

349. Mikkelsen K, Apostolopoulos V. B Vitamins and Ageing. *Subcell Biochem.* 2018;90:451-470.

350. Tian S, Wu L, Zheng H, Zhong X, Liu M, Yu X, Wu W. Dietary niacin intake in relation to depression among adults: a population-based study. *BMC Psychiatry.* 2023;23(1):678.

351. Madaan P, Sikka P, Malik DS. Cosmeceutical Aptitudes of Niacinamide: A Review. *Recent Adv Antiinfect Drug Discov.* 2021;16(3):196-208.

352. Papaliodis D, Boucher W, Kempuraj D, Michaelian M, Wolfberg A, House M, Theoharides TC. Niacin-induced "flush" involves release of prostaglandin D2 from mast cells and serotonin from platelets: evidence from human cells in vitro and an animal model. *J Pharmacol Exp Ther.* 2008;327(3):665-72.

353. Ferrell M, Wang Z, Anderson JT, Li XS, Witkowski M, DiDonato JA, Hilser JR, Hartiala JA, Haghikia A, Cajka T, Fiehn O, Sangwan N, Demuth I, König M, Steinhagen-Thiessen E, Landmesser U, Tang WHW, Allayee H, Hazen SL. A terminal metabolite of niacin promotes vascular inflammation and contributes to cardiovascular disease risk. *Nat Med.* 2024;30(2):424-434.

354. Calder PC. Omega-3 fatty acids and inflammatory processes: from molecules to man. *Biochem Soc Trans.* 2017;45(5):1105-1115.

355. Williams EJ, Berthon BS, Stoodley I, Williams LM, Wood LG. Nutrition in Asthma. *Semin Respir Crit Care Med.* 2022;43(5):646-661.

356. Schreiner P, Martinho-Grueber M, Studerus D, Vavricka SR, Tilg H, Biedermann L; on behalf of Swiss IBDnet, an official working group of the Swiss Society of Gastroenterology. Nutrition in Inflammatory Bowel Disease. *Digestion.* 2020;101 Suppl 1:120-135.

357. Bhatt DL, Steg PG, Miller M, Brinton EA, Jacobson TA, Ketchum SB, et al.; REDUCE-IT Investigators. Cardiovascular Risk Reduction with Icosapent Ethyl for Hypertriglyceridemia. *N Engl J Med.* 2019;380(1):11-22.

358. Harris WS, Tintle NL, Imamura F, Qian F, Korat AVA, Marklund M, Djoussé L, Bassett JK, Carmichael PH, Chen YY, Hirakawa Y, Küpers LK, Laguzzi F, Lankinen M, Murphy RA, Samieri C, Senn MK, Shi P, Virtanen JK, Brouwer IA, Chien KL, Eiriksdottir G, Forouhi NG, Geleijnse JM, Giles GG, Gudnason V, Helmer C, Hodge A, Jackson R, Khaw KT, Laakso M, Lai H, Laurin D, Leander K, Lindsay J, Micha R, Mursu J, Ninomiya T, Post W, Psaty BM, Risérus U, Robinson JG, Shadyab AH, Snetselaar L, Sala-Vila A, Sun Y, Steffen LM, Tsai MY, Wareham NJ, Wood AC, Wu JHY, Hu F, Sun Q, Siscovick DS, Lemaitre RN, Mozaffarian D; Fatty Acids and Outcomes Research Consortium (FORCE). Blood n-3 fatty acid levels and total and cause-specific mortality from 17 prospective studies. *Nat Commun.* 2021;12(1):2329.

359. Abdelhamid AS, Brown TJ, Brainard JS, Biswas P, Thorpe GC, Moore HJ, Deane KH, AlAbdulghafoor FK, Summerbell CD, Worthington HV, Song F, Hooper L. Omega-3 fatty acids for the primary and secondary prevention of cardiovascular disease. *Cochrane Database Syst Rev.* 2018;7(7):CD003177.

360. Markozannes G, Ntzani EE, Tsapas A, Mantzoros CS, Tsiara S, Xanthos T, Karpettas N, Patrikios I, Rizos EC. Dose-related meta-analysis for Omega-3 fatty acids supplementation on major adverse cardiovascular events. *Clin Nutr.* 2022;41(4):923-30.

361. Appleton KM, Voyias PD, Sallis HM, Dawson S, Ness AR, Churchill R, Perry R. Omega-3 fatty acids for depression in adults. *Cochrane Database Syst Rev.* 2021;11(11):CD004692.

362. Thomsen BJ, Chow EY, Sapijaszko MJ. The Potential Uses of Omega-3 Fatty Acids in Dermatology: A Review. *J Cutan Med Surg.* 2020;24(5):481-494.

363. Jiang H, Shi X, Fan Y, Wang D, Li B, Zhou J, Pei C, Ma L. Dietary omega-3 polyunsaturated fatty acids and fish intake and risk of age-related macular degeneration. *Clin Nutr.* 2021;40(12):5662-5673.

364. Bowen KJ, Harris WS, Kris-Etherton PM. Omega-3 Fatty Acids and Cardiovascular Disease: Are There Benefits? *Curr Treat Options Cardiovasc Med.* 2016;18(11):69.

365. Farag MA, Gad MZ. Omega-9 fatty acids: potential roles in inflammation and cancer management. *J Genet Eng Biotechnol.* 2022;20(1):48.

366. Johnson M, Bradford C. Omega-3, Omega-6 and Omega-9 Fatty Acids: Implications for Cardiovascular and Other Diseases. *J Glycomics Lipidomics.* 2014;4(4):1000123.

367. Wang Y, Jin J, Wu G, Wei W, Jin Q, Wang X. Omega-9 monounsaturated fatty acids: a review of current scientific evidence of sources, metabolism, benefits, recommended intake, and edible safety. *Crit Rev Food Sci Nutr.* 2024 Feb 11:1-21. doi: 10.1080/10408398.2024.2313181. Online ahead of print.

368. Lin CY, Hsu CY, Elzoghby AO, Alalaiwe A, Hwang TL, Fang JY. Oleic acid as the active agent and lipid matrix in cilomilast-loaded nanocarriers to assist PDE4 inhibition of activated neutrophils for mitigating psoriasis-like lesions. *Acta Biomater.* 2019;90:350-361.

369. Delgado GE, Krämer BK, Lorkowski S, März W, von Schacky C, Kleber ME. Individual omega-9 monounsaturated fatty acids and mortality-The Ludwigshafen Risk and Cardiovascular Health Study. *J Clin Lipidol.* 2017;11(1):126-135.e5.

370. Galanty A, Grudzińska M, Paździora W, Paśko P. Erucic Acid-Both Sides of the Story: A Concise Review on Its Beneficial and Toxic Properties. *Molecules.* 2023;28(4):1924.

371. Belz GG, Palm D. Paracelsus: Dosis sola facit venenum. *Dtsch Arztebl.* 1993; 90(22): A-1630.

372. Rajman L, Chwalek K, Sinclair DA. Therapeutic Potential of NAD-Boosting Molecules: The In Vivo Evidence. *Cell Metab.* 2018;27(3):529-547.

373. Lopaschuk GD, Karwi QG, Tian R, Wende AR, Abel ED. Cardiac Energy Metabolism in Heart Failure. *Circ Res.* 2021;128(10):1487-1513.

374. Covarrubias AJ, Perrone R, Grozio A, Verdin E. NAD$^+$ metabolism and its roles in cellular processes during ageing. *Nat Rev Mol Cell Biol.* 2021;22(2):119-141.

375. Kida Y, Goligorsky MS. Sirtuins, Cell Senescence, and Vascular Aging. *Can J Cardiol.* 2016;32(5):634-41.

376. Dai H, Sinclair DA, Ellis JL, Steegborn C. Sirtuin activators and inhibitors: Promises, achievements, and challenges. *Pharmacol Ther.* 2018;188:140-154.

377. Song Q, Zhou X, Xu K, Liu S, Zhu X, Yang J. The Safety and Antiaging Effects of Nicotinamide Mononucleotide in Human Clinical Trials: an Update. *Adv Nutr.* 2023;14(6):1416-1435.

378. Nadeeshani H, Li J, Ying T, Zhang B, Lu J. Nicotinamide mononucleotide (NMN) as an anti-aging health product - Promises and safety concerns. *J Adv Res.* 2021;37:267-278.

379. Herman R, Kravos NA, Jensterle M, Janež A, Dolžan V. Metformin and Insulin Resistance: A Review of the Underlying Mechanisms behind Changes in GLUT4-Mediated Glucose Transport. *Int J Mol Sci.* 2022;23(3):1264.

380. Kristófi R, Eriksson JW. Metformin as an anti-inflammatory agent: a short review. *J Endocrinol.* 2021;251(2):R11-R22.

381. Lv Z, Guo Y. Metformin and Its Benefits for Various Diseases. *Front Endocrinol (Lausanne)*. 2020;11:191.

382. Huang X, Sun T, Wang J, Hong X, Chen H, Yan T, Zhou C, Sun D, Yang C, Yu T, Su W, Du W, Xiong H. Metformin Reprograms Tryptophan Metabolism to Stimulate CD8+ T-cell Function in Colorectal Cancer. *Cancer Res*. 2023;83(14):2358-2371.

383. Cejuela M, Martin-Castillo B, Menendez JA, Pernas S. Metformin and Breast Cancer: Where Are We Now? *Int J Mol Sci*. 2022;23(5):2705.

384. Ma T, Tian X, Zhang B, Li M, Wang Y, Yang C, Wu J, Wei X, Qu Q, Yu Y, Long S, Feng JW, Li C, Zhang C, Xie C, Wu Y, Xu Z, Chen J, Yu Y, Huang X, He Y, Yao L, Zhang L, Zhu M, Wang W, Wang ZC, Zhang M, Bao Y, Jia W, Lin SY, Ye Z, Piao HL, Deng X, Zhang CS, Lin SC. Low-dose metformin targets the lysosomal AMPK pathway through PEN2. *Nature*. 2022;603(7899):159-165.

385. Infante M, Leoni M, Caprio M, Fabbri A. Long-term metformin therapy and vitamin B12 deficiency: An association to bear in mind. *World J Diabetes*. 2021;12(7):916-931.

386. Kushner RF, Calanna S, Davies M, Dicker D, Garvey WT, Goldman B, Lingvay I, Thomsen M, Wadden TA, Wharton S, Wilding JPH, Rubino D. Semaglutide 2.4 mg for the Treatment of Obesity: Key Elements of the STEP Trials 1 to 5. *Obesity (Silver Spring)*. 2020;28(6):1050-1061.

387. Bergmann NC, Davies MJ, Lingvay I, Knop FK. Semaglutide for the treatment of overweight and obesity: A review. *Diabetes Obes Metab*. 2023;25(1):18-35.

388. Lincoff AM, Brown-Frandsen K, Colhoun HM, Deanfield J, Emerson SS, Esbjerg S, Hardt-Lindberg S, Hovingh GK, Kahn SE, Kushner RF, Lingvay I, Oral TK, Michelsen MM, Plutzky J, Tornøe CW, Ryan DH; SELECT Trial Investigators. Semaglutide and Cardiovascular Outcomes in Obesity without Diabetes. *N Engl J Med*. 2023;389(24):2221-2232.

389. Hussein H, Zaccardi F, Khunti K, Davies MJ, Patsko E, Dhalwani NN, Kloecker DE, Ioannidou E, Gray LJ. Efficacy and tolerability of sodium-glucose co-transporter-2 inhibitors and glucagon-like peptide-1 receptor agonists: A systematic review and network meta-analysis. *Diabetes Obes Metab*. 2020;22(7):1035-1046.

390. McIntyre RS, Mansur RB, Rosenblat JD, Kwan ATH. The association between glucagon-like peptide-1 receptor agonists (GLP-1 RAs) and suicidality: reports to the Food and Drug Administration Adverse Event Reporting System (FAERS). *Expert Opin Drug Saf*. 2024;23(1):47-55.

391. Wang W, Volkow ND, Berger NA, Davis PB, Kaelber DC, Xu R. Association of semaglutide with risk of suicidal ideation in a real-world cohort. *Nat Med*. 2024;30(1):168-176.

392. Tobaiqy M, Elkout H. Psychiatric adverse events associated with semaglutide, liraglutide and tirzepatide: a pharmacovigilance analysis of individu-

al case safety reports submitted to the EudraVigilance database. *Int J Clin Pharm.* 2024 Jan 24. doi: 10.1007/s11096-023-01694-7. Online ahead of print.

393. Berkel HJ. Does an 'aspirin-a-day' keep the doctor away? *Br J Cancer.*1999;81(1):1-2.

394. Montinari MR, Minelli S, De Caterina R. The first 3500 years of aspirin history from its roots - A concise summary. *Vascul Pharmacol.* 2019;113:1-8.

395. Ugurlucan M, Caglar IM, Caglar FN, Ziyade S, Karatepe O, Yildiz Y, Zencirci E, Ugurlucan FG, Arslan AH, Korkmaz S, Filizcan U, Cicek S. Aspirin: from a historical perspective. *Recent Pat Cardiovasc Drug Discov.* 2012;7(1):71-6.

396. Gall EP. The safety of treating rheumatoid arthritis with aspirin. *JAMA.* 1982;247(1):63-4.

397. Moore N, Le Parc JM, van Ganse E, Wall R, Schneid H, Cairns R. Tolerability of ibuprofen, aspirin and paracetamol for the treatment of cold and flu symptoms and sore throat pain. *Int J Clin Pract.* 2002;56(10):732-4.

398. Patrono C, Rocca B. Less Thromboxane, Longer Life. *J Am Coll Cardiol.* 2022;80(3):251-255.

399. Soodi D, VanWormer JJ, Rezkalla SH. Aspirin in Primary Prevention of Cardiovascular Events. *Clin Med Res.* 2020;18(2-3):89-94.

400. Zheng SL, Roddick AJ. Association of Aspirin Use for Primary Prevention With Cardiovascular Events and Bleeding Events: A Systematic Review and Meta-analysis. *JAMA.* 2019;321(3):277-287.

401. Bigalke B, Geisler T, Hövelborn T, May AE, Gawaz M. Management of perioperative stent thrombosis in patients undergoing surgery. *Platelets.* 2010;21(7):578-82.

402. Kamada T, Satoh K, Itoh T, Ito M, Iwamoto J, Okimoto T, Kanno T, Sugimoto M, Chiba T, Nomura S, Mieda M, Hiraishi H, Yoshino J, Takagi A, Watanabe S, Koike K. Evidence-based clinical practice guidelines for peptic ulcer disease 2020. *J Gastroenterol.* 2021;56(4):303-322.

403. Szczeklik A. Aspirin-induced asthma: a tribute to John Vane as a source of inspiration. *Pharmacol Rep.* 2010;62(3):526-9.

404. Fitzgerald DA. Aspirin and Reye syndrome. *Paediatr Drugs.* 2007;9(3):205-6.

405. Yu D, Liao JK. Emerging views of statin pleiotropy and cholesterol lowering. *Cardiovasc Res.* 2022;118(2):413-423.

406. Hussain A, Kaler J, Ray SD. The Benefits Outweigh the Risks of Treating Hypercholesterolemia: The Statin Dilemma. *Cureus.* 2023;15(1):e33648.

407. Cholesterol Treatment Trialists' (CTT) Collaboration; Baigent C, Blackwell L, Emberson J, Holland LE, Reith C, Bhala N, Peto R, Barnes EH, Keech A, Simes J, Collins R. Efficacy and safety of more intensive lowering of

LDL cholesterol: a meta-analysis of data from 170,000 participants in 26 randomised trials. *Lancet.* 2010;376(9753):1670-81.

408. Ference BA, Ginsberg HN, Graham I, Ray KK, Packard CJ, Bruckert E, Hegele RA, Krauss RM, Raal FJ, Schunkert H, Watts GF, Borén J, Fazio S, Horton JD, Masana L, Nicholls SJ, Nordestgaard BG, van de Sluis B, Taskinen MR, Tokgözoglu L, Landmesser U, Laufs U, Wiklund O, Stock JK, Chapman MJ, Catapano AL. Low-density lipoproteins cause atherosclerotic cardiovascular disease. 1. Evidence from genetic, epidemiologic, and clinical studies. A consensus statement from the European Atherosclerosis Society Consensus Panel. *Eur Heart J.* 2017;38(32):2459-2472.

409. Ballaz S, Bourin M. High Sensitivity C-reactive Protein (hsCRP) and its Implications in Cardiovascular Outcomes. *Curr Pharm Des.* 2021;27(2):263-275.

410. Zhang Y, Liang M, Sun C, Qu G, Shi T, Min M, Wu Y, Sun Y. Statin Use and Risk of Pancreatic Cancer: An Updated Meta-analysis of 26 Studies. *Pancreas.* 2019;48(2):142-150.

411. Tran KT, McMenamin ÚC, Coleman HG, Cardwell CR, Murchie P, Iversen L, Lee AJ, Thrift AP. Statin use and risk of liver cancer: Evidence from two population-based studies. *Int J Cancer.* 2020;146(5):1250-1260.

412. Vinci P, Panizon E, Tosoni LM, Cerrato C, Pellicori F, Mearelli F, Biasinutto C, Fiotti N, Di Girolamo FG, Biolo G. Statin-Associated Myopathy: Emphasis on Mechanisms and Targeted Therapy. *Int J Mol Sci.* 2021;22(21):11687.

413. Furberg CD, Pitt B. Withdrawal of cerivastatin from the world market. *Curr Control Trials Cardiovasc Med.* 2001;2(5):205-207.

414. Liu A, Wu Q, Guo J, Ares I, Rodríguez JL, Martínez-Larrañaga MR, Yuan Z, Anadón A, Wang X, Martínez MA. Statins: Adverse reactions, oxidative stress and metabolic interactions. *Pharmacol Ther.* 2019;195:54-84.

415. Casula M, Mozzanica F, Scotti L, Tragni E, Pirillo A, Corrao G, Catapano AL. Statin use and risk of new-onset diabetes: A meta-analysis of observational studies. *Nutr Metab Cardiovasc Dis.* 2017;27(5):396-406.

416. Mansi IA, Chansard M, Lingvay I, Zhang S, Halm EA, Alvarez CA. Association of Statin Therapy Initiation With Diabetes Progression: A Retrospective Matched-Cohort Study. *JAMA Intern Med.* 2021;181(12):1562-1574.

417. Adhikari A, Tripathy S, Chuzi S, Peterson J, Stone NJ. Association between statin use and cognitive function: A systematic review of randomized clinical trials and observational studies. *J Clin Lipidol.* 2021;15(1):22-32.e12.

418. Heckman MA, Weil J, Gonzalez de Mejia E. Caffeine (1, 3, 7-trimethylxanthine) in foods: a comprehensive review on consumption, functionality, safety, and regulatory matters. *J Food Sci.* 2010;75(3):R77-87.

419. Nieber K. The Impact of Coffee on Health. *Planta Med.* 2017;83(16):1256-1263.

420. Jeukendrup AE, Randell R. Fat burners: nutrition supplements that increase fat metabolism. *Obes Rev.* 2011;12(10):841-51.

421. Guest NS, VanDusseldorp TA, Nelson MT, Grgic J, Schoenfeld BJ, Jenkins NDM, Arent SM, Antonio J, Stout JR, Trexler ET, Smith-Ryan AE, Goldstein ER, Kalman DS, Campbell BI. International society of sports nutrition position stand: caffeine and exercise performance. *J Int Soc Sports Nutr.* 2021;18(1):1.

422. Zulli A, Smith RM, Kubatka P, Novak J, Uehara Y, Loftus H, Qaradakhi T, Pohanka M, Kobyliak N, Zagatina A, Klimas J, Hayes A, La Rocca G, Soucek M, Kruzliak P. Caffeine and cardiovascular diseases: critical review of current research. *Eur J Nutr.* 2016;55(4):1331-43.

423. Grzegorzewski J, Bartsch F, Köller A, König M. Pharmacokinetics of Caffeine: A Systematic Analysis of Reported Data for Application in Metabolic Phenotyping and Liver Function Testing. *Front Pharmacol.* 2022;12:752826.

424. Smit HJ. Theobromine and the pharmacology of cocoa. *Handb Exp Pharmacol.* 2011;(200):201-34.

425. Judelson DA, Preston AG, Miller DL, Muñoz CX, Kellogg MD, Lieberman HR. Effects of theobromine and caffeine on mood and vigilance. *J Clin Psychopharmacol.* 2013;33(4):499-506.

426. Ried K, Sullivan TR, Fakler P, Frank OR, Stocks NP. Effect of cocoa on blood pressure. *Cochrane Database Syst Rev.* 2012;(8):CD008893.

427. Monteiro J, Alves MG, Oliveira PF, Silva BM. Pharmacological potential of methylxanthines: Retrospective analysis and future expectations. *Crit Rev Food Sci Nutr.* 2019;59(16):2597-2625.

428. Sharifi-Zahabi E, Rezvani N, Hajizadeh-Sharafabad F, Hosseini-Baharanchi FS, Shidfar F, Rahimi M. A comprehensive insight into the molecular effect of theobromine on cardiovascular-related risk factors: A systematic review of in vitro and in vivo studies. *Food Funct.* 2023;14(18):8431-8441.

429. Bhat JA, Kumar M. Neuroprotective Effects of Theobromine in permanent bilateral common carotid artery occlusion rat model of cerebral hypoperfusion. *Metab Brain Dis.* 2022;37(6):1787-1801.

430. Patanè S, Marte F, La Rosa FC, Rocca R. Atrial fibrillation associated with chocolate intake abuse and chronic salbutamol inhalation abuse. *Int J Cardiol.* 2010;145(2):e74-e76.

431. Brosnan JT, Brosnan ME. The sulfur-containing amino acids: an overview. *J Nutr.* 2006;136(6 Suppl):1636S-1640S.

432. Singh P, Gollapalli K, Mangiola S, Schranner D, Yusuf MA, Chamoli M, Shi SL, Lopes Bastos B, Nair T, Riermeier A, Vayndorf EM, Wu JZ, Nilakhe A, Nguyen CQ, Muir M, Kiflezghi MG, Foulger A, Junker A, Devine

J, Sharan K, Chinta SJ, Rajput S, Rane A, Baumert P, Schönfelder M, Iavarone F, di Lorenzo G, Kumari S, Gupta A, Sarkar R, Khyriem C, Chawla AS, Sharma A, Sarper N, Chattopadhyay N, Biswal BK, Settembre C, Nagarajan P, Targoff KL, Picard M, Gupta S, Velagapudi V, Papenfuss AT, Kaya A, Ferreira MG, Kennedy BK, Andersen JK, Lithgow GJ, Ali AM, Mukhopadhyay A, Palotie A, Kastenmüller G, Kaeberlein M, Wackerhage H, Pal B, Yadav VK. Taurine deficiency as a driver of aging. *Science.* 2023;380(6649):eabn9257.

433. Jong CJ, Sandal P, Schaffer SW. The Role of Taurine in Mitochondria Health: More Than Just an Antioxidant. *Molecules.* 2021;26(16):4913.

434. Qaradakhi T, Gadanec LK, McSweeney KR, Abraham JR, Apostolopoulos V, Zulli A. The Anti-Inflammatory Effect of Taurine on Cardiovascular Disease. *Nutrients.* 2020;12(9):2847.

435. Khalaf K, Tornese P, Cocco A, Albanese A. Tauroursodeoxycholic acid: a potential therapeutic tool in neurodegenerative diseases. *Transl Neurodegener.* 2022;11(1):33.

436. Baliou S, Adamaki M, Ioannou P, Pappa A, Panayiotidis MI, Spandidos DA, Christodoulou I, Kyriakopoulos AM, Zoumpourlis V. Protective role of taurine against oxidative stress (Review). *Mol Med Rep.* 2021;24(2):605.

437. Ma N, He F, Kawanokuchi J, Wang G, Yamashita T. Taurine and Its Anticancer Functions: In Vivo and In Vitro Study. *Adv Exp Med Biol.* 2022;1370:121-128.

438. Costantino A, Maiese A, Lazzari J, Casula C, Turillazzi E, Frati P, Fineschi V. The Dark Side of Energy Drinks: A Comprehensive Review of Their Impact on the Human Body. *Nutrients.* 2023;15(18):3922.

439. Curran CP, Marczinski CA. Taurine, caffeine, and energy drinks: Reviewing the risks to the adolescent brain. *Birth Defects Res.* 2017;109(20):1640-1648.

440. Taranukhin AG, Saransaari P, Kiianmaa K, Gunnar T, Oja SS. Comparison of Toxicity of Taurine and GABA in Combination with Alcohol in 7-Day-Old Mice. *Adv Exp Med Biol.* 2017;975 Pt 2:1021-1033.

441. Borlinghaus J, Albrecht F, Gruhlke MC, Nwachukwu ID, Slusarenko AJ. Allicin: chemistry and biological properties. *Molecules.* 2014;19(8):12591-618.

442. Choo S, Chin VK, Wong EH, Madhavan P, Tay ST, Yong PVC, Chong PP. Review: antimicrobial properties of allicin used alone or in combination with other medications. *Folia Microbiol (Praha).* 2020;65(3):451-465.

443. Hu J, Li C, Zhou Y, Ding J, Li X, Li Y. Allicin Inhibits Porcine Reproductive and Respiratory Syndrome Virus Infection In Vitro and Alleviates Inflammatory Responses. *Viruses.* 2023;15(5):1050.

444. Arellano Buendia AS, Juárez Rojas JG, García-Arroyo F, Aparicio Trejo OE, Sánchez-Muñoz F, Argüello-García R, Sánchez-Lozada LG, Bojalil R, Osorio-Alonso H. Antioxidant and anti-inflammatory effects of allicin in

the kidney of an experimental model of metabolic syndrome. *PeerJ.* 2023;11:e16132.

445. Sánchez-Gloria JL, Arellano-Buendía AS, Juárez-Rojas JG, García-Arroyo FE, Argüello-García R, Sánchez-Muñoz F, Sánchez-Lozada LG, Osorio-Alonso H. Cellular Mechanisms Underlying the Cardioprotective Role of Allicin on Cardiovascular Diseases. *Int J Mol Sci.* 2022;23(16):9082.

446. Pereverzev A, Ostroumova OD. Potential drug interactions with garlic. *Medical alphabet.* 2021;1(29):47-51.

447. Thomas PA, Dering M, Giertych MJ, Iszkuło G, Tomaszewski D, Briggs J. Biological Flora of Britain and Ireland: Viscum album. *J Ecol.* 2023;111(3):701-739.

448. Poles J, Karhu E, McGill M, McDaniel HR, Lewis JE. The effects of twenty-four nutrients and phytonutrients on immune system function and inflammation: A narrative review. *J Clin Transl Res.* 2021;7(3):333-376.

449. Nicoletti M. The Anti-Inflammatory Activity of *Viscum album. Plants (Basel).* 2023;12(7):1460.

450. Steigenberger C, Schnell-Inderst P, Flatscher-Thöni M, Plank LM, Siebert U. Patient' and social aspects related to complementary mistletoe therapy in patients with breast cancer: A systematic review commissioned by the German agency for Health Technology Assessment. *Eur J Oncol Nurs.* 2023;65:102338.

451. Ma YH, Cheng WZ, Gong F, Ma AL, Yu QW, Zhang JY, Hu CY, Chen XH, Zhang DQ. Active Chinese mistletoe lectin-55 enhances colon cancer surveillance through regulating innate and adaptive immune responses. *World J Gastroenterol.* 2008;14(34):5274-81.

452. Ma L, Phalke S, Stévigny C, Souard F, Vermijlen D. Mistletoe-Extract Drugs Stimulate Anti-Cancer Vγ9Vδ2 T Cells. *Cells.* 2020;9(6):1560.

453. Suveren E, Baxter GF, Iskit AB, Turker AU. Cardioprotective effects of Viscum album L. subsp. album (European misletoe) leaf extracts in myocardial ischemia and reperfusion. *J Ethnopharmacol.* 2017;209:203-209.

454. Myers SP, Cheras PA. The other side of the coin: safety of complementary and alternative medicine. *Med J Aust.* 2004;181(4):222-5.

455. Steele ML, Axtner J, Happe A, Kröz M, Matthes H, Schad F. Adverse Drug Reactions and Expected Effects to Therapy with Subcutaneous Mistletoe Extracts (Viscum album L.) in Cancer Patients. *Evid Based Complement Alternat Med.* 2014;2014:724258.

456. Rosell S, Samuelsson G. Effect of mistletoe viscotoxin and phoratoxin on blood circulation. *Toxicon.* 1966;4(2):107-10.

457. Von Wolzogen H. Die Motive in Wagner's „Götterdämmerung". *Musikal Wochenbl.* 1879;10(1):261.

458. Wang Y, Wang H, Ma T, Liu G, Feng X, Liu X, Ma X, Liu S, Shi D, Wang B, Kang J, Wang H, Wang Z. Hawthorn extract inhibited the PI3k/Akt

pathway to prolong the lifespan of Drosophila melanogaster. *J Food Biochem.* 2022;46(8):e14169.

459. Kim E, Jang E, Lee JH. Potential Roles and Key Mechanisms of Hawthorn Extract against Various Liver Diseases. *Nutrients.* 2022;14(4):867.

460. Verma T, Sinha M, Bansal N, Yadav SR, Shah K, Chauhan NS. Plants Used as Antihypertensive. *Nat Prod Bioprospect.* 2021;11(2):155-184.

461. Wu M, Liu L, Xing Y, Yang S, Li H, Cao Y. Roles and Mechanisms of Hawthorn and Its Extracts on Atherosclerosis: A Review. *Front Pharmacol.* 2020;11:118.

462. Z Rashid B, Dizaye KF. The Impact of Procyanidin Extracted from Crataegus azarolus on Rats with Induced Heart Failure. *Cell Mol Biol (Noisy-le-grand).* 2022;68(9):179-185.

463. Tauchert M. Efficacy and safety of crataegus extract WS 1442 in comparison with placebo in patients with chronic stable New York Heart Association class-III heart failure. *Am Heart J.* 2002;143(5):910-5.

464. Orhan IE. Phytochemical and Pharmacological Activity Profile of Crataegus oxyacantha L. (Hawthorn) - A Cardiotonic Herb. *Curr Med Chem.* 2018;25(37):4854-4865.

465. Nitzan K, David D, Franko M, Toledano R, Fidelman S, Tenenbaum YS, Blonder M, Armoza-Eilat S, Shamir A, Rehavi M, Ben-Chaim Y, Doron R. Anxiolytic and antidepressants' effect of Crataegus pinnatifida (Shan Zha): biochemical mechanisms. *Transl Psychiatry.* 2022;12(1):208.

466. De Simone M, De Feo R, Choucha A, Ciaglia E, Fezeu F. Enhancing Sleep Quality: Assessing the Efficacy of a Fixed Combination of Linden, Hawthorn, Vitamin B1, and Melatonin. *Med Sci (Basel).* 2023;12(1):2.

467. Daniele C, Mazzanti G, Pittler MH, Ernst E. Adverse-event profile of Crataegus spp.: a systematic review. *Drug Saf.* 2006;29(6):523-35.

468. Sah A, Naseef PP, Kuruniyan MS, Jain GK, Zakir F, Aggarwal G. A Comprehensive Study of Therapeutic Applications of Chamomile. *Pharmaceuticals (Basel).* 2022;15(10):1284.

469. Dai YL, Li Y, Wang Q, Niu FJ, Li KW, Wang YY, Wang J, Zhou CZ, Gao LN. Chamomile: A Review of Its Traditional Uses, Chemical Constituents, Pharmacological Activities and Quality Control Studies. *Molecules.* 2022;28(1):133.

470. De Cicco P, Ercolano G, Sirignano C, Rubino V, Rigano D, Ianaro A, Formisano C. Chamomile essential oils exert anti-inflammatory effects involving human and murine macrophages: Evidence to support a therapeutic action. *J Ethnopharmacol.* 2023;311:116391.

471. Turk MA, Liu Y, Pope JE. Non-pharmacological interventions in the treatment of rheumatoid arthritis: A systematic review and meta-analysis. *Autoimmun Rev.* 2023;22(6):103323.

472. Chaves PFP, Iacomini M, Cordeiro LMC. Chemical characterization of fructooligosaccharides, inulin and structurally diverse polysaccharides from chamomile tea. *Carbohydr Polym.* 2019;214:269-275.

473. Pratas A, Malhão B, Palma R, Mendonça P, Cervantes R, Marques-Ramos A. Effects of apigenin on gastric cancer cells. *Biomed Pharmacother.* 2024;172:116251.

474. Nieman KM, Zhu Y, Tucker M, Koecher K. The Role of Dietary Ingredients in Mental Energy - A Scoping Review of Randomized Controlled Trials. *J Am Nutr Assoc.* 2024;43(2):167-182.

475. Denisow-Pietrzyk M, Pietrzyk Ł, Denisow B. Asteraceae species as potential environmental factors of allergy. *Environ Sci Pollut Res Int.* 2019;26(7):6290-6300.

476. Kimura R, Schwartz JA, Romeiser JL, Senzel L, Galanakis D, Halper D, Bennett-Guerrero E. The Acute Effect of Chamomile Intake on Blood Coagulation Tests in Healthy Volunteers: A Randomized Trial. *J Appl Lab Med.* 2024:jfad120. Online ahead of print.

477. Povolo C, Foschini A, Ribaudo G. Optimization of the extraction of bioactive molecules from *Lycium barbarum* fruits and evaluation of the antioxidant activity: a combined study. *Nat Prod Res.* 2019;33(18):2694-2698.

478. Wetters S, Horn T, Nick P. Goji Who? Morphological and DNA Based Authentication of a "Superfood". *Front Plant Sci.* 2018;9:1859.

479. Vidović BB, Milinčić DD, Marčetić MD, Djuriš JD, Ilić TD, Kostić AŽ, Pešić MB. Health Benefits and Applications of Goji Berries in Functional Food Products Development: A Review. *Antioxidants (Basel).* 2022;11(2):248.

480. Georgiev KD, Slavov IJ, Iliev IA. Antioxidant Activity and Antiproliferative Effects of Lycium barbarum's (Goji berry) Fractions on Breast Cancer Cell Lines. *Folia Med (Plovdiv).* 2019;61(1):104-112.

481. Ji H, Ma J, Guo L, Huang Y, Wang W, Sun X, Sun R. Amino acid sequence identification of goji berry cyclic peptides and anticervical carcinoma activity detection. *J Pept Sci.* 2021;27(8):e3326.

482. Kwaśnik P, Lemieszek MK, Rzeski W. Impact of phytochemicals and plant extracts on viability and proliferation of NK cell line NK-92 - a closer look at immunomodulatory properties of goji berries extract in human colon cancer cells. *Ann Agric Environ Med.* 2021;28(2):291-299.

483. Sanghavi A, Srivatsa A, Adiga D, Chopra A, Lobo R, Kabekkodu SP, Gadag S, Nayak U, Sivaraman K, Shah A. Goji berry (Lycium barbarum) inhibits the proliferation, adhesion, and migration of oral cancer cells by inhibiting the ERK, AKT, and CyclinD cell signaling pathways: an in-vitro study. *F1000Res.* 2022;11:1563.

484. Kazybay B, Sun Q, Dukenbayev K, Nurkesh AA, Xu N, Kutzhanova A, Razbekova M, Kabylda A, Yang Q, Wang Q, Ma C, Xie Y. Network Pharmacology with Experimental Investigation of the Mechanisms

of *Rhizoma Polygonati* against Prostate Cancer with Additional Herbzymatic Activity. *ACS Omega.* 2022;7(17):14465-14477.

485. Patsilinakos A, Ragno R, Carradori S, Petralito S, Cesa S. Carotenoid content of Goji berries: CIELAB, HPLC-DAD analyses and quantitative correlation. *Food Chem.* 2018;268:49-56.

486. Yoo JH, Lee JS, Jang JH, Jung JI, Kim EJ, Choi SY. AGEs Blocker™ (Goji Berry, Fig, and Korean Mint Mixed Extract) Inhibits Skin Aging Caused by Streptozotocin-Induced Glycation in Hairless Mice. *Prev Nutr Food Sci.* 2023;28(2):134-140.

487. Ma ZF, Zhang H, Teh SS, Wang CW, Zhang Y, Hayford F, Wang L, Ma T, Dong Z, Zhang Y, Zhu Y. Goji Berries as a Potential Natural Antioxidant Medicine: An Insight into Their Molecular Mechanisms of Action. *Oxid Med Cell Longev.* 2019;2019:2437397.

488. Uchibayashi M. Etymology of ginger. *Yakushigaku Zasshi.* 2001;36(1):58-60.

489. Ling W, Huang Y, Xu JH, Li Y, Huang YM, Ling HB, Sui Y, Zhao HL. Consistent Efficacy of Wendan Decoction for the Treatment of Digestive Reflux Disorders. *Am J Chin Med.* 2015;43(5):893-913.

490. Santos Braga S. Ginger: Panacea or Consumer's Hype? *Applied Sciences.* 2019; 9(8):1570.

491. Chen L, Wang H, Chen Z, Zhuo W, Xu R, Zeng X, He Q, Guan Y, Li H, Liu H. Ginger from ancient times to the new outlook. *Chem Biodivers.* 2022;19(11):e202200757.

492. Bischoff-Kont I, Primke T, Niebergall LS, Zech T, Fürst R. Ginger Constituent 6-Shogaol Inhibits Inflammation- and Angiogenesis-Related Cell Functions in Primary Human Endothelial Cells. *Front Pharmacol.* 2022;13:844767.

493. Haniadka R, Saldanha E, Sunita V, Palatty PL, Fayad R, Baliga MS. A review of the gastroprotective effects of ginger (Zingiber officinale Roscoe). *Food Funct.* 2013;4(6):845-55.

494. Chen L, Wang H, Chen Z, Zhuo W, Xu R, Zeng X, He Q, Guan Y, Li H, Liu H. The Effect of Dried Ginger (Gan Jiang) on Stomach Energy Metabolism and the Related Mechanism in Rats Based on Metabonomics. *Chem Biodivers.* 2022;19(11):e202200757.

495. Hu Y, Amoah AN, Zhang H, Fu R, Qiu Y, Cao Y, Sun Y, Chen H, Liu Y, Lyu Q. Effect of ginger in the treatment of nausea and vomiting compared with vitamin B6 and placebo during pregnancy: a meta-analysis. *J Matern Fetal Neonatal Med.* 2022;35(1):187-196.

496. Choi J, Lee J, Kim K, Choi HK, Lee SA, Lee HJ. Effects of Ginger Intake on Chemotherapy-Induced Nausea and Vomiting: A Systematic Review of Randomized Clinical Trials. *Nutrients.* 2022;14(23):4982.

497. Araya-Quintanilla F, Gutierrez-Espinoza H, Munoz-Yanez MJ, Sanchez-Montoya U, Lopez-Jeldes J. Effectiveness of Ginger on Pain and Function

in Knee Osteoarthritis: A PRISMA Systematic Review and Meta-Analysis. *Pain Physician.* 2020;23(2):E151-E161.

498. Shirvani MA, Motahari-Tabari N, Alipour A. The effect of mefenamic acid and ginger on pain relief in primary dysmenorrhea: a randomized clinical trial. *Arch Gynecol Obstet.* 2015;291(6):1277-81.

499. Fakhri S, Patra JK, Das SK, Das G, Majnooni MB, Farzaei MH. Ginger and Heart Health: From Mechanisms to Therapeutics. *Curr Mol Pharmacol.* 2021;14(6):943-959.

500. Ali BH, Blunden G, Tanira MO, Nemmar A. Some phytochemical, pharmacological and toxicological properties of ginger (Zingiber officinale Roscoe): a review of recent research. *Food Chem Toxicol.* 2008;46(2):409-20.

501. Usman AN, Manju B, Ilhamuddin I, Ahmad M, Ab T, Ariyandy A, Budiaman B, Eragradini AR, Hasan II, Hashim S, Sartini S, Sinrang AW. Ginger potency on the prevention and treatment of breast cancer. *Breast Dis.* 2023;42(1):207-212.

502. Okuhira H, Nakatani Y, Furukawa F, Kanazawa N. Anaphylaxis to ginger induced by herbal medicine. *Allergol Int.* 2020;69(1):159-160.

503. Birt DF, Boylston T, Hendrich S, Jane JL, Hollis J, Li L, McClelland J, Moore S, Phillips GJ, Rowling M, Schalinske K, Scott MP, Whitley EM. Resistant Starch: Promise for Improving Human Health. *Adv Nutr.* 2013;4(6):587-601.

504. Li H, Zhang L, Li J, Wu Q, Qian L, He J, Ni Y, Kovatcheva-Datchary P, Yuan R, Liu S, Shen L, Zhang M, Sheng B, Li P, Kang K, Wu L, Fang Q, Long X, Wang X, Li Y, Ye Y, Ye J, Bao Y, Zhao Y, Xu G, Liu X, Panagiotou G, Xu A, Jia W. Resistant starch intake facilitates weight loss in humans by reshaping the gut microbiota. *Nat Metab.* 2024 Feb 26. doi: 10.1038/s42255-024-00988-y. Online ahead of print.

505. Sanders LM, Dicklin MR, Palacios OM, Maki CE, Wilcox ML, Maki KC. Effects of potato resistant starch intake on insulin sensitivity, related metabolic markers and appetite ratings in men and women at risk for type 2 diabetes: a pilot cross-over randomised controlled trial. *J Hum Nutr Diet.* 2021;34(1):94-105.

506. Wang Z, Wang S, Xu Q, Kong Q, Li F, Lu L, Xu Y, Wei Y. Synthesis and Functions of Resistant Starch. *Adv Nutr.* 2023;14(5):1131-1144.

507. Klosterbuer AS, Hullar MA, Li F, Traylor E, Lampe JW, Thomas W, Slavin JL. Gastrointestinal effects of resistant starch, soluble maize fibre and pullulan in healthy adults. *Br J Nutr.* 2013;110(6):1068-74.

508. Vijayalakshmi S, Xavier D, Srivastava C, Arun A. Vanilla-Natural Vs Artificial: A Review. *Research Journal of Pharmacy and Technology.* 2019;12(6):3068.

509. Liu YN, Kang JW, Zhang Y, Song SS, Xu QX, Zhang H, Lu L, Wei SW, Liang C, Su RW. Vanillin prevents the growth of endometriotic lesions through anti-inflammatory and antioxidant pathways in a mouse model. *Food Funct.* 2023;14(14):6730-6744.

510. Iannuzzi C, Liccardo M, Sirangelo I. Overview of the Role of Vanillin in Neurodegenerative Diseases and Neuropathophysiological Conditions. *Int J Mol Sci.* 2023;24(3):1817.

511. El Hamd MA, El-Maghrabey M, Almawash S, Radwan AS, El-Shaheny R, Magdy G. Citrus/urea nitrogen-doped carbon quantum dots as nanosensors for vanillin determination in infant formula and food products via factorial experimental design fluorimetry and smartphone. *Luminescence.* 2023 Dec 13. doi: 10.1002/bio.4643. Online ahead of print.

512. Szallasi A. Dietary Capsaicin: A Spicy Way to Improve Cardio-Metabolic Health? *Biomolecules.* 2022;12(12):1783.

513. Wang X, Yu L, Li F, Zhang G, Zhou W, Jiang X. Synthesis of amide derivatives containing capsaicin and their antioxidant and antibacterial activities. *J Food Biochem.* 2019;43(12):e13061.

514. Silva JL, Santos EA, Alvarez-Leite JI. Are We Ready to Recommend Capsaicin for Disorders Other Than Neuropathic Pain? *Nutrients.* 2023;15(20):4469.

515. Abdel-Salam OME, Mózsik G. Capsaicin, The Vanilloid Receptor TRPV1 Agonist in Neuroprotection: Mechanisms Involved and Significance. *Neurochem Res.* 2023;48(11):3296-3315.

516. Al Masaoud FS, Alharbi A, Behir MM, Siddiqui AF, Al-Murayeh LM, Al Dail A, Siddiqui R. A challenging case of suspected solanine toxicity in an eleven-year-old Saudi boy. *J Family Med Prim Care.* 2022;11(7):4039-4041.

517. Rauf A, Joshi PB, Ahmad Z, Hemeg HA, Olatunde A, Naz S, Hafeez N, Simal-Gandara J. Edible mushrooms as potential functional foods in amelioration of hypertension. *Phytother Res.* 2023;37(6):2644-2660.

518. Wennig R, Eyer F, Schaper A, Zilker T, Andresen-Streichert H. Mushroom Poisoning. *Dtsch Arztebl Int.* 2020;117(42):701-708.

519. Hoenigl M, Salmanton-García J, Walsh TJ, Nucci M, Neoh CF, Jenks JD, Lackner M, Sprute R, Al-Hatmi AMS, Bassetti M, Carlesse F, Freiberger T, Koehler P, Lehrnbecher T, Kumar A, Prattes J, Richardson M, Revankar S, Slavin MA, Stemler J, Spiess B, Taj-Aldeen SJ, Warris A, Woo PCY, Young JH, Albus K, Arenz D, Arsic-Arsenijevic V, Bouchara JP, Chinniah TR, Chowdhary A, de Hoog GS, Dimopoulos G, Duarte RF, Hamal P, Meis JF, Mfinanga S, Queiroz-Telles F, Patterson TF, Rahav G, Rogers TR, Rotstein C, Wahyuningsih R, Seidel D, Cornely OA. Global guideline for the diagnosis and management of rare mould infections: an initiative of the European Confederation of Medical Mycology in cooperation with the International Society for Human and Animal Mycology and the American Society for Microbiology. *Lancet Infect Dis.* 2021;21(8):e246-e257.

520. van Amsterdam J, Opperhuizen A, van den Brink W. Harm potential of magic mushroom use: a review. *Regul Toxicol Pharmacol.* 2011;59(3):423-9.

521. Crocq MA. History of cannabis and the endocannabinoid system. *Dialogues Clin Neurosci.* 2020;22(3):223-228.

522. Hill KP, Palastro MD. Medical cannabis for the treatment of chronic pain and other disorders: misconceptions and facts. *Pol Arch Intern Med.* 2017;127(11):785-789.

523. Solmi M, De Toffol M, Kim JY, Choi MJ, Stubbs B, Thompson T, Firth J, Miola A, Croatto G, Baggio F, Michelon S, Ballan L, Gerdle B, Monaco F, Simonato P, Scocco P, Ricca V, Castellini G, Fornaro M, Murru A, Vieta E, Fusar-Poli P, Barbui C, Ioannidis JPA, Carvalho AF, Radua J, Correll CU, Cortese S, Murray RM, Castle D, Shin JI, Dragioti E. Balancing risks and benefits of cannabis use: umbrella review of meta-analyses of randomised controlled trials and observational studies. *BMJ.* 2023;382:e072348.

524. Petrilli K, Ofori S, Hines L, Taylor G, Adams S, Freeman TP. Association of cannabis potency with mental ill health and addiction: a systematic review. *Lancet Psychiatry.* 2022;9(9):736-750.

525. Holt A, Nouhravesh N, Strange JE, Kinnberg Nielsen S, Schjerning AM, Vibe Rasmussen P, Torp-Pedersen C, Gislason GH, Schou M, McGettigan P, Lamberts M. Cannabis for chronic pain: cardiovascular safety in a nationwide Danish study. *Eur Heart J.* 2024;45(6):475-484.

526. Jeffers AM, Glantz S, Byers AL, Keyhani S. Association of Cannabis Use With Cardiovascular Outcomes Among US Adults. *J Am Heart Assoc.* 2024;13(5):e030178.

527. Labadie M, Nardon A, Castaing N, Bragança C, Daveluy A, Gaulier JM, El Balkhi S, Grenouillet M; French Poison Centre Research Group; Christine Tournoud. Hexahydrocannabinol poisoning reported to French poison centres. *Clin Toxicol (Phila).* 2024 Mar 1:1-8. doi: 10.1080/15563650.2024.2318409. Online ahead of print.

528. Rigg KK, Kusiak ES. Perceptions of fentanyl among African Americans who misuse opioids: implications for risk reduction. *Harm Reduct J.* 2023;20(1):179.

529. Miyoshi H, Nakamura R, Kido H, Narasaki S, Watanabe T, Yokota M, Ishii T, Kato T, Saeki N, Tsutsumi YM. Impact of fentanyl on acute and chronic pain and its side effects when used with epidural analgesia after thoracic surgery in multimodal analgesia: a retrospective cohort study. *Ann Palliat Med.* 2021;10(5):5119-5127.

530. Judd D, King CR, Galke C. The Opioid Epidemic: A Review of the Contributing Factors, Negative Consequences, and Best Practices. *Cureus.* 2023;15(7):e41621.

531. Tay Wee Teck J, Oteo A, Baldacchino A. Rapid opioid overdose response system technologies. *Curr Opin Psychiatry.* 2023;36(4):308-315.

532. Vallee BL. Alcohol in human history. *EXS.* 1994;71:1-8.

533. Iranpour A, Nakhaee N. A Review of Alcohol-Related Harms: A Recent Update. *Addict Health.* 2019;11(2):129-137.

534. Varghese J, Dakhode S. Effects of Alcohol Consumption on Various Systems of the Human Body: A Systematic Review. *Cureus.* 2022;14(10):e30057.

535. Wu X, Fan X, Miyata T, Kim A, Cajigas-Du Ross CK, Ray S, Huang E, Taiwo M, Arya R, Wu J, Nagy LE. Recent Advances in Understanding of Pathogenesis of Alcohol-Associated Liver Disease. *Annu Rev Pathol.* 2023;18:411-438.

536. Rumgay H, Murphy N, Ferrari P, Soerjomataram I. Alcohol and Cancer: Epidemiology and Biological Mechanisms. *Nutrients.* 2021;13(9):3173.

537. Goodwin ME, Sayette MA. A social contextual review of the effects of alcohol on emotion. *Pharmacol Biochem Behav.* 2022;221:173486.

538. Freisthler B, Wolf JP, Hodge AI, Cao Y. Alcohol Use and Harm to Children by Parents and Other Adults. *Child Maltreat.* 2020;25(3):277-288.

539. Caputo C, Wood E, Jabbour L. Impact of fetal alcohol exposure on body systems: A systematic review. *Birth Defects Res C Embryo Today.* 2016;108(2):174-80.

540. Olson ML, Rossheim ME, Sanders SB, Yurasek AM. Alcohol demand and supersized alcopop consumption among undergraduate college students. *Exp Clin Psychopharmacol.* 2022;30(1):120-125.

541. Mishra S, Mishra MB. Tobacco: Its historical, cultural, oral, and periodontal health association. *J Int Soc Prev Community Dent.* 2013;3(1):12-8.

542. Gardner MN, Brandt AM. "The doctors' choice is America's choice": the physician in US cigarette advertisements, 1930-1953. *Am J Public Health.* 2006;96(2):222-32.

543. Vitória P, Pereira SE, Muinos G, Vries H, Lima ML. Parents modelling, peer influence and peer selection impact on adolescent smoking behavior: A longitudinal study in two age cohorts. *Addict Behav.* 2020;100:106131.

544. Scales MB, Monahan JL, Rhodes N, Roskos-Ewoldsen D, Johnson-Turbes A. Adolescents' perceptions of smoking and stress reduction. *Health Educ Behav.* 2009;36(4):746-58.

545. Kopetz C, Woerner JI. People Downplay Health Risks to Fulfill Their Goals: A Motivational Framework for Guiding Behavioral Policy. *Policy Insights from the Behavioral and Brain Sciences.* 2021;8(1): 92-100.

546. Saha SP, Bhalla DK, Whayne TF Jr, Gairola C. Cigarette smoke and adverse health effects: An overview of research trends and future needs. *Int J Angiol.* 2007;16(3):77-83.

547. Cao S, Yang C, Gan Y, Lu Z. The Health Effects of Passive Smoking: An Overview of Systematic Reviews Based on Observational Epidemiological Evidence. *PLoS One.* 2015;10(10):e0139907.

548. Goodchild M, Nargis N, Tursan d'Espaignet E. Global economic cost of smoking-attributable diseases. *Tob Control.* 2018;27(1):58-64.

549. Sridharan V, Shoda Y, Heffner JL, Bricker J. Addiction Mindsets and Psychological Processes of Quitting Smoking. *Subst Use Misuse.* 2019;54(7):1086-1095.

550. Park E, Kang HY, Lim MK, Kim B, Oh JK. Cancer Risk Following Smoking Cessation in Korea. *JAMA Netw Open.* 2024;7(2):e2354958.

551. Saint-André V, Charbit B, Biton A, Rouilly V, Possémé C, Bertrand A, Rotival M, Bergstedt J, Patin E, Albert ML, Quintana-Murci L, Duffy D; Milieu Intérieur Consortium. Smoking changes adaptive immunity with persistent effects. *Nature.* 2024;626(8000):827-835.

552. Cho ER, Brill IK, Gram IT, Brown PE, Jha P. Smoking Cessation and Short- and Longer-Term Mortality. *NEJM Evid.* 2024;3(3):EVIDoa2300272.

553. Hamadneh S, Hamadneh J. Active and Passive Maternal Smoking During Pregnancy and Birth Outcomes: A Study From a Developing Country. *Ann Glob Health.* 2021;87(1):122.

554. Banderali G, Martelli A, Landi M, Moretti F, Betti F, Radaelli G, Lassandro C, Verduci E.Short and long term health effects of parental tobacco smoking during pregnancy and lactation: a descriptive review. *J Transl Med.* 2015;13:327.

555. Glantz SA, Nguyen N, Oliveira da Silva AL. Population-Based Disease Odds for E-Cigarettes and Dual Use versus Cigarettes. *NEJM Evid.* 2024;3(3):EVIDoa2300229.

556. Pisinger C, Godtfredsen N, Bender AM. A conflict of interest is strongly associated with tobacco industry-favourable results, indicating no harm of e-cigarettes. *Prev Med.* 2019;119:124-131.

557. Kurihara K. Glutamate: from discovery as a food flavor to role as a basic taste (umami). *Am J Clin Nutr.* 2009;90(3):719S-722S.

558. Celestino M, Balmaceda Valdez V, Brun P, Castagliuolo I, Mucignat-Caretta C. Differential effects of sodium chloride and monosodium glutamate on kidney of adult and aging mice. *Sci Rep.* 2021;11(1):481.

559. EFSA Panel on Food Additives and Nutrient Sources added to Food (ANS); Mortensen A, Aguilar F, Crebelli R, Di Domenico A, Dusemund B, Frutos MJ, Galtier P, Gott D, Gundert-Remy U, Leblanc JC, Lindtner O, Moldeus P, Mosesso P, Parent-Massin D, Oskarsson A, Stankovic I, Waalkens-Berendsen I, Woutersen RA, Wright M, Younes M, Boon P, Chrysafidis D, Gürtler R, Tobback P, Altieri A, Rincon AM, Lambré C. Re-evaluation of glutamic acid (E 620), sodium glutamate (E 621), potassium glutamate (E 622), calcium glutamate (E 623), ammonium glutamate (E 624) and magnesium glutamate (E 625) as food additives. *EFSA J.* 2017;15(7):e04910.

560. Boyko M, Gruenbaum BF, Oleshko A, Merzlikin I, Zlotnik A. Diet's Impact on Post-Traumatic Brain Injury Depression: Exploring Neurodegen-

eration, Chronic Blood-Brain Barrier Destruction, and Glutamate Neurotoxicity Mechanisms. *Nutrients.* 2023;15(21):4681.

561. Kraal AZ, Arvanitis NR, Jaeger AP, Ellingrod VL. Could Dietary Glutamate Play a Role in Psychiatric Distress? *Neuropsychobiology.* 2020;79:13-19.

562. Bawaskar HS, Bawaskar PH, Bawaskar PH. Chinese Restaurant Syndrome. *Indian J Crit Care Med.* 2017;21(1):49-50.

563. Loï C, Cynober L. Glutamate: A Safe Nutrient, Not Just a Simple Additive. *Ann Nutr Metab.* 2022;78(3):133-146.

564. Newby DE, Mannucci PM, Tell GS, Baccarelli AA, Brook RD, Donaldson K, Forastiere F, Franchini M, Franco OH, Graham I, Hoek G, Hoffmann B, Hoylaerts MF, Künzli N, Mills N, Pekkanen J, Peters A, Piepoli MF, Rajagopalan S, Storey RF; ESC Working Group on Thrombosis, European Association for Cardiovascular Prevention and Rehabilitation; ESC Heart Failure Association. Expert position paper on air pollution and cardiovascular disease. *Eur Heart J.* 2015;36(2):83-93b.

565. Liu C, Chen R, Sera F, Vicedo-Cabrera AM, Guo Y, Tong S, Coelho MSZS, Saldiva PHN, Lavigne E, Matus P, Valdes Ortega N, Osorio Garcia S, Pascal M, Stafoggia M, Scortichini M, Hashizume M, Honda Y, Hurtado-Díaz M, Cruz J, Nunes B, Teixeira JP, Kim H, Tobias A, Íñiguez C, Forsberg B, Åström C, Ragettli MS, Guo YL, Chen BY, Bell ML, Wright CY, Scovronick N, Garland RM, Milojevic A, Kyselý J, Urban A, Orru H, Indermitte E, Jaakkola JJK, Ryti NRI, Katsouyanni K, Analitis A, Zanobetti A, Schwartz J, Chen J, Wu T, Cohen A, Gasparrini A, Kan H. Ambient Particulate Air Pollution and Daily Mortality in 652 Cities. *N Engl J Med.* 2019;381(8):705-715.

566. Kish R. Are electric vehicles really green? *Econ Aff.* 2023;43(2):275-286.

567. Boogaard PJ. Human biomonitoring of low-level benzene exposures. *Crit Rev Toxicol.* 2022;52(10):799-810.

568. Chiavarini M, Rosignoli P, Sorbara B, Giacchetta I, Fabiani R. Benzene Exposure and Lung Cancer Risk: A Systematic Review and Meta-Analysis of Human Studies. *Int J Environ Res Public Health.* 2024;21(2):205.

569. Shala NK, Stenehjem JS, Babigumira R, Liu FC, Berge LAM, Silverman DT, Friesen MC, Rothman N, Lan Q, Hosgood HD, Samuelsen SO, Bråtveit M, Kirkeleit J, Andreassen BK, Veierød MB, Grimsrud TK. Exposure to benzene and other hydrocarbons and risk of bladder cancer among male offshore petroleum workers. *Br J Cancer.* 2023;129(5):838-851.

570. McFarland MJ, Hauer ME, Reuben A. Half of US population exposed to adverse lead levels in early childhood. *Proc Natl Acad Sci U S A.* 2022;119(11):e2118631119.

571. Münzel T, Gori T, Babisch W, Basner M. Cardiovascular effects of environmental noise exposure. *Eur Heart J.* 2014;35(13):829-36.

572. Alberghini L, Truant A, Santonicola S, Colavita G, Giaccone V. Microplastics in Fish and Fishery Products and Risks for Human Health: A Review. *Int J Environ Res Public Health*. 2022;20(1):789.

573. Yee MS, Hii LW, Looi CK, Lim WM, Wong SF, Kok YY, Tan BK, Wong CY, Leong CO. Impact of Microplastics and Nanoplastics on Human Health. *Nanomaterials (Basel)*. 2021;11(2):496.

574. Tarazona JV, Court-Marques D, Tiramani M, Reich H, Pfeil R, Istace F, Crivellente F. Glyphosate toxicity and carcinogenicity: a review of the scientific basis of the European Union assessment and its differences with IARC. *Arch Toxicol*. 2017;91(8):2723-2743.

575. Costas-Ferreira C, Durán R, Faro LRF. Toxic Effects of Glyphosate on the Nervous System: A Systematic Review. *Int J Mol Sci*. 2022;23(9):4605.

576. Wang PW, Hung YC, Lin TY, Fang JY, Yang PM, Chen MH, Pan TL. Comparison of the Biological Impact of UVA and UVB upon the Skin with Functional Proteomics and Immunohistochemistry. *Antioxidants (Basel)*. 2019;8(12):569.

577. Ferguson KK, Colacino JA, Lewis RC, Meeker JD. Personal care product use among adults in NHANES: associations between urinary phthalate metabolites and phenols and use of mouthwash and sunscreen. *J Expo Sci Environ Epidemiol*. 2017;27(3):326-332.

578. Wolff MS, Buckley JP, Engel SM, McConnell RS, Barr DB. Emerging exposures of developmental toxicants. *Curr Opin Pediatr*. 2017;29(2):218-224.

579. Guarnotta V, Amodei R, Frasca F, Aversa A, Giordano C. Impact of Chemical Endocrine Disruptors and Hormone Modulators on the Endocrine System. *Int J Mol Sci*. 2022;23(10):5710.

580. Tang ZR, Xu XL, Deng SL, Lian ZX, Yu K. Oestrogenic Endocrine Disruptors in the Placenta and the Fetus. *Int J Mol Sci*. 2020;21(4):1519.

581. Sree CG, Buddolla V, Lakshmi BA, Kim YJ. Phthalate toxicity mechanisms: An update. *Comp Biochem Physiol C Toxicol Pharmacol*. 2023;263:109498.

582. Li MC, Chen CH, Guo YL. *Phthalate esters and childhood asthma: A systematic review and congener-specific meta-analysis. Environ Pollut*. 2017;229:655-660.

583. Brassea-Pérez E, Hernández-Camacho CJ, Labrada-Martagón V, Vázquez-Medina JP, Gaxiola-Robles R, Zenteno-Savín T. Oxidative stress induced by phthalates in mammals: State of the art and potential biomarkers. *Environ Res*. 2022;206:112636.

584. Calvo MS, Dunford EK, Uribarri J. Industrial Use of Phosphate Food Additives: A Mechanism Linking Ultra-Processed Food Intake to Cardiorenal Disease Risk? *Nutrients*. 2023;15(16):3510.

585. Ritz E, Hahn K, Ketteler M, Kuhlmann MK, Mann J. Phosphate Additives in Food—a Health Risk. *Dtsch Arztebl Int*. 2012;109(4):49-55.

586. Achinger SG, Ayus JC. Left *ventricular hypertrophy: is hyperphosphatemia among dialysis patients a risk factor? J Am Soc Nephrol*. 2006;17(12 Suppl 3):S255-61.

587. Kotopoulou S, Zampelas A, Magriplis E. Dietary nitrate and nitrite and human health: a narrative review by intake source. *Nutr Rev.* 2022;80(4):762-773.

588. Flores M, Toldrá F. Chemistry, safety, and regulatory considerations in the use of nitrite and nitrate from natural origin in meat products - Invited review. *Meat Sci.* 2021;171:108272.

589. Valent P, Groner B, Schumacher U, Superti-Furga G, Busslinger M, Kralovics R, Zielinski C, Penninger JM, Kerjaschki D, Stingl G, Smolen JS, Valenta R, Lassmann H, Kovar H, Jäger U, Kornek G, Müller M, Sörgel F. Paul Ehrlich (1854-1915) and His Contributions to the Foundation and Birth of Translational Medicine. *J Innate Immun.* 2016;8(2):111-20.

590. Xue H, Thaivalappil A, Cao K. The Potentials of Methylene Blue as an Anti-Aging Drug. *Cells.* 2021;10(12):3379.

591. Saha BK, Burns SL. The Story of Nitric Oxide, Sepsis and Methylene Blue: A Comprehensive Pathophysiologic Review. *Am J Med Sci.* 2020;360(4):329-337.

592. Koszucka A, Nowak A, Nowak I, Motyl I. Acrylamide in human diet, its metabolism, toxicity, inactivation and the associated European Union legal regulations in food industry. *Crit Rev Food Sci Nutr.* 2020;60(10):1677-1692.

593. Rifai L, Saleh FA. A Review on Acrylamide in Food: Occurrence, Toxicity, and Mitigation Strategies. *Int J Toxicol.* 2020;39(2):93-102.

594. Bušová M, Bencko V, Veszelits Laktičová K, Holcátová I, Vargová M. Risk of exposure to acrylamide. *Cent Eur J Public Health.* 2020;28 Suppl:S43-S46.

595. Bukowska B, Mokra K, Michałowicz J. Benzo[a]pyrene-Environmental Occurrence, Human Exposure, and Mechanisms of Toxicity. *Int J Mol Sci.* 2022;23(11):6348.

596. Walker RS, Sattenspiel L, Hill KR. Mortality from contact-related epidemics among indigenous populations in Greater Amazonia. *Sci Rep.* 2015;5:14032.

597. Marr JS, Cathey JT. New hypothesis for cause of epidemic among native Americans, New England, 1616-1619. *Emerg Infect Dis.* 2010;16(2):281-6.

598. Glatter KA, Finkelman P. History of the Plague: An Ancient Pandemic for the Age of COVID-19. *Am J Med.* 2021;134(2):176-181.

599. Barbieri R, Signoli M, Chevé D, Costedoat C, Tzortzis S, Aboudharam G, Raoult D, Drancourt M. Yersinia pestis: the Natural History of Plague. *Clin Microbiol Rev.* 2020;34(1):e00044-19.

600. Viegas C, Moreira R, Faria T, Caetano LA, Carolino E, Gomes AQ, Viegas S. Aspergillus prevalence in air conditioning filters from vehicles: Taxis for patient transportation, forklifts, and personal vehicles. *Arch Environ Occup Health.* 2019;74(6):341-349.

601. Cadena J, Thompson GR 3rd, Patterson TF. Aspergillosis: Epidemiology, Diagnosis, and Treatment. *Infect Dis Clin North Am.* 2021;35(2):415-434.

602. Wilson AM, Canter K, Abney SE, Gerba CP, Myers ER, Hanlin J, Reynolds KA. An application for relating Legionella shower water monitoring results to estimated health outcomes. *Water Res.* 2022;221:118812.

603. Kao AS, Myer S, Wickrama M, Ismail R, Hettiarachchi M. Multidisciplinary Management of Legionella Disease in Immunocompromised Patients. *Cureus.* 2021;13(11):e19214.

604. Oder M, Koklič T, Umek P, Podlipec R, Štrancar J, Dobeic M. Photocatalytic biocidal effect of copper doped TiO2 nanotube coated surfaces under laminar flow, illuminated with UVA light on Legionella pneumophila. *PLoS One.* 2020;15(1):e0227574.

605. Falla AM, Hofstraat SHI, Duffell E, Hahné SJM, Tavoschi L, Veldhuijzen IK. Hepatitis B/C in the countries of the EU/EEA: a systematic review of the prevalence among at-risk groups. *BMC Infect Dis.* 2018;18(1):79.

606. Saseetharran A, Hiebert L, Gupta N, Nyirahabihirwe F, Kamali I, Ward JW. Prevention, testing, and treatment interventions for hepatitis B and C in refugee populations: results of a scoping review. *BMC Infect Dis.* 2023;23(1):866.

607. Showa SP, Nyabadza F, Hove-Musekwa SD. On the efficiency of HIV transmission: Insights through discrete time HIV models. *PLoS One.* 2019;14(9):e0222574.

608. Phanuphak N, Gulick RM. HIV treatment and prevention 2019: current standards of care. *Curr Opin HIV AIDS.* 2020;15(1):4-12.

609. Javanian M, Barary M, Ghebrehewet S, Koppolu V, Vasigala V, Ebrahimpour S.
A brief review of influenza virus infection. *J Med Virol.* 2021;93(8):4638-4646.

610. Sekiya T, Ohno M, Nomura N, Handabile C, Shingai M, Jackson DC, Brown LE, Kida H. Selecting and Using the Appropriate Influenza Vaccine for Each Individual. *Viruses.* 2021;13(6):971.

611. Holmes EC, Goldstein SA, Rasmussen AL, Robertson DL, Crits-Christoph A, Wertheim JO, Anthony SJ, Barclay WS, Boni MF, Doherty PC, Farrar J, Geoghegan JL, Jiang X, Leibowitz JL, Neil SJD, Skern T, Weiss SR, Worobey M, Andersen KG, Garry RF, Rambaut A. The origins of SARS-CoV-2: A critical review. *Cell.* 2021;184(19):4848-4856.

612. Zhang JJ, Dong X, Liu GH, Gao YD. Risk and Protective Factors for COVID-19 Morbidity, Severity, and Mortality. *Clin Rev Allergy Immunol.* 2023;64(1):90-107.

613. GBD 2021 Demographics Collaborators. Global age-sex-specific mortality, life expectancy, and population estimates in 204 countries and territories and 811 subnational locations, 1950-2021, and the impact of the COVID-19 pandemic: a comprehensive demographic analysis for the Global Burden of Disease Study 2021. *Lancet.* 2024;S0140-6735(24)00476-8. Online ahead of print.

614. Narayanan SA, Jamison DA Jr, Guarnieri JW, Zaksas V, Topper M, Koutnik AP, Park J, Clark KB, Enguita FJ, Leitão AL, Das S, Moraes-Vieira PM, Galeano D, Mason CE, Trovão NS, Schwartz RE, Schisler JC, Coelho-Dos-Reis JGA, Wurtele ES, Beheshti A. A comprehensive SARS-CoV-2 and COVID-19 review, Part 2: host extracellular to systemic effects of SARS-CoV-2 infection. *Eur J Hum Genet.* 2024;32(1):10-20.

615. Davis HE, McCorkell L, Vogel JM, Topol EJ. Long COVID: major findings, mechanisms and recommendations. *Nat Rev Microbiol.* 2023;21(3):133-146.

616. Sykes JE. Tick-Borne Diseases. *Vet Clin North Am Small Anim Pract.* 2023;53(1):141-154.

617. Gilbert L. The Impacts of Climate Change on Ticks and Tick-Borne Disease Risk. *Annu Rev Entomol.* 2021;66:373-388.

618. Cavallo I. Ticks survive for 27 years in entomologist's lab. *Binghamton News.* 2022;18 February. https://www.binghamton.edu/news/story/3485/ticks-survive-for-27-years-in-entomologists-lab.

619. Poczai P, Karvalics LZ. The little-known history of cleanliness and the forgotten pioneers of handwashing. *Frontiers in Public Health.* 2022;10:979464.

620. Obeng B, Potts CM, West BE, Burnell JE, Fleming PJ, Shim JK, Kinney MS, Ledue EL, Sangroula S, Baez Vazquez AY, Gosse JA. Pharmaceutical agent cetylpyridinium chloride inhibits immune mast cell function by in terfering with calcium mobilization. *Food Chem Toxicol.* 2023;179:113980.

621. Cohn EF, Clayton BLL, Madhavan M, Lee KA, Yacoub S, Fedorov Y, Scavuzzo MA, Paul Friedman K, Shafer TJ, Tesar PJ. Pervasive environmental chemicals impair oligodendrocyte development. *Nat Neurosci.* 2024 Mar 25. doi: 10.1038/s41593-024-01599-2. Online ahead of print.

622. Ahuja V, Macho M, Ewe D, Singh M, Saha S, Saurav K. Biological and Pharmacological Potential of Xylitol: A Molecular Insight of Unique Metabolism. *Foods.* 2020;9(11):1592.

623. Lowe C, Anthony J. Pilot study of the effectiveness of a xylitol-based drinking water additive to reduce plaque and calculus accumulation in dogs. *The Canadian Veterinary Journal = La Revue Veterinaire Canadienne.* 2020;61(1):63-68.

624. Wilk K, Korytek W, Pelczyńska M, Moszak M, Bogdański P. The Effect of Artificial Sweeteners Use on Sweet Taste Perception and Weight Loss Efficacy: A Review. *Nutrients.* 2022;14(6):1261.

625. Debras C, Chazelas E, Srour B, Druesne-Pecollo N, Esseddik Y, Szabo de Edelenyi F, Agaësse C, De Sa A, Lutchia R, Gigandet S, Huybrechts I, Julia C, Kesse-Guyot E, Allès B, Andreeva VA, Galan P, Hercberg S, Deschasaux-Tanguy M, Touvier M.

Artificial sweeteners and cancer risk: Results from the NutriNet-Sante population-based cohort study. *PLoS Med.* 2022;19(3):e1003950.

626. Naddaf M. Aspartame is a possible carcinogen: the science behind the decision.
Nature. 2023 Jul 14. doi: 10.1038/d41586-023-02306-0.

627. Witkowski M, Nemet I, Alamri H, Wilcox J, Gupta N, Nimer N, Haghikia A, Li XS, Wu Y, Saha PP, Demuth I, König M, Steinhagen-Thiessen E, Cajka T, Fiehn O, Landmesser U, Tang WHW, Hazen SL. The artificial sweetener erythritol and cardiovascular event risk. *Nat Med.* 2023;29(3):710-718.

628. Peteliuk V, Rybchuk L, Bayliak M, Storey KB, Lushchak O. Natural sweetener *Stevia rebaudiana*: Functionalities, health benefits and potential risks. *EXCLI J.* 2021;20:1412-1430.

629. Du M, Stitzinger SH, Spille JH, Cho WK, Lee C, Hijaz M, Quintana A, Cissé II. Direct observation of a condensate effect on super-enhancer controlled gene bursting. *Cell.* 2024:S0092-8674(24)00362-3.

630. Chkhaberidze N, Axobadze K, Kereselidz M, Pitskhelauri N, Jorbenadze M, Chikhladze N. Study of Epidemiological Characteristics of Fatal Injuries Using Death Registry Data in Georgia. *Bull Emerg Trauma.* 2023;11(2):75-82.

631. Gaissmaier W, Gigerenzer G. 9/11, Act II: a fine-grained analysis of regional variations in traffic fatalities in the aftermath of the terrorist attacks. *Psychol Sci.* 2012;23(12):1449-54.

632. Passmore J, Yon Y, Mikkelsen B. Progress in reducing road-traffic injuries in the WHO European region. *Lancet Public Health.* 2019;4(6):e272-e273.

633. Laver L, Pengas IP, Mei-Dan O. Injuries in extreme sports. *J Orthop Surg Res.* 2017;12(1):59.

634. Emery CA, Pasanen K. Current trends in sport injury prevention. *Best Pract Res Clin Rheumatol.* 2019;33(1):3-15.

635. Read C, Beaumont C, Isbell J, Dombrowsky A, Brabston E, Ponce B, Hale H, Mccollough K, Estes R, Momaya AM. Spectator injuries in sports. *J Sports Med Phys Fitness.* 2019;59(3):520-523.

636. Jiang D. Risk Management of Sports Venues and Olympic Sports Cooperation Spirit under Complex Environment. *J Environ Public Health.* 2022;2022:9127539.

637. Kumar S, Joseph S, Abraham A. Prevalence of depression amongst the Elderly population in old age homes of Mangalore city. *J Family Med Prim Care.* 2021;10(5):1868-1872.

638. Ribeiro JD, Huang X, Fox KR, Franklin JC. Depression and hopelessness as risk factors for suicide ideation, attempts and death: meta-analysis of longitudinal studies. *Br J Psychiatry.* 2018;212(5):279-286.

639. Zhang Y, Chen Y, Ma L. Depression and cardiovascular disease in elderly: Current understanding. *J Clin Neurosci.* 2018;47:1-5.

640. Gómez Penedo JM, Schwartz B, Deisenhofer AK, Rubel J, Babl AM, Lutz W. Interpersonal clarification effects in Cognitive-Behavioral Therapy for depression and how they are moderated by the therapeutic alliance. *J Affect Disord.* 2021;279:662-670.

641. Alrasheed M, Hincapie AL, Guo JJ. Drug Expenditure, Price, and Utilization in the U.S. Medicaid: A Trend Analysis for SSRI and SNRI Antidepressants from 1991 to 2018. *J Ment Health Policy Econ.* 2021;24(1):3-11.

642. Kosanovic Rajacic B, Sagud M, Pivac N, Begic D. Illuminating the way: the role of bright light therapy in the treatment of depression. *Expert Rev Neurother.* 2023;23(12):1157-1171.

643. Kandola A, Ashdown-Franks G, Hendrikse J, Sabiston CM, Stubbs B. Physical activity and depression: Towards understanding the antidepressant mechanisms of physical activity. *Neurosci Biobehav Rev.* 2019;107:525-539.

644. Pop LM, Iorga M, Iurcov R. Body-Esteem, Self-Esteem and Loneliness among Social Media Young Users. *Int J Environ Res Public Health.* 2022;19(9):5064.

645. Benedyk A, Reichert M, Giurgiu M, Timm I, Reinhard I, Nigg C, Berthe O, Moldavski A, von der Goltz C, Braun U, Ebner-Priemer U, Meyer-Lindenberg A, Trost H. Real-life behavioral and neural circuit markers of physical activity as a compensatory mechanism for social isolation. *Nat Mental Health.* 2024;2:337-342.

646. Hirano Y, Tamura S. Recent findings on neurofeedback training for auditory hallucinations in schizophrenia. *Curr Opin Psychiatry.* 2021;34(3):245-252.

647. García-Cabeza I, Díaz-Caneja CM, Ovejero M, de Portugal E. Adherence, insight and disability in paranoid schizophrenia. *Psychiatry Res.* 2018;270:274-280.

648. Guaiana G, Abbatecola M, Aali G, Tarantino F, Ebuenyi ID, Lucarini V, Li W, Zhang C, Pinto A. Cognitive behavioural therapy (group) for schizophrenia. *Cochrane Database Syst Rev.* 2022;7(7):CD009608.

649. Faghel-Soubeyrand S, Lecomte T, Bravo MA, Lepage M, Potvin S, Abdel-Baki A, Villeneuve M, Gosselin F. Abnormal visual representations associated with confusion of perceived facial expression in schizophrenia with social anxiety disorder. *NPJ Schizophr.* 2020;6(1):28.

650. Nielssen OB, Malhi GS, McGorry PD, Large MM. Overview of violence to self and others during the first episode of psychosis. *J Clin Psychiatry.* 2012;73(5):e580-7.

651. Leucht S, Bauer S, Siafis S, Hamza T, Wu H, Schneider-Thoma J, Salanti G, Davis JM. Examination of Dosing of Antipsychotic Drugs for Relapse Prevention in Patients With Stable Schizophrenia: A Meta-analysis. *JAMA Psychiatry.* 2021;78(11):1238-1248.

652. Budiono W, Kantono K, Kristianto FC, Avanti C, Herawati F. Psychoeducation Improved Illness Perception and Expressed Emotion of Family

Caregivers of Patients with Schizophrenia. *Int J Environ Res Public Health.* 2021;18(14):7522.

653. Gaebel W, Zielasek J. Schizophrenia in 2020: Trends in diagnosis and therapy. *Psychiatry Clin Neurosci.* 2015;69(11):661-73.

654. Gassner L, Geretsegger M, Mayer-Ferbas J. Effectiveness of music therapy for autism spectrum disorder, dementia, depression, insomnia and schizophrenia: update of systematic reviews. *Eur J Public Health.* 2022;32(1):27-34.

655. Thibaut F. Anxiety disorders: a review of current literature. *Dialogues Clin Neurosci.* 2017;19(2):87-88.

656. Choi KW, Kim YK, Jeon HJ. Comorbid Anxiety and Depression: Clinical and Conceptual Consideration and Transdiagnostic Treatment. *Adv Exp Med Biol.* 2020;1191:219-235.

657. Bauer A, Knapp M, Matijasevich A, Osório A, de Paula CS. The lifetime costs of perinatal depression and anxiety in Brazil. *J Affect Disord.* 2022;319:361-369.

658. Aydemir O, Akkaya C. Association of social anxiety with stigmatisation and low self-esteem in remitted bipolar patients. Acta Neuropsychiatr. 2011;23(5):224-8.

659. Penninx BW, Pine DS, Holmes EA, Reif A. Anxiety disorders. *Lancet.* 2021;397(10277):914-927.

660. Ströhle A, Gensichen J, Domschke K. The Diagnosis and Treatment of Anxiety Disorders. *Dtsch Arztebl Int.* 2018;155(37):611-620.

661. Gong W, Geertshuis SA. Distress and eustress: an analysis of the stress experiences of offshore international students. *Front Psychol.* 2023;14:1144767.

662. Korabelnikova EA, Danilov AB, Danilov AB, Vorobyeva YD, Latysheva NV, Artemenko AR. Sleep Disorders and Headache: A Review of Correlation and Mutual Influence. *Pain Ther.* 2020;9(2):411-425.

663. Song EM, Jung HK, Jung JM. The association between reflux esophagitis and psychosocial stress. *Dig Dis Sci.* 2013;58(2):471-7.

664. Pimple P, Hammadah M, Wilmot K, Ramadan R, Al Mheid I, Levantsevych O, Sullivan S, Lima BB, Kim JH, Garcia EV, Nye J, Shah AJ, Ward L, Raggi P, Bremner JD, Hanfelt J, Lewis TT, Quyyumi AA, Vaccarino V. The Relation of Psychosocial Distress With Myocardial Perfusion and Stress-Induced Myocardial Ischemia. *Psychosom Med.* 2019;81(4):363-371.

665. McLachlan KJJ, Gale CR. The effects of psychological distress and its interaction with socioeconomic position on risk of developing four chronic diseases. *J Psychosom Res.* 2018;109:79-85.

666. Wong AMF. Beyond burnout: looking deeply into physician distress. *Can J Ophthalmol.* 2020;55(3 Suppl 1):7-16.

667. Serpa-Barrientos A, Calvet MLM, Acosta AGD, Fernández ACP, Rivas Díaz LH, Albites FMA, Saintila J. The relationship between positive and

negative stress and posttraumatic growth in university students: the mediating role of resilience. *BMC Psychol.* 2023;11(1):348.

668. Liu T, Li J, Li Q, Liang Y, Gao J, Meng Z, Li P, Yao M, Gu J, Tu H, Gan Y. Environmental eustress promotes liver regeneration through the sympathetic regulation of type 1 innate lymphoid cells to increase IL-22 in mice. *Hepatology.* 2023;78(1):136-149.

669. Bienertova-Vasku J, Lenart P, Scheringer M. Eustress and Distress: Neither Good Nor Bad, but Rather the Same? *Bioessays.* 2020;42(7):e1900238.

670. Wilbert-Lampen U, Leistner D, Greven S, Pohl T, Sper S, Völker C, Güthlin D, Plasse A, Knez A, Küchenhoff H, Steinbeck G. Cardiovascular events during World Cup soccer. *N Engl J Med.* 2008;358(5):475-83.

671. Jawad M, Hone T, Vamos EP, Roderick P, Sullivan R, Millett C. Estimating indirect mortality impacts of armed conflict in civilian populations: panel regression analyses of 193 countries, 1990–2017. *BMC Med.* 2020;18(1):266.

672. Singh B, Singh S, Kaur J, Singh K, Popalzay AW. Conflict and social determinants of health: would global health diplomacy resolve the Afghanistan healthcare conundrum? *Global Security: Health, Science and Policy.* 2023;8:1.

673. Messman BA, Slavish DC, Briggs M, Ruggero CJ, Luft BJ, Kotov R. Daily Sleep-Stress Reactivity and Functional Impairment in World Trade Center Responders. *Ann Behav Med.* 2023;57(7):582-592.

674. Malmros RA. Prevention of terrorism, extremism and radicalisation in Sweden: a sociological institutional perspective on development and change. *European Security.* 2022;31(2):289-312.

675. Singh SB, Zondi LM. Human Beings and Safety: The Role of Community Safety Structures in the Fight Against Crime, Msinga Local Municipality, Dundee, South Africa. *Oriental Anthropologist.* 2020;20(1):10–32.

676. Dornquast C, Kroll LE, Neuhauser HK, Willich SN, Reinhold T, Busch MA. Regional Differences in the Prevalence of Cardiovascular Disease. *Dtsch Arztebl Int.* 2016;113(42):704-711.

677. Lin JG, Kotha P, Chen YH. Understandings of acupuncture application and mechanisms. *Am J Transl Res.* 2022;14(3):1469-1481.

678. Ahn AC, Wu J, Badger GJ, Hammerschlag R, Langevin HM. Electrical impedance along connective tissue planes associated with acupuncture meridians. *BMC Complement Altern Med.* 2005;5:10.

679. Iravani S, Cai L, Ha L, Zhou S, Shi C, Ma Y, Yao Q, Xu K, Zhao B. Moxibustion at 'Danzhong' (RN17) and 'Guanyuan' (RN4) for fatigue symptom in patients with depression: Study protocol clinical trial (SPIRIT Compliant). *Medicine (Baltimore).* 2020;99(7):e19197.

680. Goldman N, Chen M, Fujita T, Xu Q, Peng W, Liu W, Jensen TK, Pei Y, Wang F, Han X, Chen JF, Schnermann J, Takano T, Bekar L, Tieu K,

Nedergaard M. Adenosine A1 receptors mediate local anti-nociceptive effects of acupuncture. *Nat Neurosci.* 2010;13(7):883-8.

681. Lin SS, Zhou B, Chen BJ, Jiang RT, Li B, Illes P, Semyanov A, Tang Y, Verkhratsky A. Electroacupuncture prevents astrocyte atrophy to alleviate depression. *Cell Death Dis.* 2023;14(5):343.

682. Tao J, Zheng Y, Liu W, Yang S, Huang J, Xue X, Shang G, Wang X, Lin R, Chen L. Electro-acupuncture at LI11 and ST36 acupoints exerts neuro-protective effects via reactive astrocyte proliferation after ischemia and reperfusion injury in rats. *Brain Res Bull.* 2016;120:14-24.

683. Oh JE, Kim SN. Anti-Inflammatory Effects of Acupuncture at ST36 Point: A Literature Review in Animal Studies. *Front Immunol.* 2022;12:813748.

684. Wu T, Kou J, Li X, Diwu Y, Li Y, Cao DY, Wang R. Electroacupuncture alleviates traumatic brain injury by inhibiting autophagy via increasing IL-10 production and blocking the AMPK/mTOR signaling pathway in rats. *Metab Brain Dis.* 2023;38(3):921-932.

685. Wang W, Chen C, Wang Q, Ma JG, Li YS, Guan Z, Wang R, Chen X. Electroacupuncture pretreatment preserves telomerase reverse transcrip-tase function and alleviates postoperative cognitive dysfunction by sup-pressing oxidative stress and neuroinflammation in aged mice. *CNS Neuro-sci Ther.* 2024;30(2):e14373.

686. Yang Y, Deng P, Si Y, Xu H, Zhang J, Sun H. Acupuncture at GV20 and ST36 Improves the Recovery of Behavioral Activity in Rats Subjected to Cerebral Ischemia/Reperfusion Injury. *Front Behav Neurosci.* 2022;16:909512.

687. Yang X, Xiong X, Yang G, Wang J. Effectiveness of Stimulation of Acu-point KI 1 by Artemisia vulgaris (Moxa) for the Treatment of Essential Hypertension: A Systematic Review of Randomized Controlled Trials. *Evid Based Complement Alternat Med.* 2014;2014:187484.

688. Yu J, Jiang Y, Tu M, Liao B, Fang J. Investigating Prescriptions and Mech-anisms of Acupuncture for Chronic Stable Angina Pectoris: An Associa-tion Rule Mining and Network Analysis Study. *Evid Based Complement Alter-nat Med.* 2020;2020:1931839.

689. Zhang X, Qiu H, Li C, Cai P, Qi F. The positive role of traditional Chi-nese medicine as an adjunctive therapy for cancer. *Biosci Trends.* 2021;15(5):283-298.

690. Verma N, Rastogi S, Chia YC, Siddique S, Turana Y, Cheng HM, Sogunuru GP, Tay JC, Teo BW, Wang TD, Tsoi KKF, Kario K. Non-

pharmacological management of hypertension. *J Clin Hypertens (Greenwich)*. 2021;23(7):1275-1283.

691. Pavão TS, Vianna P, Pillat MM, Machado AB, Bauer ME. Acupuncture is effective to attenuate stress and stimulate lymphocyte proliferation in the elderly. *Neurosci Lett*. 2010;484(1):47-50.

692. Loizzo JJ, Blackhall LJ, Rapgay L. *Ann NY Acad Sci*. 2009;1172(1):218-30.

693. von Haehling S, Qusar N, Gawaz M, Bigalke B. *Clin Res Cardiol*. 2012;101:Suppl 1,P1695.

694. von Haehling S, Stellos K, Qusar N, Gawaz M, Bigalke B. *Int J Cardiol*. 2013;168(2):1509-15.

695. Li K, Zhang Q, Cai H, He R, Nima Q, Li Y, Suolang D, Cidan Z, Wangqing P, Zhao X, Li J, Liu Q. *Front Nutr*. 2022;9:888317.

696. Göring HD. Patient Goethe – A Pathography. *Akt Dermatol*. 2012;38:183-186.

697. Ajdžanović VZ, Šošić-Jurjević BT, Ranin JT, Filipović BR. Biologia Futura: does the aging process contribute to the relativity of time? *Biol Futur*. 2023;74(1-2):137-143.

698. Andrade FR, Antunes JLF. Time and memory in time series analysis. *Epidemiol Serv Saude*. 2023;32(1):e2022867.

699. Kokalj Ž, Džeroski S, Šprajc I, Štajdohar J, Draksler A, Somrak M. Origins of Mesoamerican astronomy and calendar: Evidence from the Olmec and Maya regions. *Sci Data*. 2023;10(1):558.

700. Hatchell C. In: Naked Seeing: The Great Perfection, the Wheel of Time, and Visionary Buddhism in Renaissance Tibet. *Oxford: Oxford University Press*. 2014:1-496.

701. Castillo M. Thinking in different directions. *AJNR Am J Neuroradiol*. 2014;35(4):615-6.

702. Jaffe A. The illusion of time. *Nature*. 2018;556(7701):304-305.

703. Davis D. Kampf der Titanen ("Clash of the Titans"). [Film] *Metro-Goldwyn-Mayer Studios, Inc. Beverly Hills, CA, USA*. 1981;01h:50m:13s-01h:50m:28s